AF343540

L'OBSCURANTISME AU POUVOIR

Quand la pensée dominante entrave la connaissance

Brice Perrier

L'OBSCURANTISME AU POUVOIR

Quand la pensée dominante
entrave la connaissance

Max Milo

© Max Milo, Paris, 2024

www.maxmilo.com

ISBN : 978-2-31502-150-5

Sommaire

s'est toutefois abstenue de le mentionner. Elle évoque cependant une logique de peur entretenue qu'elle analyse à travers différents exemples historiques. Mais son propos résonne de façon très actuelle quand elle écrit que «sur certains sujets qui préoccupent, à juste titre, la société, une minorité dogmatique prend alors la parole, occupe le terrain, et oriente l'opinion à son avantage par une sélection partisane d'observations».

Cela me fait penser à ce que me racontait Miroslav Radman, ce savant si sympathique qui m'a encouragé à l'écriture de cet ouvrage et va fréquemment m'y apporter son éclairage. Biologiste moléculaire internationalement renommé, Miroslav a observé durant la crise du covid l'installation d'un discours monolithique et dominant que la plupart des membres de la communauté scientifique n'ont pas cherché à contredire. Selon lui, «le covid, c'était vraiment la fête de l'obscurantisme! On en a oublié des connaissances essentielles comme le fait que les virus à ARN tel que SARS-CoV-2 vont beaucoup muter, ce qui rend très compliqué d'y faire face par la vaccination. L'efficacité d'un vaccin a de grandes chances de rapidement diminuer au fur et à mesure des mutations de ce type de virus, comme on le constate d'ailleurs avec ceux contre le covid. Mais au début de la pandémie, il a été supposé que SARS-CoV-2 mutait peu, et on a tout misé sur la vaccination. »

Un débat impossible

Je fais part à Catherine Bréchignac de la réflexion de Miroslav qu'elle connaît bien puisqu'il est lui aussi membre de l'Académie des sciences. La réplique fuse : «Je pense comme Miro! Le covid n'est pas vraiment une maladie vaccinable comme la coqueluche ou la fièvre jaune que l'on peut éviter à vie avec une seule vaccination. Je considère toutefois que l'on a bien fait de développer ces vaccins à ARN messager, qui ont fait progresser la science et permis d'éviter un grand nombre de graves complications. Mais une lourde erreur a été commise en ne travaillant pas davantage à la recherche de traitements antiviraux alors qu'était matraquée l'idée que le vaccin permettrait d'arriver à une immunité collective à laquelle je n'ai jamais cru.» Cette grande scientifique n'a jamais non plus fait confiance à la méthode utilisée pour prévoir cette immunité de groupe, ces modélisations censées nous projeter scientifiquement dans l'avenir. Celles-là mêmes qui ont incité nos gouvernants à nous confiner face à des pronostics de mortalité effroyables si on ne le faisait pas. «Datant des années 1920, ces modèles mathématiques sont mauvais, car ils représentent les épidémies de façon trop binaire : vous êtes malade, pas malade, confiné, pas confiné, vacciné, non vacciné, rappelle la physicienne. Il n'est pas pris en considération que les gens ne réagissent pas physiologiquement de la même façon face au virus qui a, par ailleurs, sa propre évolution, indépendamment des mesures que l'on peut prendre.» Là encore, les points de vue de nos deux académiciens s'accordent, puisque d'après Miro, «on avait besoin de prophètes de l'épidémie. Les modélisateurs ont joué ce rôle en suscitant la peur qui a permis de faire accepter n'importe quoi.»

Ces modélisations ont exercé une influence majeure sur notre rapport à la pandémie, et Catherine Bréchignac l'a constaté à l'Académie des sciences. Elle me relate y avoir vu ce qui ressemble à une minorité dogmatique occupant le terrain pour orienter l'opinion. «Un petit groupe a su imposer son discours reposant sur les modélisations catastrophes présentées par l'épidémiologiste Dominique

Costagliola. Nous étions plusieurs à trouver ces modélisations fausses et à nous demander pourquoi on la laissait encore parler, mais ce petit groupe était complètement inféodé à sa ligne et il était impossible de la remettre en cause. On ne peut pas discuter avec des fanatiques... » Un obscurantisme aurait-il sévi dans ce temple de la science qu'est l'Académie ? Sa secrétaire perpétuelle honoraire me confie en tout cas qu'il n'y a eu aucun débat d'idées, et donc aucune de ces controverses qui permettent à la science d'avancer depuis des siècles. Pour y parvenir, différentes hypothèses doivent être confrontées, chacune avec ses arguments et ses données. Or cela n'a pas été possible, et le manque de débat contradictoire sur le traitement de la pandémie n'a pas été une spécificité de l'Académie des sciences. « Alors que le covid était l'ennemi public numéro un mondial, pas un seul symposium purement scientifique n'a été organisé », remarque Miroslav Radman. Et Catherine Bréchignac ajoute : « Il n'y a rien eu, car on ne pouvait rien dire. Voilà pourquoi je suis partie écrire mon livre sur l'obscurantisme, même si j'ai voulu proposer un essai qui donne envie de réfléchir sans être polémique et n'ai donc guère parlé du covid. »

On ne pouvait rien dire sur le covid ? La pandémie a pourtant été traitée de façon intensive dans la plupart des médias pendant trois ans tandis que l'on recense 307 214 publications scientifiques concernant le covid sur la plateforme PubMed à l'heure où j'écris ces lignes. Cette masse d'information impressionnante ne garantit néanmoins pas qu'un débat scientifique ouvert ait réellement pu avoir lieu, comme l'estime un médecin chercheur en immunologie : « La recherche s'est beaucoup faite à partir d'idées préétablies de ce qui serait bon ou mauvais à chercher et il y eut une tendance à demeurer sur des a priori malgré l'évolution de la connaissance, indique-t-il. Par exemple, sur le bien-fondé de certaines mesures sanitaires ou l'utilité de la vaccination, on en est trop souvent resté aux présupposés de départ d'une efficacité incontestable.» Cet immunologiste note également que la pandémie a mis sur la place publique des questions sanitaires et médicales qui relevaient généralement du débat d'experts. «Face à un dispositif politico-médiatique inédit, de nombreux intervenants ont largement parlé d'une même voix d'une affaire de santé publique en décrédibilisant toute opposition alors qu'habituellement ce genre de sujet se discutait entre professionnels. Dans mon hôpital, l'ambiance a viré à l'hystérie. Des personnes aux points de vue différents ne sont même plus capables de s'adresser la parole sans que cela devienne passionnel, comme sur un plateau de Cyril Hanouna. Des camps se sont érigés de façon manichéenne avec un dominant, une petite minorité ouvertement opposée, et beaucoup de silencieux, critiques ou indécis.» Ce jeune médecin exerçant à Paris témoigne d'ailleurs de manière anonyme : «Si je disais publiquement que l'on ne prend pas assez en considération la question des effets secondaires des vaccins à ARNm, dont la toxicité n'a pas été suffisamment étudiée, j'aurais des soucis avec mon supérieur hiérarchique et le bon déroulement de mes projets professionnels en serait impacté. Pourtant, il y aurait beaucoup à dire, en commençant par cette image idéalisée d'un ARN très fragile qui reste dans l'épaule et se dégrade en quelques heures, car elle ne correspond pas à ce que l'on découvre.»

Ne pas chercher, mais affirmer

Le chercheur me renvoie alors vers une publication de la revue *Cell*[2] qui montre que de l'ARN vaccinal a été retrouvé dans les ganglions lymphatiques jusqu'à huit semaines après l'injection. Il observe que « face à ce genre d'information, il peut y avoir une dénégation. D'autres acceptent de reconnaître cette réalité observée, mais enchaînent en disant que l'ARN ne s'intégrera pas pour autant dans le génome. C'est exact, sauf que pour exclure cette possibilité on est parti d'une prémisse fausse, cette dégradation très rapide dans la zone d'injection alors que l'ARN vaccinal se révèle bien plus stable qu'annoncé, ce qui a d'ailleurs été voulu par ses concepteurs en le rendant plus résistant qu'un ARN naturel pour permettre de produire davantage d'antigènes. » Le médecin me fait en outre remarquer qu'une étude suédoise[3] a constaté, sur des cellules humaines en culture, un effet du vaccin Pfizer à ARN messager qui pourrait poser problème. Elle montre que l'ARN vaccinal a pu se retranscrire en ADN de manière intracellulaire. Ce qui signifie en clair que « nous sommes face à une génotoxicité potentielle, résume notre immunologiste anonyme. Or elle continue à être niée. » Mais pas par Miroslav Radman, grand spécialiste de l'ADN.

« Pionnier de la biologie moléculaire ayant réalisé des découvertes majeures sur les mécanismes de préservation de l'information génétique », comme le rappelle le site de l'Institut national de la

---

2. RÖNTGEN *et al.*, « Immune imprinting, breadth of variant recognition, and germinal center response in human SARS-CoV-2 infection and vaccination », *Cell*, mars 2022.
3. ALDEN *et al.*, « Intracellular Reverse Transcription of Pfizer BioNTech CO-VID-19 mRNA Vaccine BNT162b2 In Vitro in Human Liver Cell Line », *Current Issues in Molecular Biology*, février 2022.

santé et de la recherche médicale (INSERM), Miroslav s'est étonné après l'apparition des vaccins covid que soit certifiée l'impossibilité que leur matériel génétique s'intègre dans notre génome et le modifie. Une affirmation maintes fois répétée, notamment dans une vidéo pédagogique publiée sur le site du *Monde*[4]. Elle explique «pourquoi les vaccins à ARN ne modifieront pas [notre] ADN», à l'aide de trois experts qui jugent cela «impossible» et «complètement non scientifique». Seuls des gens qui ne comprendraient pas ce qu'est un ARN pourraient penser autrement, nous est-il dit. Car face à ces nouveaux vaccins, le noyau de nos cellules contenant notre ADN serait en fait une forteresse inatteignable. «On prétend cela sans avoir recherché si c'était vrai, objecte Miroslav. Aucune étude n'a été menée pour savoir si l'ARN des vaccins pouvait s'intégrer dans le génome, et celle des Suédois, publiée en 2022, invite à ne pas l'exclure. L'ARN ne s'y est pas intégré dans le génome, mais il s'est tout de même retranscrit lui-même en ADN à l'intérieur de la cellule. C'est le préalable à une intégration, une donnée intéressante qui montre que cette dernière est envisageable. »

Je ne rentrerai pas dans les détails de cette transformation de l'ARN en ADN que Miroslav Radman a envisagé bien avant de connaître l'étude suédoise. À l'automne 2021, Olivia Recasens, notre éditrice commune, m'avait intrigué en me faisant parvenir un e-mail envoyé par Miro dans le cadre d'une discussion entre scientifiques. Il s'y disait «rongé de ne pas encore avoir une preuve, positive ou négative, de l'intégration des vaccins covid dans le génome des vaccinés». Il expliquait que pour le savoir devrait être menée une étude où l'on prélèverait des cellules sanguines de

---

4. Longueville E. et Bettinelli M., «Covid-19 : pourquoi les vaccins à ARN ne modifieront pas votre ADN», *Le Monde*, janvier 2021.

volontaires avant et après leur vaccination afin de procéder à un séquençage de leurs génomes et de les comparer. Le tout pour la modique somme d'environ 100 000 euros, un budget dont il ne disposait pas. Le chercheur rappelait avoir essayé de sensibiliser des collègues français à cette question, mais on lui avait répondu qu'il convenait d'être « raisonnable et responsable ». C'est-à-dire de ne pas mettre sur la table un tel sujet qui pourrait en amener certains à douter de l'innocuité de ces vaccins appelés à nous sauver, car Miroslav précise que « l'intégration dans notre génome du maté-riel génétique de ces vaccins pourrait avoir comme conséquence de déclencher des cancers au bout d'environ vingt ans, le temps de latence pour l'émergence de carcinomes induits par des mutations chez l'homme ». Le biologiste considère donc qu'il serait mieux de savoir si ce risque existe, mais ce type d'étude de génotoxicité n'a pas été réclamé aux fabricants de vaccins. De quoi donner du grain à moudre à de farouches opposants à la vaccination covid qui, faute de données, ont pu proclamer que les vaccins génétiques allaient faire de nous des OGM. Sans le prouver, bien sûr. De chaque côté se pratique, en fait, une forme d'obscurantisme faisant fi de notre ignorance, une donnée fondamentale en science.

Depuis, Miroslav Radman est tout de même parvenu à lancer une étude visant à tester le risque d'une « mutagenèse insertionnelle » suite à la vaccination covid, c'est-à-dire la possibilité d'une intégra-tion d'un morceau de séquence issue de vaccins à ARNm messager ou à vecteur adénovirus dans le génome de personnes vaccinées. Cette étude est actuellement en cours sous l'impulsion du chercheur franco-croate qui a finalement pu bénéficier de précieux soutiens pour mener sa recherche hors de France. Ce fin connaisseur de l'ADN estime que l'on ne saurait préjuger des résultats, contredisant ainsi les voix d'apparence unanime portées par les autorités sanitaires et les fact-checkers qui se sont empressés de ranger l'éventualité d'une intégration du génome par le matériel génétique des vaccins covid au rayon fake news. Tout comme l'INSERM qui, dans un livre intitulé *Fake news santé*, paru à l'automne 2021[5], l'a intégré dans une longue liste de fausses informations que l'ouvrage s'attache à démentir. À la question : «Le vaccin à ARN, une menace pour nos gènes ?», il est, une fois de plus, répondu : «l'ARN injecté *via* le vaccin n'a aucun risque de transformer notre génome». Un message assorti de la promesse habituelle que l'ARN étranger ne reste «pas longtemps dans l'organisme» avant d'être éliminé. «On peut donc être rassuré : aucune menace ne pèse sur notre matériel génétique», assure l'IN-SERM, sans préciser que cela n'a pas été recherché et relève donc de la spéculation.

La controverse classée *fake news*

Plus largement, ce sujet témoigne du traitement infligé à la connaissance scientifique pendant la pandémie. Des prises de position qui auraient dû s'inscrire dans un débat scientifique ont été reléguées au statut de fausse information, et ainsi écartées. Ce fut notamment le cas sur les réseaux sociaux, comme l'a constaté un article paru au printemps 2021 dans le *British Medical Journal*[6]. Il signalait que 16 millions de publications concernant le covid avaient alors été supprimées par Facebook et que 167 millions avaient fait l'objet d'un avertissement. Or si une partie de ce contenu était

---

5. *Fake news santé*, INSERM, Le Cherche Midi, 2021.
6. Clarke L., «Covid-19 : Who fact checks health and science on Facebook ?», *BMJ*, mai 2021.

effectivement «susceptible d'être délibérément erronée ou trompeuse de manière vindicative, la pandémie est jonchée d'exemples d'opinions scientifiques qui ont été prises dans le filet», remarquait Laurie Clarke, auteure de l'article. Elle notait que les décisions conduisant à supprimer des publications ou à limiter leur visibilité reposaient sur l'idée d'un prétendu consensus scientifique, délégitimant ainsi les opinions divergentes. Parmi les scientifiques interrogés, Martin Kulldorff, l'un des épidémiologistes les plus cités de la littérature scientifique, a notamment pris des positions critiques sur les mesures de confinement. Alertant sur «diverses formes de diffamation ou de censure» subies par ceux qui avaient comme lui exprimé des positions non orthodoxes sur la gestion de la pandémie, il indiquait que certains «vont dire certaines choses, mais pas d'autres, parce qu'ils pensent que cela sera censuré par Twitter, YouTube ou Facebook». Une inquiétude «aggravée par la crainte que cela puisse affecter leur financement et leur capacité à publier des articles scientifiques». Des réputations peuvent en effet se faire ou se défaire sur les réseaux sociaux, y compris pour les scientifiques. Alors que la controverse s'est retrouvée assimilée à de la *fake news*, Sander Van der Linden, professeur de psychologie sociale à l'université de Cambridge, estimait pour sa part «assez dangereux que le contenu scientifique soit qualifié de désinformation». Car en attendant que le temps et la confrontation des points de vue et des données aient permis de trancher, il apparaît difficile, voire quasi impossible de distinguer une opinion scientifique minoritaire d'une opinion objectivement erronée susceptible de désinformer. Voilà du moins ce que considéraient les experts interrogés par l'article du *BMJ*. Ils invitaient donc à la prudence dans la régulation du contenu des réseaux sociaux sur des débats impliquant la science.

Tout autre est la vision du rapport commandé par Emmanuel Macron à une commission présidée par le sociologue Gérald Bronner. Rendu à la fin de l'année 2021, son objectif affiché semblait être de nous éclairer, d'après son intitulé : *Les Lumières à l'ère numérique*. Ce rapport répondait à l'inquiétude de voir les algorithmes des réseaux sociaux et de Google faciliter une forme d'endoctrinement trompeur. Visant à satisfaire les attentes des utilisateurs, ces algorithmes leur suggèrent des publications similaires à celles qu'ils ont déjà regardées. Dès que l'on consulte de la désinformation, ou du contenu considéré comme tel, il nous en est proposé à nouveau, le risque étant de se retrouver pris dans une sorte de bulle de *fake news*. Une menace brandie par le président de la République, qui a justifié la constitution de la commission Bronner par le besoin de « libérer la société des bulles de filtre qui enferment une partie de nos concitoyens et nourrissent les extrémismes, la discorde, la violence, les dérives sectaires et les obscurantismes ».

Le rapport de la commission relève que « les grandes plate-formes numériques ne restent pas totalement inertes face au danger des fausses informations », sans prendre en compte le risque, soulevé par le *BMJ*, que les contenus scientifiques soient également touchés. Les efforts de Facebook et de YouTube, en matière d'avertissement ou de suppression de contenus jugés erronés sur le covid et ses vaccins, sont mis à leur actif, mais il est recommandé d'aller plus loin pour contrecarrer et sanctionner la désinformation. Développer les mécanismes de modération et de régulation pour y soumettre les plateformes paraît « indispensable » aux rapporteurs. Pour cela est encouragé « un dialogue entre les plateformes et les institutions scientifiques afin que l'existence d'un consensus soit reflétée dans la visibilité accordée aux différentes opinions ». Devrait en somme primer la position consensuelle grâce à l'écoute d'une parole institutionnelle. Une recommandation que le rapport semble préconiser plus globalement en matière d'information. Sur les réseaux sociaux comme dans les médias, le but serait de mettre en avant une parole scientifique fiable, représentative des grands instituts de recherche, la plus apte à nous apporter de la lumière en ces temps obscurcis par de l'information trompeuse qu'il s'agirait de rendre moins visible.

Pétries de bonnes intentions, les propositions du rapport Bronner pourraient, en pratique, accentuer le problème soulevé par l'article du *BMJ*. Est évoqué un consensus sur des sujets fermement établis, mais qui en déciderait? La notion de consensus scientifique a beaucoup été utilisée avec le covid alors que nos connaissances étaient limitées et mouvantes, car on découvrait un virus, son mode d'action, ses effets, sa propagation et les différentes façons d'y faire face. Cela n'a pas empêché qu'un point de vue dominant s'impose sur une science présentée comme consensuelle et bien établie. Le contester a fréquemment conduit à se voir accuser de désinformation, et Catherine Bréchignac nous a appris que des positionnements très discutables n'avaient pas pu être remis en cause au sein d'une institution comme l'Académie des sciences, donnant alors l'illusion trompeuse d'un consensus dans cette honorable assemblée.

Outre le covid, n'oublions pas que même des connaissances établies et estimées acquises peuvent être amenées à évoluer. L'exemple le plus fameux est sans doute celui de la théorie de la relativité générale d'Einstein. Passée inaperçue pendant plusieurs années, et même réfutée, cette théorie a posé une nouvelle connaissance à l'échelle de l'univers, dépassant le cadre posé par la loi de l'attraction universelle de Newton. Cette dernière n'est pas pour autant considérée comme erronée ; simplement, elle est une connaissance solide à une échelle plus restreinte, celle de la Terre. Bref, s'il faut bien sûr éviter que se propagent des contre-vérités prétendument scientifiques, la science est destinée à avancer, et ce sont souvent des idées d'abord marginales ou hétérodoxes qui le permettent. Il conviendrait donc de les laisser s'exprimer, sans les invisibiliser ou les cataloguer de façon hâtive comme des *fake news*.

La désinformation selon l'INSERM

En octobre 2022, j'ai assisté à un colloque organisé par l'INSERM sur ce thème de la désinformation en matière de santé. J'y ai découvert l'existence de la «Cellule riposte» qui rassemble une centaine de chercheurs de l'Institut afin de lutter contre cette désinformation. Pour y parvenir, un partenariat a été instauré avec le groupe TF1. Afin de l'aider à réfuter les *fake news* circulant sur le web, la Cellule riposte fournit des experts au service de *fact-checking* de TF1 et de LCI. Des journalistes qui, comme d'autres, nous ont assuré que, selon «les scientifiques», les vaccins à ARNm ne modifieraient pas notre génome.

Lors de la pause déjeuner, je discute avec une immunologiste de l'INSERM. Elle pense que cette modification du génome n'est pas impossible, même si elle l'estime très improbable. Nous échangeons sur différents sujets concernant les vaccins covid, dont la possibilité qu'ils puissent dans certains cas avoir un effet facilitant l'infection au lieu de la prévenir, une éventualité également classée «*fake news*» par les *fact-checkers*. Là encore, l'immunologiste est plus mesurée, elle n'exclut pas cet effet indésirable déjà observé avec d'autres vaccins. Je lui demande donc si le fait de considérer comme une *fake news* ce qui apparaît comme envisageable n'est pas contre-productif dans la lutte contre la désinformation, puisque cela permet à la mouvance antivax de s'accaparer ce genre de sujet et d'accuser le discours officiel de ne pas dire la vérité. Elle en convient, mais estime inutile de rentrer dans ce genre de questions encore non résolues, car le grand public pourrait s'en inquiéter et se détourner de la vaccination.

Je me dirige vers la directrice de la communication de l'IN-SERM, organisatrice de cette journée où elle a remplacé à la tribune le président de l'institut, dont elle dirige aussi le cabinet. Lors de son intervention, Carine Delrieu a expliqué que la Cellule riposte apportait « un label de crédibilité, de confiance » alors que certains avaient profité de la crise pour « mettre en scène une parole pas forcément utile ». Une charte de référence va maintenant être élaborée afin d'encadrer les interventions médiatiques des chercheurs de l'institut. Et pour ceux qui sortiraient de ce cadre se posera la question de sanctions, a prévenu la communicante. Je lui confie travailler sur un livre dans lequel Miroslav Radman, figure de l'INSERM, conteste les rapports des experts interrogés sur la question de l'intégration du génome. Je demande pourquoi peut-on observer un tel unanimisme sur quelque chose qui n'a pas été recherché, et ajoute que l'immunologiste de la Cellule riposte avec laquelle je viens de parler le reconnaît bien qu'elle ne l'exprime pas publiquement. Un peu gênée, Carine Delrieu se contente de me dire que Miroslav a comme chaque chercheur le droit de parler, et tourne les talons.

Lors de notre échange, la représentante de l'INSERM m'a confié que la Cellule riposte avait été constituée à la suite des prises de position publiques de l'épidémiologiste Laurent Toubiana. Ce

chercheur de l'institut s'était fait remarquer par son analyse qualifiée de « rassuriste » sur la crise du covid, dont il a critiqué la gestion.
Selon lui, on a dramatisé à l'excès une épidémie qui n'était pas si
grave, notamment parce que les malades covid n'ont représenté en
2020 que 2 % des hospitalisations et que seuls quelques services de
réanimation ont été saturés lors des deux premières vagues. « Dire
cela m'a coûté cher, constate après coup Laurent Toubiana. Quasi
du jour au lendemain, je n'ai plus eu aucun crédit et mon contrat
avec une association de médecins n'a pas été renouvelé. L'INSERM
continue à me payer, mais je dois me débrouiller pour mes projets
de recherche, sans équipe, et avec des collègues qui ne me parlent
plus. » Cela ne surprend pas un autre chercheur de l'INSERM, Pierre
Meneton, spécialiste de la santé publique ayant révélé les méfaits du
sel alimentaire : « Toubiana a pu comme bien d'autres se tromper sur
le covid, mais il est surtout sorti de la ligne imposée et aucune voix
dissidente n'est acceptée. On est dans l'affirmation d'une pensée
unique, mais le covid n'a fait qu'amplifier une tendance qui s'était
déjà durcie ces dernières décennies. Sur certains sujets sensibles, il
ne faut pas faire de vague. Par exemple, si vous n'avez pas exactement le discours du GIEC sur le réchauffement climatique, on ne
pourra plus discuter avec vous. Le politiquement correct s'impose
et c'est un vrai problème pour la science. »

Le livre *Fake News Santé* de l'INSERM m'en donne un autre
exemple. Dans un article consacré au cerveau et à de prétendues
« idées reçues » laissant croire qu'il serait différent chez l'homme
et la femme, il est suggéré que seuls des stéréotypes sociétaux
influencent garçons et filles, en les incitant notamment à croire
que les premiers sont faits pour les mathématiques tandis que les
secondes auraient de meilleures capacités en dessin. Mais pour

en arriver à réfuter ces préjugés contraires au principe d'égalité, on commence par asséner des contre-vérités, comme l'a noté le neuroendocrinologue Jacques Balthazart, auteur de *Quand le cerveau devient masculin,* un livre qui présente un état des lieux de la connaissance sur ce qui différencie les cerveaux en fonction du sexe[7]. Je lui avais envoyé l'article en question pour recueillir son avis. « Il est affirmé qu'il n'y a pas de différence de poids entre les cerveaux des deux sexes dès lors que l'on corrige la différence de taille. Or elle demeure dans ce cas d'environ 100 g de plus pour les hommes, me précise le scientifique belge. Ensuite, on prétend que les gènes X et Y qui distinguent homme et femme ne sont pas impliqués dans la structure du cerveau, ce qui est archi faux comme en atteste, entre autres, le contrôle de la communication entre neurones par le gène de la neuroligine-4, porté par le chromosome Y ».

L'INSERM délivre donc de fausses informations, tout en faisant l'impasse sur le rôle d'une hormone, la testostérone, dont Jacques Balthazart rappelle que la diffusion dans les semaines entourant la naissance joue un rôle décisif pour le cerveau des mâles qui vont seuls la recevoir. Nombre d'expériences menées sur des animaux ont montré que cet effet hormonal précoce engendre certaines prédispositions telles qu'une propension plus grande à l'agressivité. En l'inhibant chez le mâle ou en l'inoculant à la femelle, on obtient un comportement inhabituel. Des rats deviennent doux comme des agneaux et des rates se ruent dessus pour les monter. Un type d'expérience que l'on ne peut pas faire sur l'homme pour d'évidentes raisons éthiques. Celles-ci interdisent de mesurer les concentrations hormonales d'un fœtus, de pratiquer des injections

---

7. BALTHAZART J., *Quand le cerveau devient masculin*, HumenSciences, 2019.

ou de castrer un nouveau-né afin d'observer son comportement, comme on le fait avec des rats de laboratoire. «Mais le cerveau de l'homme a les mêmes récepteurs hormonaux que chez les animaux et il n'y a aucune raison de penser que son comportement puisse échapper à toute influence hormonale, à moins de croire que l'évolution s'est arrêtée pour lui au niveau du cou, note le neuroendocrinologue. Vu le nombre d'articles publiés à ce sujet, le réfuter comme le font certains pour des raisons idéologiques relève du négationnisme scientifique. »

Et l'omettre, comme le fait l'INSERM, ne serait-ce pas de l'obscurantisme ? Car sont ainsi occultées des données qui permettent de comprendre qu'une agressivité observée davantage chez l'homme que chez la femme doit en partie s'expliquer par une influence hormonale au niveau du cerveau. L'article de l'INSERM consacre bien un encadré aux expériences menées sur les animaux, mais pas pour nous informer de celles qui démontrent cette influence hormonale sur le comportement. On nous apprend seulement que «depuis le milieu des années 2010, les femelles sont réhabilitées» dans l'expérimentation en biologie après avoir été longtemps écartées des laboratoires où on les réduisait à leur relation mère-enfant. Ce qui n'est pas exact. «Même s'il est vrai que les femelles furent longtemps beaucoup moins utilisées que les mâles, elles étaient déjà bien entendues incluses dans les expériences de différenciation sexuelle menées depuis des décennies», rectifie encore Jacques Balthazart face un article plus inspiré par l'égalitarisme que par la science.

J'ai voulu interroger l'INSERM sur le contenu de son livre, plus particulièrement sur ses articles concernant l'intégration du matériel génétique des vaccins covid dans le génome et l'influence du sexe sur le cerveau. J'ai contacté l'une des coauteures, attachée de presse de l'institut, en lui indiquant que le contenu sur ces deux points était jugé inexact par les spécialistes de ces sujets que sont Miroslav Radman et Jacques Balthazart. Je lui ai aussi expliqué mon projet de livre qui allait dénoncer le fait de voir certaines positions s'inscrivant dans une controverse scientifique être cataloguées comme des *fake news*. J'avais donc besoin de la questionner sur la conception du livre et sur les chercheurs qui avaient contribué à son contenu scientifique. C'est Carine Delrieu qui m'a répondu en m'indiquant qu'aucune interview ne me serait accordée. J'en conclus que l'INSERM ne souhaite pas m'expliquer pourquoi et comment on peut tout à la fois s'engager dans la dénonciation des *fake news* et désinformer.

L'obscurantisme du pouvoir

Revenons-en à cet obscurantisme, dont le retour inquiète Catherine Bréchignac. Elle est loin d'être la seule. Ces dernières années, un journal comme *L'Express* a multiplié les articles et les couvertures alarmantes sur une emprise croissante de l'obscurantisme dans une société où « les antisciences sont partout », comme le stipulait l'un de ses dossiers. Des anti-vaccins aux anti-OGM, en passant par les praticiens ou utilisateurs de médecines dites douces non validées scientifiquement mais sujettes à des dérives de type sectaire, était ciblé de façon récurrente un obscurantisme qui se répandrait en se servant d'Internet et des réseaux sociaux. C'est, comme on l'a vu, l'un des périls identifiés par Emmanuel Macron dans son appel aux lumières que devait incarner la commission Bronner. Dans son sillage, Élisabeth Borne a suggéré, dans un discours, que ce péril gagnait l'Assemblée nationale où elle a fustigé des « propos terrifiants sur les vaccins » tenus par des députés dont « certains confinent à l'obscurantisme »[8]. Elle faisait allusion aux débats houleux suscités par la demande de réintégration du personnel soignant non vacciné formulée par plusieurs groupes parlementaires de l'opposition. Mais sur une chaîne d'info, on pouvait entendre que l'obscurantisme se trouvait au contraire chez ceux qui refusent de reconnaître que la suspension de ces soignants ne se justifie plus scientifiquement, puisque le vaccin n'empêche pas la transmission du virus du covid.

Alors où est aujourd'hui l'obscurantisme ? Pour le savoir, il importe déjà de bien comprendre de quoi il s'agit en revenant au sens de ce mot. Plus concis que le *Trésor de la langue française*, Wikipédia définit l'obscurantisme comme une « attitude d'opposition à la diffusion du savoir, dans n'importe quel domaine ». Selon l'encyclopédie en ligne, un obscurantiste refuse de « reconnaître pour vraies des choses démontrées », il restreint la circulation des connaissances, mais s'avère aussi « contre la propagation de nouvelles théories ». Cela concerne donc à la fois le refus de données acquises et une opposition à des idées ou des hypothèses susceptibles de contredire un ordre théorique établi. Le champ d'application potentiel est ainsi bien plus large que celui qu'occuperaient les antisciences incarnées par des opposants aux vaccins ou aux OGM. Il intègre surtout ceux qui ont la possibilité de s'opposer à la propagation d'idées nouvelles ou d'occulter certains faits susceptibles de remettre en question une représentation du monde considérée comme indiscutable, renvoyant aux notions de

---

8. BORNE É., Discours tenu le 29 novembre 2022 devant l'Assemblée nationale.

pouvoir ou d'autorité que l'on aurait presque oubliées quand on parle aujourd'hui d'obscurantisme. Catherine Bréchignac nous a certes rappelé que l'on n'était plus au temps de Galilée et que l'obscurantisme n'était plus l'apanage de l'État ou de l'autorité religieuse. Les obscurantistes que l'on a tendance à dénoncer de nos jours sont d'ailleurs généralement des minorités plus ou moins marginales. On les perçoit communément comme des arriérés refusant le progrès. Emmanuel Macron en a donné une belle illustration quand il a défendu le réseau 5G en se présentant comme le président du «pays des Lumières» pour se moquer de ceux qui préféreraient «le retour à la lampe à huile» et le «modèle amish», cette communauté chrétienne qui vit sans téléphone, sans voiture et en utilisant l'électricité avec parcimonie. Or cette vision caricaturale de l'obscurantiste nous fait passer à côté de certains groupes ou individus ayant la capacité d'obscurcir ce qui les dérange comme de ceux qui défendent une pensée dominante en s'employant à ce qu'elle ne soit pas contredite, par conviction, idéologie ou intérêt personnel.

Depuis plus de vingt ans que je suis journaliste, j'ai eu plusieurs occasions de voir cet obscurantisme au pouvoir. La plus marquante a fait l'objet de mon précédent livre qui concernait l'origine du virus du covid[9]. J'y exposais comment l'hypothèse selon laquelle SARS-CoV-2 se serait propagée à la suite d'une fuite de laboratoire a pu être discréditée en la cataloguant comme une théorie du complot. Ce qui renvoie à un véritable phénomène de notre époque : le complotisme. Catherine Bréchignac perçoit comme un «cancer de l'esprit» ce mode de penser qui consiste

---

9. PERRIER B., *SARS-CoV-2, aux origines du mal*, Belin, 2021.

à récuser l'explication communément admise d'un événement, voire le constat d'un fait établi, en affirmant que la réalité serait tout autre que la version dite officielle et résulterait en fait d'un complot. La physicienne a été effarée de découvrir le discours de ceux qui croient, au XXIe siècle, que la Terre est plate. « C'est fou que 2 500 ans de questionnements et de mesures ayant abouti à comprendre le mouvement d'une Terre sphérique autour du Soleil n'évitent pas de sombrer dans une logique d'ignorance », se désole-t-elle. D'autant qu'elle a observé une recrudescence « du déni, de la bêtise, de la négation de la réalité » sur le web où on peut lire que « personne n'a jamais marché sur la lune » ou que « le monde est gouverné par des reptiliens ».

Des théories plus délirantes les unes que les autres se répandent effectivement sur la toile en dépit du bon sens et de la connaissance. Mais Catherine Bréchignac a omis de signaler l'existence d'une sorte de métastase ou d'effet collatéral de ce cancer de l'esprit qu'est le complotisme : la transformation du terme en mot-valise. Il peut ainsi servir à qualifier, ou plutôt à disqualifier, différentes sortes d'oppositions, d'hypothèses ou de théories controversées. Wikipédia évoque un concept désormais « utilisé pour disqualifier toute pensée antisystème ». Un procédé nuisible scientifiquement s'il entrave la recherche, comme ce fut le cas pour l'origine de SARS-CoV-2.

Envisager que ce virus provienne d'un laboratoire où il aurait pu faire l'objet de manipulations et d'expériences à des fins de recherche sur la capacité d'un pathogène à devenir pandémique, cela n'avait pourtant rien d'une théorie farfelue. La survenue de l'épidémie à Wuhan légitimait plutôt que soit examinée immédiatement la possibilité d'un tel accident, puisque la métropole chinoise abrite plusieurs laboratoires travaillant sur les coronavirus, dont son institut de virologie se situant à la pointe mondiale de ce type de recherches. Mais une tribune, publiée dans la revue médicale *The Lancet*, a assimilé, dès le mois de février 2020, l'hypothèse selon laquelle SARS-CoV-2 n'aurait pas une origine naturelle à du complotisme. Cosigné par vingt-sept scientifiques du monde entier, l'article avait, en fait, été écrit par un proche collaborateur de l'Institut de virologie de Wuhan, auquel il apportait des financements publics américains pour sa recherche sur les coronavirus. Cet homme, Peter Daszak, qui allait devenir l'un des experts les plus en vue de la commission de l'OMS chargée d'enquêter sur l'origine de SARS-CoV-2, a su user de son influence pour manipuler l'opinion et la communauté scientifique. Et ce, grâce à la caution d'une revue comme *The Lancet* qui lui a permis pendant plus d'un an de faire cataloguer comme complotiste une hypothèse de recherche tout à fait légitime. «C'était vraiment de l'obscurantisme, me confie Catherine Bréchignac. Cela m'a d'autant plus marquée que j'ai beaucoup poussé pour que la France livre à Wuhan son laboratoire P4 quand j'étais à la tête du CNRS. Alors quand j'ai vu ces pauvres médecins chinois nous alerter sur une nouvelle épidémie, je me suis dit : aïe! Le virus se serait-il échappé de notre P4? Je demandais autour de moi si l'on pouvait seulement poser la question, mais tout le monde éradiquait cette possibilité sous le prétexte du complotisme.» Pendant ce temps se propageait la fausse information que le coronavirus provenait probablement d'un pangolin et qu'il s'agissait clairement d'un virus naturel, cette fois avec le soutien récurrent de grandes revues du groupe *Nature*.

«Les journaux scientifiques les plus influents du monde devraient être un forum de débat, en particulier sur quelque chose d'aussi controversé et fascinant que l'origine d'une pandémie mortelle, rappelle le médecin et chercheur danois Peter Gøtzsche[10]. Au lieu de cela, le *Lancet* et *Nature* ont joué un rôle central dans la propagation de fausses nouvelles, mettant fin à la discussion et discréditant des vues alternatives. » Cofondateur de la collaboration Cochrane, créée en 1993 pour évaluer de façon critique les publications scientifiques concernant la médecine, Gotzsche est connu pour avoir dévoilé les comportements frauduleux d'une industrie pharmaceutique qui peut bénéficier de la complaisance de grandes revues médicales. Il a vu dans cet épisode de désinformation massive un summum et considère la publication de l'article du *Lancet*, qualifiant l'hypothèse du laboratoire de conspirationniste, comme le « moment le plus sombre de ma vie pour la science ».

La piste du laboratoire est aujourd'hui reconnue comme sérieuse. C'est le fruit du travail d'enquête et de l'engagement de chercheurs professionnels ou amateurs qui ont déniché et révélé quantités d'informations sur le virus apparu à Wuhan et les recherches ayant pu être menées dans cette ville. L'accumulation d'éléments apparaissant comme des indices est devenue en 2021 incontournable. Il est depuis de bon ton d'incriminer le régime de Pékin pour son opacité et son obstruction à toute enquête internationale qui permettrait d'investiguer ce qui a pu se passer dans les laboratoires de Wuhan, mais le dysfonctionnement de la recherche scientifique, symbolisé par le rôle de ces prestigieuses revues qui ont été les outils de l'obscurantisme, n'est quasiment jamais évoqué. Cet obscurantisme n'est pas celui des amish ou de réfractaires à la science et au progrès, mais celui d'institutions destinées

---

10. GØTZSCHE P, « The Chinese virus: Killed millions and scientific freedom », Institue for scientific freedom, 2021.

à les représenter. De supposés vecteurs de ces fameuses lumières censées nous apporter la connaissance, mais à qui il arrive au contraire de l'entraver ou d'empêcher qu'elle n'émerge.

Vous l'aurez compris. C'est sur cette forme d'obscurantisme que nous allons nous pencher, car la science doit être dénuée de préjugés, voire de censure pour pouvoir avancer librement vers une plus grande connaissance. La crise du covid aura constitué un révélateur, un gigantesque théâtre de préjugés sur la scène duquel la science a pu être de tous côtés instrumentalisée avec de fortes implications politiques, médiatiques et sociétales. Mais il sera aussi question d'autres situations où un obscurantisme se drapant de raison a pu faire obstacle à des recherches qui risquaient de briser des dogmes. Par exemple, une découverte en paléontologie potentiellement majeure pour la connaissance de l'évolution de l'homme, et méthodiquement ignorée. Un sort également réservé à des données expérimentales qui remettent en cause une vision matérialiste de la conscience. Ici et là, on retrouve la manifestation d'un obscurantisme préservant une idéologie et des intérêts. Ce même obscurantisme qui fait que l'on ne sait toujours pas, après quatre ans de pandémie, quels traitements pourraient être efficaces pour soigner le covid, tout simplement car nous n'avons pas cherché à le savoir. Et ce, malgré des molécules qui se sont montrées prometteuses.

Autant vous le préciser tout de suite, je ne vais pas vous dire comment vous soigner ou quels remèdes utiliser face au covid ou n'importe quelle autre maladie, ni vous annoncer que tel ou tel scientifique mériterait un prix Nobel pour une découverte écartée, même si certains des travaux qui vont être évoqués pourraient avoir des répercussions considérables et, éventuellement, changer notre vision du monde.

Le but de ce livre n'est pas de trancher des controverses. Seulement d'essayer de comprendre pourquoi certaines recherches ne peuvent pas se dérouler normalement et se retrouvent vouées à l'obscurité.

Chapitre 2 : À chacun ses biais

La vision de l'obscurantisme propagée ces derniers temps est souvent associée à une défaillance de la raison. En témoigne le titre de l'un des livres de Gérald Bronner, *Déchéance de rationalité,* paru en 2019. Le sociologue s'y présentait en « homme de progrès dans un monde devenu fou », car abreuvé de *fake news,* de théories du complot et autres croyances irrationnelles. Cela s'expliquerait par la dérégulation du marché de l'information, un phénomène historique majeur qui aurait donné un « avantage systématique à la crédulité sur la rationalité »[11]. C'est que la prolifération de fausses informations sur le web bénéficierait non seulement des algorithmes des plateformes d'Internet, mais aussi de nos biais cognitifs. Vous avez certainement déjà entendu parler de ces nombreux biais susceptibles d'influencer notre raisonnement : ce sont, par exemple, le biais de représentativité qui incitera à estimer, souvent à tort, qu'un ou plusieurs cas individuels dont on a connaissance sont représentatifs d'une réalité bien plus répandue ; le biais d'attention qui affecte notre perception, faussée par nos centres d'intérêt ; ou le

---

11. CHARTIER C., « La défense de la rationalité est la grande aventure intellectuelle de notre temps », *L'Express*, avril 2019.

biais de confirmation, le plus célèbre, qui nous pousse à retenir ce qui conforte notre point de vue et à écarter ce qui le contredit.

Depuis une dizaine d'années, les biais cognitifs sont de plus en plus présentés comme un danger, car ils manifesteraient une forme de prédisposition à se perdre dans l'irrationnel. D'après Gérald Bronner, elle résulte du fonctionnement ancestral de notre cerveau qui a tendance à privilégier les prises de décision rapides et intuitives plutôt que la réflexion analytique. Les biais justifieraient ainsi des choix quasi automatiques par une sorte de paresse cognitive favorisant la crédulité et la perméabilité aux *fake news*, paresse contre laquelle il s'agirait de lutter en cultivant un esprit critique. Un point de vue aujourd'hui largement répandu. Et alors que les biais cognitifs ont initialement été observés puis utilisés dans le champ économique afin de comprendre et d'anticiper le comportement des consommateurs, ils apparaissent désormais comme l'une des principales explications à l'adhésion à des idées ou des théories infondées.

Pendant la pandémie, j'ai découvert un cas de déni profond assez fascinant, non sans rappeler la théorie de la Terre plate. Véhiculé dans un documentaire circulant sur le web, intitulé *Le Terrain,* il consiste à nier l'existence des virus ainsi que celle des bactéries capables de rendre les gens malades. Selon cette théorie du complot, il n'y aurait aucun agent infectieux dans la nature, ni donc de maladies contagieuses. Seul le terrain individuel de chacun découlant de son mode de vie, de son alimentation ou de ses peurs aurait un pouvoir pathogène. Le VIH, Ebola, la grippe, la rougeole ou bien sûr SARS-CoV-2 ne seraient alors que des inventions sans aucune réalité, destinées à nous effrayer et à nous imposer des vaccins inutiles face à une infection inexistante, mais dangereux car constitués de toxines.

Comme les autres, le virus du covid n'aurait jamais pu voir son génome séquencé, pas plus qu'il n'aurait été possible de le créer en laboratoire. L'idée d'un virus artificiel aurait même été propagée pour effrayer encore davantage les gens. La thèse se veut bien sûr scientifique, reposant principalement sur le postulat trompeur que l'on n'aurait «jamais isolé un virus qui rend malade». Cet exemple montre surtout que l'humain peut parfois faire abstraction de la réalité et lui préférer une alternative grotesque. Cela avalise-t-il pour autant l'idée que les biais cognitifs conduiraient à une déchéance de la rationalité en révélant une crédulité inhérente à notre espèce? Non, d'après le chercheur en sciences cognitives Hugo Mercier, auteur de *Pas né de la dernière pluie*[12].

Dans son livre, Hugo Mercier démonte brillamment l'idée selon laquelle nous serions d'une nature crédule. Une assertion considérée comme un acquis chez beaucoup de ceux qui s'engagent contre la désinformation, comme si elle relevait d'un consensus scientifique, alors que ce n'est pas du tout le cas. « Dans des discours aujourd'hui populaires, dire qu'il y un biais cognitif coupe court à une explication plus profonde, bien que cela n'explique rien ou pas grand-chose », remarque Hugo Mercier. Il existe de plus une tendance à négliger qu'en tant que fruits de l'évolution, «ces biais ont une raison d'être et reflètent quelque chose de plutôt intelligent, poursuit le chercheur. Le biais de négativité, qui amène à privilégier une information négative, rappelle qu'il est mieux de faire attention aux risques, ce qui n'a rien d'irrationnel. Tout comme de juger d'une information en fonction de ce que l'on sait déjà, ce qu'est le biais de confirmation. »

---

12. MERCIER H., *Pas né de la dernière pluie*, HumenSciences, 2022.

Regard biaisé sur le complotisme

Une stigmatisation des biais cognitifs s'est toutefois répandue *via* une dramatisation du partage des *fake news*, dont l'ampleur est souvent exagérée. Cette mise en accusation a été plus ou moins ouvertement associée au présupposé qu'en connaissant les biais, on serait armé d'un esprit plus critique en se montrant vigilant face à des automatismes de pensée potentiellement trompeurs. Mais «il ne faut pas croire qu'on devient un meilleur raisonneur critique si l'on connaît les biais», avertissait le neuroscientifique et psychologue Albert Moukheiber[13]. Ainsi, la connaissance de ces biais ne garantit pas de penser plus juste, tout comme subir leur influence ne démontre pas une crédulité inhérente au fonctionnement du cerveau humain. S'appuyant sur nombre d'études, Hugo Mercier soutient au contraire qu'il est très difficile d'influencer les gens en masse et que «la psychologie expérimentale nous fournit d'innombrables preuves de l'efficacité des mécanismes de vigilance ouverte» qui permettent de «décoder toutes sortes d'indices pour déterminer dans quelle mesure nous devons croire ce que l'on nous dit». Grâce à cette ouverture d'esprit sélective, «nous rejetons la plupart des affirmations qui pourraient nous causer du tort», signale le chercheur, tout en constatant que parfois ces mêmes mécanismes «nous poussent à accepter certaines idées erronées». Sauf que l'on ne les adopte généralement pas parce que l'on a été manipulé par une fausse information ou envoûté par un gourou charismatique, mais «parce que nous recherchons des croyances qui correspondent à nos opinions préexistantes», prévient Hugo

---

13. «La chasse aux biais cognitifs : compétence nécessaire ou fausse bonne idée», *Les Rencontres de l'Esprit Critique*, septembre 2022.

Mercier. D'où l'intérêt limité de s'en prendre à des diffuseurs de *fake news* dès lors que leur public est de lui-même demandeur de contenu de type complotiste et ira donc en trouver ailleurs si besoin.

« En fait, le meilleur moyen de freiner les théories du complot est de ne pas susciter la méfiance, considère Mercier. Que les gouvernements soient plus transparents en adoptant des lois strictes contre la corruption et les conflits d'intérêts ou que les laboratoires pharmaceutiques assainissent leurs pratiques en signalant leurs essais thérapeutiques infructueux et en cessant d'acheter l'influence de médecins, voilà ce qui serait vraiment efficace. Mais c'est bien sûr plus facile de bannir un compte sur Twitter. » Ou de ne voir dans les théories complotistes que le résultat d'une crédulité naturelle, ce qui conduit à occulter une défiance légitime comme origine du problème.

Prenons l'exemple plutôt extrême de la théorie du terrain présentée dans le web documentaire. L'obscurantisme le plus évident ici est celui des personnes niant l'existence des virus bien que celle-ci fasse clairement consensus. Il serait aisé de se dire que les algorithmes d'Internet ont favorisé l'accès à ce film tandis que les biais cognitifs des utilisateurs du web les ont incités à y croire sans exercer leur esprit critique. C'est d'ailleurs sans doute vrai, mais cela n'explique pas comment ces internautes en viennent à croire particulièrement à la théorie du « terrain individuel », parmi d'autres, jusqu'à adhérer à l'idée d'un gigantesque complot visant à masquer son importance en inventant l'existence des virus ou des bactéries pathogènes. Que justifie une telle défiance sur ce sujet ? Et comment la limiter ?

Si l'on considère les précédents propos d'Hugo Mercier, nous pouvons faire le lien avec une médecine trop généralisante qui impose à tous le même traitement face à une maladie, sans tenir compte du terrain particulier de chacun, c'est-à-dire de son métabolisme et de sa situation. Il est alors légitime de considérer ce terrain comme négligé alors qu'il semble s'agir d'un paramètre essentiel en matière de santé, et il ne serait pas si étonnant que certains esprits à tendance paranoïaque en soient venus par opposition à estimer que seul ce terrain comptait, allant ensuite jusqu'à nier l'existence des virus et des maladies contagieuses. Pour éviter d'en arriver à de telles dénégations, la meilleure solution ne serait-elle pas une prise en compte plus importante du métabolisme individuel par la médecine? Tout comme avoir une industrie pharmaceutique plus transparente et moins corruptrice constituerait la réponse la plus efficace aux supputations complotistes l'imaginant comme le bras armé d'une entreprise d'empoisonnement de la population mondiale. Mais qui va reconnaître que même les théories les plus folles ont de bonnes raisons d'être?

Dans le cadre de la lutte contre les *fake news* et les théories du complot, on n'entend guère d'appel comparable à ce que préconise Hugo Mercier en invitant les gouvernements ou l'industrie pharmaceutique à en finir avec certaines pratiques suscitant la méfiance. Bien que le chercheur ait été entendu par la Commission des lumières à l'ère du numérique, missionnée par Emmanuel Macron qui demandait notamment un éclairage sur « notre exposition à des biais cognitifs qui peuvent enfermer », le rapport de cette dernière ne formule pas ce genre de recommandation. Il évoque seulement un « lien de confiance entre les citoyens et les médias et les institutions qu'il s'agit de retisser » à la fin d'un chapitre, dont le contenu porte surtout sur une crédulité induite par un défaut de vigilance cognitive. L'accent est ainsi clairement mis sur l'aspect individuel et le développement d'un esprit analytique comme rempart face à la désinformation, en passant sous silence les études contestant l'idée portée par Gérald Bronner que notre cerveau nous rendrait crédules du fait de ses biais cognitifs. S'appuyant sur ces dernières dans son livre, Hugo Mercier diffuse ainsi «un message à contre-courant de ce que les gens veulent entendre actuellement, bien que ces travaux soient connus et acceptés dans le champ des sciences cognitives», comme me l'indique le chercheur. Le rapport Bronner aurait-il en fait été sujet à un biais de confirmation écartant les données contredisant le discours du président de cette commission des lumières ? J'ai voulu interroger Gérald Bronner, mais il a refusé ma demande d'entretien. C'est dommage, car je l'aurais bien questionné sur un point qu'Hugo Mercier et d'autres chercheurs en sciences cognitives relèvent : une tendance à voir des biais cognitifs chez les autres pour expliquer des comportements jugés déraisonnables, mais pas chez soi.

Les biais du covid passés inaperçus

Jeune écrivain satiriste de tendance libérale, Samuel Fitoussi incite à réfléchir à cette absence d'autocritique dans une petite publication amusante[14], qui dresse une liste de biais de raisonnement ayant pu influencer beaucoup d'entre nous pendant la pandémie, et en premier lieu les décideurs de la politique sanitaire. Sans que personne n'en prenne visiblement conscience. Il l'entame avec le biais de conformisme qui fait adopter le comportement de

---

14. Fitoussi S., «Les leçons de raisonnements de la crise sanitaire», Institut Sapiens, octobre 2022.

ceux qui nous entourent. En l'occurrence pour la France, l'Italie qui avait elle-même suivi la méthode chinoise du confinement. Celle-ci s'est ensuite imposée un peu partout, car il devenait, dans les pays touchés par SARS-CoV-2, « plus difficile de justifier de ne pas confiner que de justifier de confiner ». C'est qu'il est « toujours beaucoup moins coûteux de se tromper avec les autres ». Le confinement aurait alors créé un cadre cognitif par lequel nous avons ensuite évalué toutes les autres mesures de restriction, par biais d'ancrage. Tout ce qui allait arriver après n'étant pas pire, des mesures qui nous auraient auparavant paru inadmissibles sont devenues acceptables, comme un couvre-feu de neuf mois, dont nous n'avions aucune certitude de l'efficacité. Le biais d'action a quant à lui incité à faire quelque chose, car c'est perçu comme toujours mieux que de rester inactif, même si l'on peut fortement douter de l'utilité de ce que l'on fait quand on impose le masque en extérieur, décale le couvre-feu de 19 h à 18 h ou ferme les parcs. De toute façon, avec le biais des coûts irrécupérables, on serait presque prêts à tout accepter pour ne pas penser que tous nos efforts précédents ont été vains. Et avec le biais de continuation du plan, on garde la ligne en dépit du bon sens, en imposant un pass vaccinal en pleine vague Omicron alors que le vaccin n'empêche manifestement pas la transmission du virus. Peu importe, car il faut contraindre toute la population à se vacciner pour atteindre son objectif en interdisant à un jeune de vingt ans de prendre le train ou d'aller boire un verre s'il n'a pas son pass, sans s'occuper des octogénaires qui ne vont plus au bar, mais sont en France parmi les moins vaccinés en Europe, car ils étaient, eux, sommés de savoir utiliser Doctolib pour avoir leur dose. Mais le biais d'illusion de contrôle a permis de passer outre les incohérences et les échecs manifestes dans le combat face au virus, vu que « le fait de croire pouvoir résoudre un problème permet de mieux supporter ledit problème, même quand on ne le résout pas ».

Fitoussi se demande si nous ne serions pas « devenus religieux » face au covid en « sous-estimant les facteurs exogènes sur lesquels nous n'avions pas la main ». À savoir la vie propre du virus, mais aussi des éléments conjoncturels comme la météo ou structurels tels que le taux d'obésité dans la population. Tout cela avait à l'évidence une influence, mais nos dirigeants nous disaient plutôt que les courbes de cas descendaient grâce aux mesures de restriction, et montaient quand elles n'étaient pas suffisantes, avec, pour s'en convaincre, le fait que « tous les quelques mois la situation sanitaire s'améliorait, validant la stratégie du gouvernement d'Emmanuel Macron ». Au final, un biais de narration a remplacé la réalité par un récit dans lequel on a surtout rappelé les événements qui collaient au narratif, en oubliant les autres.

Aucun de ces biais, pourtant identifiés bien avant le covid dans diverses études, n'avait à ma connaissance été jusqu'ici pointé par ceux qui se posent en défenseur de l'esprit critique pour dénoncer une désinformation qui profiterait de cette crédulité résultant des biais cognitifs. Serait-ce parce qu'ils ont eux-mêmes subi les effets de ces biais sans s'en rendre compte malgré leur connaissance de ces mécanismes de raisonnement ? Fitoussi reconnaît de son côté un biais possible à son essai : celui de confirmation qui fait qu'un auteur pensant que les restrictions ont été excessives « risque de s'intéresser uniquement aux biais qui ont conduit à trop restreindre la liberté, oubliant que d'autres biais ont pu avoir l'effet inverse ». D'autres regards apporteraient des points de vue différents, mais celui de ce libéral a déjà le mérite de nourrir un débat démocratique qui a eu bien du mal à se tenir sur la crise du covid. La critique des mesures sanitaires a plutôt été discréditée au nom de la «science», comme le note également Samuel Fitoussi. J'ajouterai que les biais de confirmation et de conformisme ont certainement contribué à ce que le contenu de cette critique soit rendu invisible ou considéré comme illégitime. Y compris quand elle émanait de grands scientifiques.

Parmi ces grands savants obscurantisés dans la crise sanitaire, John Ioannidis est peut-être le plus illustre, lui dont les travaux sur l'analyse des données scientifiques constituaient une référence mondiale depuis qu'il avait montré en 2005 pourquoi la plupart des résultats de recherches publiés dans de nombreux domaines sont faux[15], notamment du fait de l'influence d'un «biais dominant». Dans un article publié en 2021, ce professeur de médecine et épidémiologiste à l'université de Stanford décrit «comment la pandémie a changé les normes en science»[16], en amenant à oublier des nécessités telles que le scepticisme et la prise en compte des conflits d'intérêts. Il évoque une guerre politique où la méthodologie scientifique a été la première victime. Tout en saluant le travail remarquable effectué par de nombreux chercheurs, Ioannidis constate qu'est apparue «une nouvelle race d'experts» aux références et aux données douteuses ou inexistantes, mais mise en avant par les médias et les réseaux sociaux.

En France, nous avons ainsi vu un Gilbert Deray, néphrologue, donc spécialiste des reins, s'imposer en habitué des plateaux télé où il put un jour affirmer que le covid provoquait dans le cerveau des enfants des atteintes neurologiques comparables à celles de la

---

15. Ioannidis J., « Why Most Published Research Findings Are False », *PLOS Medicine*, août 2005.
16. Ioannidis J., «How the Pandemic Is Changing the Norms of Science», *Tablet Magazine*, septembre 2021.

maladie d'Alzheimer, sans la moindre donnée pour soutenir cette contre-vérité qui lui servit à plaider pour la vaccination de cette population à très faible risque de formes graves. La *fake news* de Gilbert Deray a certes vite été repérée, mais de nombreux pronostics alarmants de mortalité ou d'hospitalisation ont été proférés pour justifier les mesures sanitaires en France comme aux États-Unis où Ioannidis a vu des non-spécialistes se prononcer avec autorité dans les médias, sans contradiction. À l'inverse, il retient que «certains des meilleurs épidémiologistes et spécialistes des politiques de santé ont été qualifiés d'ignorants et de dangereux par des personnes qui se croyaient aptes à arbitrer sommairement les différences d'opinion scientifique sans comprendre la méthodologie ou les données en cause».

De Big Pharma au noble mensonge

De façon assez similaire, un présupposé positif a régné sur la question de l'intérêt des produits proposés par l'industrie pharmaceutique et «demander de meilleures preuves sur l'efficacité et les événements indésirables était souvent considéré comme un anathème». Un retour en arrière, comme le déplore encore John Ioannidis dans un documentaire[17]. «Avant la pandémie, l'approche était que nous devions faire très attention avec Big Pharma», remarque-t-il en se référant à une prise de conscience, depuis les années 2000, que les grands laboratoires pharmaceutiques ont tendance à essayer de «biaiser la littérature» scientifique. Il s'agissait

---

17. MARCHART P., SABRANSKY G. et CONTOPOULOS-IOANNIDIS D., *Out to see*, octobre 2022.

donc « d'étudier les données et de mettre la pression » pour davantage de transparence, d'ouverture et de vérification. Mais « tout cela a été complètement inversé, s'inquiète Ioannidis. Big Pharma est soudain devenu le sauveur du monde. Tout ce qu'il produisait était vu comme une incroyable découverte, un incroyable produit que tout le monde devait utiliser [...]. Poser une question ou demander une évaluation du bénéfice-risque était immédiatement considéré comme ridicule, complotiste, ou bizarre. »

Ce retour en arrière s'est manifesté dans la perception même de l'expression Big Pharma. Elle est, depuis des années, fréquemment utilisée pour désigner les grands laboratoires pharmaceutiques qui, par leur pouvoir financier, exercent une position dominante sur le marché mondial de la santé. Le phénomène a été largement étudié et l'influence de ces mastodontes jugée problématique, car elle a pu conduire à une forme de corruption systémique que décrit notamment un livre collectif publié en 2013, *Big Pharma*[18]. Il explique comment « une logique de profit a dévoyé la science ». Un documentaire, intitulé *Big Pharma – Labos tout-puissants,* fut quant à lui diffusé sur Arte en septembre 2020. Son enquête mettait en lumière le pouvoir de ces géants industriels qui se sont régulièrement affairés à minimiser, voire à occulter certains effets indésirables causés par leurs produits. Il était ainsi montré comment Big Pharma représente une menace pour les systèmes de santé publique, suscitant d'ailleurs une résistance qui a conduit à de multiples condamnations en justice avec des amendes se chiffrant parfois en milliards de dollars.

---

18. BORCH-JACOBSEN M. (coord.), *Big Pharma, une industrie toute puissante qui joue avec notre santé*, Les Arènes, 2013.

Bref, l'expression Big Pharma était communément utilisée jusqu'au début de la pandémie, mais le covid a changé la donne. En atteste une vidéo diffusée au mois de mai 2022 par LCP, la chaîne parlementaire. Elle s'inscrit dans une série de programmes courts cherchant à décrypter et déconstruire différentes théories du complot[19]. On y voit une jeune fille interroger Rudy Reichstadt, fondateur de Conspiracy Watch, l'observatoire du conspirationnisme. «Les antivax accusent Big Pharma de nous empoisonner. Mais c'est quoi Big Pharma, en fait?», demande-t-elle au supposé expert, dont la réponse envoie aux oubliettes des années d'enquêtes académiques et journalistiques. «Big Pharma, c'est le nom de la théorie complotiste qui dit que les labos pharmaceutiques s'entendent à l'échelle mondiale pour faire des bénéfices financiers sur notre dos au mépris du bien commun.» Pour démontrer qu'il n'en est rien, Rudy Reichstadt parle des vaccins covid, en disant que certains fabricants les ont vendus à prix coûtant. Et si d'autres, comme Pfizer, ont pu faire de gros bénéfices, cela s'explique par les gros risques pris par ces entreprises qui ont investi beaucoup d'argent dans le développement de ces produits. Il n'est pas précisé que ces compagnies pharmaceutiques ont bénéficié de milliards de dollars ou d'euros de fonds publics alloués pour ce développement[20].

La question de Big Pharma est ici traitée à un niveau argumentatif aussi simpliste que binaire. En substance, les labos ne veulent pas nous empoisonner, car ils ont besoin de clients, et ils ne peuvent tout de même pas corrompre tous les scientifiques et les journalistes du monde. Croire le contraire serait «vivre dans un

---

19. *Big Pharma|Conspirations?* LCP, mai 2022.
20. MASTRANDREAS S., «Covid : 5 chiffres fous sur le financement des vaccins», *Les Échos,* novembre 2020.

monde parallèle», donc Big Pharma est une théorie du complot. Dans le débat public, on atteint là un degré zéro où la parole de spécialistes comme Ioannidis est ignorée pour laisser la place à un «expert» qui discrédite la critique de Big Pharma sur un canal d'information parlementaire, sans avoir la moindre compétence scientifique, médicale ou économique. Notons que Rudy Reichstadt, proche de Gérald Bronner, était également membre de sa commission des lumières censée nous éclairer sur les biais cognitifs. Il semble au moins nous offrir sur LCP une belle illustration du fameux biais de confirmation en ne retenant que de l'information qui conforte son parti pris complotiste, tout en écartant ce qui pourrait sérieusement le contredire. Il parvient ainsi à nier la réalité de Big Pharma, comme le ferait un adepte de la Terre plate avec celle de notre planète.

Dans la liste de biais cognitifs de Samuel Fitoussi, le jeune auteur en présente un que je n'ai pas encore évoqué, mais qui alimente la réflexion sur l'impact de l'épidémie dans le débat scientifique : la déformation professionnelle, une «tendance à voir la société à travers le prisme de sa profession». Si on la retrouve chez Rudy Reichstadt, dont le métier consiste à dénoncer le complotisme, Fitoussi l'a détecté chez des médecins qui, lors de la crise du covid, ont pu l'appréhender uniquement par ce qui occupait leur champ de vision : l'affluence hospitalière dans des services d'urgence ou de soins critiques. De quoi les inciter à en appeler à des mesures de restriction de type confinement, couvre-feu ou port du masque en surestimant le réel danger de la maladie, tout en sous-estimant l'impact de ces mesures sanitaires à l'échelle de toute la société.

Fitoussi remarque aussi que la propension de certains médecins et scientifiques médiatiques à exagérer le risque et à taire certaines vérités s'est manifestée par de «nobles mensonges», relevant davantage d'un positionnement politique ou moral que d'une démarche scientifique. Un comportement observé par plusieurs médecins que j'ai interrogés, comme l'immunologiste anonyme. «Personne ne va dire ouvertement qu'il pratique le noble mensonge en le nommant ainsi, mais j'ai entendu à la tête de mon service justifier qu'un médecin ou que le ministre mente sur la gravité de l'épidémie ou l'efficacité des mesures sanitaires, confie ce praticien hospitalier. Il y avait toujours l'excuse de l'urgence qui incitait à ce que l'on soit dans l'outrance, la simplification et l'absence de nuance, quitte à dire des choses inexactes ou à procéder par omission en refusant par exemple de dire que l'on manque d'études de toxicité sur les vaccins, car c'était pour la bonne cause.» Comme si l'on ne pouvait pas faire autrement face à une pandémie.

La recherche et ses *a priori*

Du noble mensonge aux biais qui faussent la perception de l'information, la réalité s'obscurcit de façon récurrente suivant le prisme de celui qui communique. Il convient d'intégrer cet état de fait que la pandémie a mis en lumière de façon assez paroxystique. Mais si John Ioannidis s'inquiète de la perte de regard critique sur la production scientifique de Big Pharma, le chercheur en santé publique Pierre Meneton me rappelle qu'avant le covid, le monde de la recherche avait déjà beaucoup de mal à intégrer des résultats obtenus en épistémologie, l'étude critique des sciences et de la connaissance. «De nombreux travaux ont été publiés depuis des années, particulièrement dans le monde anglo-saxon, mais la plupart étaient complètement ignorés», souligne celui qui avait publié en 2011 un article alertant sur « l'aveuglement de la communauté scientifique et des agences sanitaires »[21], toujours d'actualité. Écrit après le scandale du Mediator, médicament antidiabétique dont les effets secondaires ont fait de nombreuses victimes des années après qu'ils ont pourtant été repérés, cet article signalait que si un laxisme politique, une irresponsabilité du laboratoire pharmaceutique et une défaillance des agences sanitaires avaient été à juste titre dénoncés, l'affaire renvoyait aussi à un problème crucial pour l'ensemble des médicaments : le biais de financement des études évaluant leur intérêt. Meneton rappelait que celles financées par les firmes pharmaceutiques rapportaient en moyenne quatre fois plus souvent une balance bénéfice-risque favorable que les études indépendantes[22]. Un phénomène qui dépassait le sujet des médicaments puisqu'il avait été « décrit dans pratiquement tous les domaines où il avait été recherché ». En fait, expliquait Meneton, « tout financement provenant d'un groupe d'intérêt particulier a une forte probabilité d'introduire un biais souvent considérable dans les études ». Ce qui englobe des organismes privés ou publics, des entreprises ou des ONG militantes, et au final tous ceux qui ont « des objectifs, des profits ou des idées à défendre ».

L'un des principaux biais nuisant à la connaissance renvoie donc à l'identité de ceux qui la financent et organisent les expériences destinées à la valider. « De façon plus ou moins consciente, différents mécanismes entrent en jeu, en commençant par l'idée de mener une étude et la mise en place de son protocole », indique Pierre

---

21. MENETON P., « L'aveuglement de la communauté scientifique et des agences sanitaires », *Biofutur*, avril 2011.
22. LEXCHIN *et al.*, « Pharmaceutical industry sponsorship and research outcome and quality: systematic review », *BMJ*, mai 2003.

Meneton. Que va-t-on mesurer, et que ne va-t-on pas mesurer ?
Pendant combien de temps ? Avec quelle analyse statistique ? Pour
démontrer quel effet, positif ou négatif ? Autant de facteurs de biais
potentiels. « La plupart du temps, il n'y a pas de manipulation déli-
bérée, précise le chercheur de l'INSERM. Mais tous ces choix sont
essentiels, car susceptibles de modifier les résultats et les conclusions. » Et ainsi d'aboutir à une donnée scientifique biaisée par les
partis pris de celui qui décide de mener une recherche. Ou de ne
pas la mener.

Décider de ne pas entreprendre une étude n'est pas non plus un
choix anodin. Des sujets sont ainsi mis de côté, de façon plus ou
moins légitime et pour des raisons aussi bien financières qu'idéologiques. Dans le cas des soins ou des traitements médicaux, cela
entretient l'incertitude puisqu'on ne peut alors pas démontrer leur
utilité ou leur inutilité, voire leur nocivité. De quoi verser dans
l'obscurantisme par refus de chercher ? J'ai posé la question au
spécialiste de l'évaluation de la médecine qu'est Bruno Falissard,
directeur d'un centre de recherche de l'INSERM en épidémiologie
et santé des populations. « Ne pas donner la possibilité à une thérapeutique de faire ses preuves peut effectivement constituer une
forme d'obscurantisme, mais cela renvoie surtout à un mécanisme
de défense qui peut aussi témoigner de la perversion d'un système
ne permettant pas de sortir de ses *a priori* », considère ce professeur en biostatistique et santé publique. Il m'en donne un exemple
avec les médecines dites douces ou non conventionnelles qu'il a
entrepris d'étudier dans son unité de recherche. « Mais ayant eu un
budget de 40 000 euros par an, il m'est aujourd'hui impossible de
dire si telle ou telle pratique marche, même si nous nous sommes
fait quelques idées, indique-t-il. Voilà typiquement un domaine

où l'État ne veut pas faire d'étude, car il panique à l'idée de s'accaparer un objet avec trop d'atours perçus comme irrationnels. » Résultat, le flou est entretenu sur des méthodes de soins de plus en plus utilisées. Leurs partisans pourront arguer de ce succès pour vanter leur efficacité, et leurs opposants dénoncer de dangereuses pratiques charlatanesques n'ayant pas fait la preuve de leur efficacité. Deux regards biaisés par leur côté exclusif, et la garantie d'un dialogue de sourds.

Évidemment, il est impossible de tout rechercher et certaines questions sont considérées comme non pertinentes ou déraisonnables. Un jugement qui peut encore une fois être biaisé, ne serait-ce que par conformisme. Des chercheurs prenant des voies non désirées se heurteront ainsi à un ordre scientifique établi, et «il est difficile de mettre une ligne entre obscurantisme et fonctionnement universel des mécanismes de la science », me fait remarquer le neuroscientifique Thomas Andrillon qui travaille sur la conscience. «Un mot qui a longtemps été considéré comme ne devant pas être utilisé dans un article scientifique », rappelle-t-il. Ce thème de recherche est néanmoins désormais tout à fait reconnu, mais, un peu comme avec les médecines douces, il peut encore être exclu d'étudier certaines hypothèses qui risquent de remettre en question des paradigmes matérialistes, particulièrement en France. « J'y vois plus du scepticisme que de l'obscurantisme, estime Thomas Andrillon. Mais il est vrai que certains scientifiques ayant une position prééminente vont mettre une ligne considérée comme la limite des programmes de recherche ». Une limite, ou un présupposé se voulant rationnel et scientifique, bien qu'il puisse être présomptueux, et négateur de certaines données. Obscurantiste, en somme.

Chapitre 3 :
Des données que l'on ne veut pas voir

Au début de l'année 2022, je travaille sur un article traitant des recherches sur la conscience et des différentes théories qui ambitionnent d'en déterminer la nature[23]. Pour cela, j'interroge le neuropsychologue Stanislas Dehaene qui a développé l'une de ces théories, celle de l'espace neuronal de travail qui suppose que la conscience résulte de l'activation d'un réseau de neurones permettant de diffuser et de traiter de l'information. Le sujet m'amène à parler à cet éminent scientifique des expériences de mort imminente (EMI), un phénomène qui pourrait remettre en question son approche de la conscience uniquement liée à l'activité du cerveau. Du moins, si l'on prend en considération les dires de ceux qui ont vécu ces mystérieuses expériences pouvant notamment survenir à la suite d'un arrêt cardiaque. Nombre d'entre eux rapportent s'être alors retrouvés hors de leur corps et avoir pu voir des lieux ou des personnes situés à distance de leur enveloppe charnelle. Par exemple, dans la salle d'attente d'un hôpital où l'un de ces « expérienceurs », ou EMIste, dira avoir observé un proche lire *Paris Match* alors que lui-même était en salle de réanimation, comme

---

23. Perrier B., « L'énigme scientifique de la conscience », *Marianne,* mai 2022.

s'il avait eu conscience d'une situation à laquelle ses sens ne lui permettaient pas d'accéder, et ce, alors qu'il avait perdu conscience pendant que l'on tentait de le ramener à la vie.

À peine ai-je évoqué cette question des EMI que Stanislas Dehaene me déclare qu'il n'aurait pas accepté l'interview s'il avait su que j'allais l'aborder. Pour lui, l'anecdote de l'EMIste qui raconterait avoir vu quelqu'un feuilleter *Paris Match* dans la salle d'attente alors qu'on le réanimait, « c'est faux. Il n'y en a aucune évidence ». Le neuroscientifique est formel, les EMIstes relatent un ressenti subjectif et ne peuvent pas décrire une réalité objective. Comme s'ils avaient rêvé, ils n'ont fait qu'expérimenter une illusion visuelle. D'ailleurs, aucun article scientifique ne montre le contraire et il n'y a « rien de reproductible » dans les récits d'expériences hors du corps rapportés par les Emistes, souligne mon interlocuteur. Certes, mais les EMI surviennent sans prévenir et l'on ne saurait chercher à les provoquer en mettant la vie de personnes en danger. Les témoignages sont toutefois relativement nombreux et des enquêtes ont estimé que 4 à 5 % de la population auraient vécu cette expérience, dont l'une des caractéristiques les plus récurrentes est cette impression de décorporation, souvent assortie dans son compte rendu de détails visuels anecdotiques mais précis, comme le lacet défait du chirurgien que l'expérienceur dira avoir vu alors qu'il assistait à sa propre opération. Ou la visite de pièces adjacentes à celle où il se trouvait inconscient, la salle d'attente où se lisait *Paris Match* ou un bureau inaccessible au public situé à l'étage supérieur qui sera décrit dans son agencement particulier. Dans certains cas, l'EMIste aura la confirmation que ce qu'il a perçu correspondait à la réalité par le proche qui feuilletait le magazine ou une personne connaissant le bureau prétendument visité, même si l'on peut ne voir qu'illusion dans ce genre de témoignages. Il est vrai que ces confirmations ne se feront pas dans un cadre formel et surveillé scientifiquement, faute d'études cherchant à évaluer ou à vérifier la teneur des propos des EMIstes. Ce qui convient très bien à Stanislas Dehaene, car celui-ci me confie que le financement de ce genre d'étude est « exactement ce que l'on ne veut pas avoir dans la recherche sur la conscience ». Or notre homme, président du Conseil scientifique de l'éducation et professeur au Collège de France, fait partie de ces sommités dont la position prééminente permet de fixer des lignes à ne pas franchir pour la recherche.

Négation d'une intrigante réalité

Il se trouve que j'ai écrit avec le docteur Jean-Pierre Jourdan, spécialiste des EMI, son second livre[24] sur ce sujet qu'il investigue depuis trente ans. Cela m'a conduit à regarder sur YouTube une conférence sur la conscience donnée par Stanislas Dehaene au Centre de l'énergie atomique de Saclay[25] où il livre un aperçu de ses partis pris. Répondant à une question sur les explications que pourraient fournir les neurosciences sur les EMI, il commence par y reconnaître, sur le ton de la boutade, que l'on ne sait pas grand-chose, car on ne peut pas reproduire ces expériences. Mais avance ensuite que des modèles mathématiques expliquent, par un phénomène d'anoxie (diminution de l'oxygène) dans les aires visuelles du cerveau, que les expérienceurs puissent voir une forme de tunnel débouchant sur une lumière blanche. Une recherche publiée sur des animaux sur le point de mourir abon-

---

24. JOURDAN J.-P., *Le grand secret*, Michel Lafon, 2021.
25. DEHAENE S., *Peut-on décoder la conscience ?*, CEA, YouTube, février 2015.

derait dans ce sens, car ont été observées chez ces derniers des
«décharges neuronales de dernière minute qui pourraient expliquer ce genre de phénomène». Stanislas Dehaene évoque, par
ailleurs, des expériences menées en Suisse par le neurologue
Olaf Blanke, qui a provoqué des illusions visuelles de décorporation chez des patients en stimulant une zone de leur cerveau, la
jonction temporo-pariétale droite. En voilà assez pour expliquer
pourquoi les EMIstes prétendent avoir vécu une sortie du corps,
selon notre professeur au Collège de France. Tout comme quand
ils ont ressenti pendant leur expérience une présence s'apparentant parfois à celle d'un proche défunt, ces perceptions forcément
illusoires résulteraient d'une activité neurologique identifiée. Il
serait donc totalement inapproprié de chercher à vérifier la teneur
factuelle de récits qui ne traduiraient qu'une subjectivité induite
par un cerveau pouvant s'avérer trompeur.

J'ai soumis cette vision explicative des EMI à Jean-Pierre
Jourdan, qui a immédiatement rétorqué qu'elle ne correspondait
pas au contenu des centaines de témoignages qu'il a recueillis.
Déjà, parce que la perception illusoire observée par Olaf Blanke
chez ses patients avait amené ces derniers à voir une partie de leur
corps, par exemple un bras, comme s'ils en étaient dissociés. Or
les récits d'expériences hors du corps collectés par Jean-Pierre ne
se limitent jamais à un membre décorporé, mais présentent avec
moult détails des situations où l'EMIste se serait vu entièrement
sous différents angles, de même qu'il aurait vu d'autres personnes
présentes dans des lieux minutieusement décrits, tels qu'une salle
d'opération. Un contenu qui serait donc potentiellement vérifiable,
à condition de l'investiguer. Quant au tunnel, si beaucoup d'expérienceurs y font effectivement référence, ils s'en souviennent
habituellement comme d'une voie de passage de la première

phase de l'expérience, cette décorporation dans un environnement correspondant à notre monde terrestre, vers la seconde où l'EMIste se retrouve généralement immergé dans une lumière blanche perçue comme transcendante et porteuse d'un incommensurable amour. Une EMI peut se limiter à l'une de ces phases, mais il y aura fréquemment les deux, et le tunnel semble alors surtout représenter un moyen de transiter entre ces deux mondes, transition qui ne prendra pas toujours ce canal puisqu'elle peut également s'effectuer en franchissant une porte ou en ouvrant une fenêtre, comme en témoignent des EMIstes.

Réduire l'EMI à ce tunnel modélisé, à une impression de décorporation ou de présence comme à autant d'illusions visuelles provoquées par telle ou telle zone du cerveau, c'est en fait nier la réalité intrigante de ce phénomène. Ce que fait Stanislas Dehaene en assénant ses postulats en dépit de multiples récits d'expériences, dont ce scientifique influent ignore le contenu, par principe. Comme si la mesure de l'électroencéphalogramme de rats connaissant une anoxie avant de mourir était naturellement plus pertinente pour comprendre ce que vivent les EMIstes que d'analyser dans le détail ce que rapportent ces nombreuses personnes, dont on dit qu'elles ont frôlé la mort. À tort.

La dénomination d'expérience de mort imminente est trompeuse. Mais pour le comprendre, il faut déjà savoir qui a pu vivre ce type d'expérience, dont on ressort marqué à vie, comme l'a découvert Jean-Pierre Jourdan. À force de récolter des témoignages, il a constaté que leurs auteurs n'étaient pas uniquement des victimes d'arrêts cardiaques ou des personnes ayant vu leur vie mise en péril. Environ un tiers d'entre eux n'avaient en fait couru aucun danger, en ayant seulement subi une blessure anodine, redouté un accident qui n'est pas survenu, voire rien vécu du tout d'inquiétant. Des expérienceurs se sont en effet vus partis alors qu'ils regardaient un coucher de soleil, venaient de s'installer dans leur canapé après une journée de travail ou sortaient d'une rame de métro, sans aucun problème médical. Mais Jean-Pierre a constaté que, quel que soit le contexte, donc que la mort ait été ou non imminente, les mêmes invariants revenaient dans les récits de ses témoins, avec la même proportion d'expérience hors du corps, de phase transcendante dans la lumière et de combinaison des deux. Cette équivalence l'a amené à envisager que l'état cérébral de l'EMIste n'a pas d'influence sur le contenu de son expérience, vu qu'elle peut être similaire après un arrêt cardiaque induisant un manque d'oxygène ou lors d'un simple moment de relaxation dans son salon. Une hypothèse qu'il a tenu à éprouver scientifiquement en la soumettant à l'équipe de chercheurs du Coma Science Group, dirigée par le neurologue Steven Laureys à l'université de Liège. Une étude a été menée en comparant de véritables EMI vécues lors de différents types de coma et des EMI dites like, survenues sans que la vie des protagonistes n'ait été mise en danger. Contrairement à ce que prévoyaient les neurologues, les deux types d'expérience sont apparus similaires pour ceux qui les avaient vécues. L'étude a fait l'objet d'une publication scientifique en 2014[26], mais alors que la plupart d'entre nous ont entendu parler d'expérience de mort imminente, qui sait qu'elles sont en réalité mal nommées ? Étiez-vous informé que l'on peut vivre ce type d'expérience sans n'avoir aucunement risqué de mourir ? Donc sans que l'on puisse présumer du lien avec un état cérébral particu-

---

26. CHARLAND-VERVILLE V. *et al.*, « Near-death experiences in non-life-threatening events and coma of different etiologies », *Frontiers in human neuroscience*, mai 2014.

lier tel qu'un cerveau souffrant d'anoxie à la suite d'un infarctus, puisque l'expérience peut survenir sans que l'on semble connaître le moindre problème.

Pour arriver à ce constat qui remet en cause la vision habituelle des EMI, Jean-Pierre Jourdan a fait ce que Stanislas Dehaene juge stupide : écouter les EMIstes. Cela ne signifie pas prendre pour argent comptant tout ce qu'ils relatent, mais tenir compte de cette donnée que constitue leurs témoignages et chercher si pourrait exister une cohérence dans des récits à première vue invraisemblables quand les EMIstes racontent leurs expériences hors du corps. Jean-Pierre pense en avoir trouvé une qui l'a incitée à émettre l'hypothèse que ces EMIstes auraient expérimenté une forme de conscience élargie, dénuée des limites de l'espace et du temps, comme s'ils avaient eu accès à une dimension supplémentaire. Elle a été modélisée dans un article publié dans un livre sur la conscience et l'univers, codirigé par le prix Nobel de physique Roger Penrose[27]. Cela ne reste qu'une hypothèse, mais le docteur Jourdan a aussi prévu une expérience pour la mettre à l'épreuve. Elle serait à réaliser dans des hôpitaux, les lieux les plus propices à ces EMI que l'on n'a jamais pu reproduire, mais dont on sait qu'elles surviendraient dans 10 à 20 % des cas d'arrêt cardiaque n'entraînant pas la mort. L'expérience consisterait à placer bien en vue, dans des salles d'opération ou de réanimation, des enveloppes scellées contenant un dessin qui serait ainsi inaccessible au commun des mortels, mais visible par un patient EMIste si celui-ci était véritablement doté de cette conscience élargie lui

---

27. PENROSE R. *et al*, *Consciousness and the Universe: Quantum Physics, Evolution, Brain & Mind*, Cosmology Science Publishers, 2011.

permettant d'avoir accès à ce que cacherait l'enveloppe, et que lui venait l'envie d'y jeter un œil. Un unique résultat positif prouverait l'existence d'une conscience non localisée dans le cerveau, une découverte colossale dont le coût n'aurait pas été très élevé, car réaliser ce test ne demanderait guère de moyens. Mais aucun hôpital français n'a encore accepté de mener ce type de recherche qui constitue, rappelez-vous, « exactement ce que l'on ne veut pas avoir dans la recherche sur la conscience », d'après ce que m'a dit Stanislas Dehaene.

Lors de notre échange, l'influent neuropsychologue a qualifié d'« ânerie absolue » l'idée de vouloir rechercher si les EMIstes avaient réellement expérimenté une forme de perception extra-sensorielle en rapportant une information objective de leur prétendue décorporation. Il a étayé son propos en ajoutant qu'il n'y a « jamais eu de données en parapsychologie, pas de données de gens qui auraient vu une réalité lointaine ou dans le futur », ce qui m'incite à le qualifier, pour ma part, d'obscurantiste. Car non seulement il s'oppose à ce que l'on mène des recherches qui dépasseraient les présupposés et les raccourcis neurologiques pour étudier le phénomène des EMI sans exclure la possibilité d'une conscience délocalisée, mais il occulte également des données publiées dans la littérature scientifique. Celles qui montrent que la parapsychologie, l'étude de phénomènes psychiques dits paranormaux, tels que la prémonition ou la télépathie, a accumulé un certain nombre de résultats interpellant, à l'issue de recherches et d'expérimentations sur ce que l'on appelle aussi le psi, l'effet de ces phénomènes non expliqués qui mettraient en jeu une interaction entre le psychisme et son environnement. En atteste une synthèse de ces expériences publiée en 2018 dans une revue scientifique renommée[28], un article qui recense une accumulation de données soutenant «la réalité du psi».

Des psychologues arcboutés sur la physique

Dans cet article, Etzel Cardeña, professeur de psychologie à l'université de Lund en Suède, s'appuie sur des méta-analyses attestant d'un effet faible mais significatif, notamment lors d'expériences utilisant le protocole Gantzfeld, le plus utilisé depuis les années 1980. Pour le participant placé dans des conditions relaxantes lui permettant de se concentrer sur son ressenti, le Gantzfeld consiste à percevoir une image ou une vidéo inconnue choisie de façon aléatoire par un ordinateur situé dans une autre pièce, puis à la sélectionner parmi les quatre propositions qui lui seront soumises, la cible à deviner et trois leurres. Le hasard devrait donc conduire à un taux de réussite de 25 %, soit une fois sur quatre. «Or, avec le Gantzfeld, on avoisine les unes fois sur trois de façon assez récurrente et robuste pour que l'on puisse y voir un effet psi significatif», indique Renaud Evrard, enseignant-chercheur en psychologie à l'université de Lorraine et auteur de *Phénomènes inexpliqués*[29], un livre où il dresse un état des lieux éclairant du champ scientifique que constitue la parapsychologie, en revenant sur la synthèse de Cardeña. Il note que ce papier, publié par la revue de la plus importante société de psychologie au monde, montre que la parapsychologie a pu atteindre des niveaux de preuve comparables à ceux de phénomènes jugés établis en psychologie, dépassant

28. Cardeña E., « The experimental evidence for parapsychological phenomena: A review », *American Psychologist*, mai 2018.
29. Evrard R., *Phénomènes inexpliqués*, HumenSciences, 2023.

même du côté de la science médicale celui de l'effet de l'aspirine sur la prévention des troubles cardiaques, qui fait pourtant l'objet d'une recommandation par les autorités sanitaires. On aurait donc plus de chances d'obtenir des résultats positifs en parapsychologie que d'éviter un problème de cœur avec ce médicament.

Cette synthèse est passée inaperçue, et elle a eu pour principale réponse, un an après sa publication, un article paru dans la même revue qui opte pour la négation des faits, jugés impossibles. «Les données ne sont pas pertinentes», soutiennent ses auteurs, les psychologues Arthur Reber et James Alcock. Selon eux, tout comme les cochons ne peuvent pas voler, les effets psi sont inenvisageables, car ils violeraient les lois de la physique et leur mécanisme causal qui interdisent la perception à distance que suppose la télépathie ou le renversement du cours du temps qu'imposerait la prémonition. Peu importe les expérimentations reproduites depuis des décennies dans des laboratoires du monde entier, les méta-analyses établissant le bilan chiffré de ces efforts empiriques, tout ce qui va dans le sens d'un effet psi ne peut tout simplement pas exister. La physique l'interdit, et ce sont des psychologues qui nous le disent. J'ai d'ailleurs eu ce même type de réponse de la part du chercheur en psychologie cognitive Hugo Mercier, quand je l'ai interrogé sur l'éventualité que les EMIstes puissent dire vrai lorsqu'ils relatent avoir observé et entendu des choses à distance de leur corps. «C'est impossible, car sinon les lois de la physique s'effondreraient et les avions tomberaient du ciel», m'a-t-il assuré. Mais quand je soumets cette objection fondamentale à une physicienne, Catherine Bréchignac, elle ne la fait pas sienne.

Loin de prendre position pour la réalité du psi ou même de s'intéresser aux EMI, Catherine Bréchignac me rappelle en effet que «les lois de la physique ne peuvent pas être un argument, car on ne connaît pas tout. Le fait que les lois connues n'expliquent pas, voire contredisent un phénomène n'implique pas qu'il n'existe pas. Ces lois sont les outils dont on dispose aujourd'hui, mais il pourrait demain y en avoir d'autres. » Dans un univers dont seulement 5 % de la composition est de la matière visible, le reste étant constitué d'encore insaisissables et hypothétiques énergie et matière dites noires ou sombres, d'une nature inconnue, les physiciens savent que la modestie s'impose et qu'il ne faut pas tenir pour définitif ce qui n'est qu'un savoir parcellaire, en restant ouvert à de nouvelles découvertes. Renaud Evrard remarque, par ailleurs, que «de Schrödinger à Penrose, de nombreux prix Nobel de physique se sont intéressés à la parapsychologie. Et s'il est vrai que l'on utilise aujourd'hui très souvent de façon abusive la physique quantique pour avancer n'importe quoi, des physiciens développent aussi solidement, depuis plus de vingt ans, une théorie quantique généralisée qui pourrait constituer un nouveau paradigme et apporter une explication aux effets psi. » Fondée par le physicien allemand Harald Atmanspacher, cette théorie a été initialement inspirée par le dialogue entre le prix Nobel de physique Wolfgang Pauli et Carl Gustav Jung, psychologue des profondeurs et de l'inconscient collectif, sur de possibles connexions entre les sphères physiques et psychiques qui pourraient se manifester par des synchronicités porteuses de sens ou des perceptions extra-sensorielles. Je m'abstiendrai d'essayer de vulgariser cette théorie qui envisage que la physique quantique déborde de son habituel terrain microscopique pour agir à une échelle infiniment plus vaste, mais constate que Cardeña voit lui aussi dans son article la mécanique quantique comme une explication théorique possible pour une conscience non localisée, en se référant au physicien français Bernard d'Espagnat. Celui-ci estimait que l'intrication de particules qui, quelle que soit leur distance, réagissent de manière simultanée à une simple observation, implique que le monde ne doit fondamentalement pas être fait d'objets matériels séparés dans l'espace-temps, mais d'une forme de champ indivisible, une « réalité voilée » avec laquelle la conscience pourrait avoir la possibilité d'interagir. Ce qu'envisage également un autre scientifique auquel se réfère Cardeña, le mathématicien et cosmologiste Bernard Carr qui a théorisé des univers multiples, dotés de dimensions supplémentaires aux trois spatiales dans lesquelles nous évoluons. Dépassant les limites de ces dernières, ce Britannique suppose que des événements apparaissant distants dans notre espace tridimensionnel pourraient être adjacents dans des espaces hyperdimensionnels où l'on évoluerait dans un champ transcendantal sans dichotomie entre l'esprit et la matière. Une hypothèse qui demeure évidemment spéculative et difficilement testable. C'est l'une des raisons qui font que Bernard Carr s'est intéressé de près à la modélisation d'une dimension supplémentaire réalisée par Jean-Pierre Jourdan, car il a vu dans les récits des EMIstes qui l'ont inspirée une possible expérimentation d'un modèle d'univers supra-dimensionnel semblable à ceux qu'il a pu concevoir. « Notre vision est très similaire, mais je ne fais que fournir des théories alors que vos recherches fournissent des données empiriques cruciales », a-t-il ainsi écrit au docteur Jourdan, après l'avoir invité à présenter sa modélisation lors d'un colloque tenu à Londres en 2019.

Chercher au-delà des préjugés malgré la censure

Illusion dont la prise en considération factuelle serait une ânerie absolue ou données empiriques cruciales attestant d'une autre dimension, ces deux visions des témoignages des EMIstes reflètent les positions hautement antagonistes d'une controverse scientifique. Elle ne peut toutefois se dérouler avec une confrontation d'arguments, en tout cas en France où le sujet des EMI, comme celui de la parapsychologie, se retrouve exclu du champ scientifique par un Stanislas Dehaene qui délégitime le point de vue adverse et considère qu'il doit rester à l'écart de la recherche en n'étant pas financé. Quand je l'interroge, je découvre qu'il estime également inutiles les hypothèses intégrant la physique quantique à la science de la conscience, n'y voyant que des «constructions théoriques déconnectées de l'expérimentation», à la différence de sa théorie de l'espace neuronal de travail qui serait «la plus concrète», car pourvue d'une «base expérimentale très solide». À l'écouter, elle serait même la seule crédible, puisqu'il considère que la principale théorie concurrente, celle très mathématique de l'information intégrée conçue par le neuroscientifique italien Giulio Tononi, arrive à des «conclusions assez absurdes», considérant que chaque objet qui emmagasine de l'information pourrait être conscient, allant jusqu'à concevoir le panpsychisme, une conscience du tout. Une théorie pourtant défendue par des chercheurs de premier plan comme Kristof Koch, pionnier de la recherche sur la conscience, dont il contribua à faire un sujet majeur en neurosciences par sa collaboration avec le biologiste nobélisé Francis Crick. Cardeña le rappelle dans son article, en indiquant que Koch soutient avec Tononi que la conscience serait en fait une propriété fondamentale de l'information dans les entités complexes, ce qui ne se limiterait donc pas aux humains ou aux animaux sur lesquels on peut observer des neurones s'activer. Cela n'est actuellement guère testable en laboratoire, mais aucune théorie n'a de toute façon démontré expérimentalement sa capacité à expliquer ce qu'est la conscience, y compris celle soutenue par Stanislas Dehaene, même si celle-ci peut s'appuyer sur des bases expérimentales attestant d'une activité neuronale convergente dans certaines zones du cerveau. « Cet espace neuronal montre sans surprise que la conscience émerge avec un certain niveau de connectivité entre neurones, en retient le neuroscientifique Arnaud Delorme. Mais il n'apporte aucune réponse au problème difficile à résoudre : d'où vient la subjectivité de la conscience ? » Autrement dit, comment passe-t-on d'un message électrochimique à cette manière si singulière que nous avons d'éprouver notre conscience ?

Arnaud Delorme a un profil de chercheur original. Directeur de recherche au CNRS et professeur à l'université de Toulouse, il est aussi professeur associé au centre de neuroscience computationnelle de l'université de San Diego. Sa spécialité est l'analyse et la modélisation de la conscience humaine capturée par des électroencéphalogrammes ou d'autres appareils permettant d'explorer l'activité cérébrale. Évoluant à la pointe de cette recherche essentielle en neurosciences, il a développé de nouvelles méthodes de détection et de traitement des signaux électriques du cerveau, mais il est aussi chercheur en parapsychologie et collabore avec l'une des principales figures de cette discipline, l'Américain Dean Radin. Selon ce scientifique atypique, « l'intérêt des études en parapsychologie est d'observer que la conscience ne provient pas uniquement du cerveau, comme semble le montrer la télépathie. Si l'on constate que l'on peut communiquer à distance par un phénomène que l'on ne comprend pas, cela amène à poser l'hypothèse d'un nouveau type de conscience qui pourrait être une force de la nature. » Encore faut-il pouvoir en faire la démonstration selon la méthode scientifique qui doit conduire à une publication. Or «les résultats en parapsychologie sont beaucoup plus difficiles à publier que dans d'autres disciplines, prévient le chercheur. Beaucoup de scientifiques n'y croient pas, car ils pensent que ce type de phénomène est impossible. Cela conduit à de la censure, mais en s'acharnant on parvient tout de même à faire passer des articles ». Par exemple, une étude qui suggère l'existence d'un effet psychophysique de la pensée sur la matière dans un système quantique, publiée en 2021 par une revue de physique[30]. Un article dans lequel Arnaud Delorme ne mentionne pas son affiliation au CNRS, comme ses collègues le lui ont demandé pour tout ce qu'il pourrait publier en parapsychologie afin de ne pas nuire à la réputation de leur laboratoire. Un présupposé négatif également présent dans des revues scientifiques qui refusent la publication de résultats positifs, ce qu'a expérimenté ce chercheur pour qui «la difficulté à publier et le manque de financement restent les deux principaux problèmes dans la recherche en parapsychologie». Deux problèmes qui constituent un empêchement à l'avancée d'une science des phénomènes psychiques inexpliqués. Ou plutôt un frein, vu qu'il continue tout de même à travailler dans ce champ de recherche qui doit aussi composer avec deux handicaps bien identifiés : une absence de modèle théorique communément admis pour expliquer les phénomènes étudiés et une faible reproductibilité des résultats. «Il y a toujours beaucoup de variabilité selon les personnes impliquées dans les études alors

---

30. RADIN D. *et al.*, « Psychophysical interactions with a double-slit interference pattern: Exploratory evidence of a causal influence », *Physics Essays*, mars 2021.

que nous aurions besoin d'expériences facilement reproductibles, reconnaît Arnaud Delorme. Cela n'est pas facile à mettre en place, mais pourrait peut-être se faire avec davantage de moyens.» Sauf que les études de parapsychologie ne se voient allouer aucun fonds par les grands instituts de recherche. La discipline demeure ainsi obscurantisée, comme ses données dont le contenu mériterait d'être discuté plutôt que nié.

La mémoire de l'eau face à l'inquisition

«Les idées de recherche originales devraient être beaucoup mieux considérées, estime le biologiste Jacques Testart. Si un chercheur réputé lance une hypothèse, les institutions devraient lui donner les moyens de travailler dessus, même si cela paraît de prime abord farfelu.» En me livrant cet avis, le père scientifique du premier bébé éprouvette ne pense pas à Arnaud Delorme ou à la parapsychologie, mais à un cas qu'il a bien connu, celui de son voisin de laboratoire à l'INSERM, Jacques Benveniste, le scientifique qui défraya la chronique à la fin des années 1980 avec l'affaire de la mémoire de l'eau. Une controverse mémorable lors de laquelle cet immunologiste de renommée mondiale revendiqua une découverte qui remettait en question des fondements de la biologie et de la physique. Il disait avoir observé que l'effet biologique d'une molécule pouvait survenir en l'absence de cette molécule, comme si la mémoire de sa présence suffisait. Mais «jamais une ligne de crédit de l'INSERM n'a été accordée à Benveniste pour ses recherches sur la mémoire de l'eau», déplore encore Jacques Testart, qui a assisté à de nombreuses expériences menées par l'immunologiste.

Ces expériences ont notamment consisté à observer, sur des cellules sanguines en proie à une allergie, l'effet d'un allergène contenu dans une solution d'eau diluée un nombre de fois tel qu'il ne devait plus en rester la moindre molécule. Un effet de type moléculaire a malgré cela été maintes fois observé sur ces cellules à ces très hauts niveaux de dilution, sans que la reproductibilité de l'expérience soit toutefois assurée. « Cela ne marchait pas à chaque fois, mais une seule fois aurait déjà été étonnante, car il n'était pas normal d'avoir un effet sans molécule, se souvient Jacques Testart. Or là, c'était très fréquent, donc d'autant plus surprenant. » Car le mécanisme d'action s'avérait totalement incompréhensible, ce que Benveniste était le premier à souligner. Il constatait un effet à la fois récurrent et déroutant par son caractère imprévisible, sans prétendre l'expliquer, et il provoqua une levée de boucliers.

« Celui qui menace un ordre théorique bien établi peut apparaître comme un ennemi que l'on va presque traiter comme les sorcières au Moyen-Âge », me glisse Miroslav Radman. Il considère l'affaire Benveniste comme la plus éclatante trace d'obscurantisme de ces dernières décennies dans le milieu scientifique. Non pas qu'il valide les travaux de son ex-confrère de l'INSERM et estime démontrée l'existence de la mémoire de l'eau, mais parce que « la façon dont Benveniste a été traité rappelle la Sainte Inquisition avec l'envoi par la revue *Nature* d'une commission d'inspection venue pour décider s'il avait fauté, comme s'il avait été gagné par un mauvais esprit. On a pour cela fait appel à un illusionniste, ce qui n'a rien de scientifique. »

Au terme de deux ans de tractations avec Benveniste, à qui l'on avait demandé de faire reproduire son expérience par d'autres laboratoires, une exigence satisfaite, l'éditeur en chef de *Nature*, John

Maddox, a en effet posé comme dernière condition à la publication de ses résultats sur la mémoire de l'eau l'envoi d'une commission chargée de réaliser une contre-expertise dans le laboratoire de l'immunologiste français, après la parution de l'article. On aurait pu s'attendre à la venue de chercheurs travaillant dans le domaine de Benveniste, mais Maddox s'y rendit lui-même avec un spécialiste de la fraude scientifique et un magicien célèbre pour ses démystifications de phénomènes paranormaux, James Randi. Avec une telle équipe, l'idée était clairement de démasquer une supercherie. Et comme l'a rappelé le mathématicien Cédric Villani lors d'un colloque en 2016, les témoignages de personnes présentes pendant cette inspection de cinq jours dépeignent, «après une première expérience réussie, une procédure effectuée à un rythme effréné dans un climat de violente défiance, des accusations explicites de fraude, des protocoles tendus et bâclés, des exigences changeantes et épuisantes, des éclats de voix incessants, des expériences gâchées, le tout pendant que Randi effectuait des tours de prestidigitation pour amuser la galerie». Aucune fraude ne fut détectée, mais à la suite de l'échec final d'une expérience soumise à un protocole se voulant rigoureux dans une ambiance de mascarade, *Nature* allait publier, sous la signature de ses trois envoyés spéciaux, un compte rendu concluant qu'il n'y avait «aucune base substantielle» à l'allégation publiée le mois précédent, sur la base de résultats confirmés, d'un effet biologique de l'allergène à haute dilution. Et que l'hypothèse d'une mémoire de l'eau était «aussi inutile que fantaisiste».

Bien que disqualifiant d'une manière singulière des résultats publiés dans ses colonnes, la contre-expertise inquisitoriale de la plus prestigieuse des revues scientifiques a pour beaucoup clôturé l'affaire de la mémoire de l'eau. Mais Benveniste a persévéré dans sa volonté de démontrer la réalité de sa découverte dans une sorte de fuite en avant. Aux reproches sur la faiblesse de son protocole qui reposaient sur les hautes dilutions et surtout sur un test rudimentaire qu'il avait lui-même créé et déposé, il a répondu par de nouveaux protocoles et une nouvelle découverte : la possibilité de transmettre de l'information moléculaire à l'aide de signaux électromagnétiques captés puis retranscrits dans de l'eau pure, avec des processus expérimentaux de plus en plus automatisés afin d'éliminer autant que possible les interventions humaines. Et là encore, des résultats positifs, mais aussi des échecs, des incohérences, et de plus en plus d'indifférence de la communauté scientifique.

«Jusqu'à la mort de Benveniste en 2004, personne ne s'est vraiment penché sur ces signaux magnétiques de manière rigoureuse», constate le sociologue des sciences Pascal Ragouet, auteur de *L'eau a-t-elle une mémoire? Sociologie d'une controverse scientifique*[31]. Une controverse qui n'a été selon lui ni résolue ni close, mais abandonnée. «L'inertie a joué à plein, et aujourd'hui chacun peut en conclure ce qu'il veut en piochant les infos qui vont dans le sens qui l'intéressent en application du fameux biais de confirmation.» Par exemple, en interprétant à sa façon le fait que les travaux de Benveniste aient finalement été repris et poursuivis par Luc Montagnier, prix Nobel de médecine pour sa découverte du virus du sida. Certains y verront la marque de reconnaissance d'un grand scientifique quand d'autres moqueront ce qui leur apparaît comme la lubie d'un vieux chercheur à la dérive. Devenu depuis une quinzaine d'années de plus en plus sulfureux à la suite de prises de position iconoclastes, de ses critiques sur la sécurité des vaccins

---

31. RAGOUET P., *L'eau a-t-elle une mémoire? Sociologie d'une controverse scientifique*, Liber/Raison d'agir, 2017.

à ses prises de position sur l'origine du virus du covid, en passant donc par son soutien aux travaux de Benveniste, qu'il a qualifié de «nouveau Galilée», feu le professeur Montagnier a probablement davantage entretenu la marginalisation de la mémoire de l'eau qu'il n'a relancé la controverse. Un film documentaire[32] a pourtant montré le succès d'une expérience dirigée par le prix Nobel, où était envoyé par e-mail le signal électromagnétique d'une molécule d'ADN de patient infecté par le virus du sida, reconstituée par le destinataire à partir du fichier transféré. Une manifestation concrète et chimique de ce que pourrait permettre la biologie numérique. «Beaucoup prétendent que dès que l'on cherche à vérifier ces expériences elles ne fonctionnent plus, mais celle que nous sommes venus filmer a bel et bien marché», rappelle Christian Manil, le réalisateur de ce film.

La communauté scientifique manque à son devoir

L'identité de l'expérimentateur a été pointée comme une cause possible au manque de reproductibilité des expériences menées dans le laboratoire de Benveniste, tant avec les hautes dilutions qu'avec les signaux électromagnétiques, et même quand l'expérience de biologie numérique se déroulait à l'aide d'un robot analyseur, comme l'a constaté une équipe de chercheurs travaillant pour le DARPA, l'agence de recherche du département de la défense américaine. Dans la publication[33] qui relate leur tentative de digitaliser des signaux numériques avec l'équipe de Benveniste, il est

---

32. MANIL C., *On a retrouvé la mémoire de l'eau*, France 5, juillet 2014.
33. JONAS W. B. *et al*, « Can specific biological signal be digitized? », *FASEB Journal*, janvier 2006.

indiqué que la présence de l'un de ses membres semblait influer sur l'effet biologique d'un signal, sans qu'aucune intervention de sa part ne puisse l'expliquer. Ils notaient aussi que Benveniste avait déclaré que certains individus obtenaient systématiquement des effets numériques, tandis que d'autres les empêchaient. Un possible effet expérimentateur qui intéressa tout particulièrement le prix Nobel de physique Brian Josephson, un scientifique ouvert à la parapsychologie et engagé dans la recherche sur les relations entre matière et esprit. L'équipe américaine a, pour sa part, estimé que cet éventuel effet expérimentateur, qui ne relèverait pas de la fraude mais d'une possible interaction de nature inconnue, devrait être pris en compte en développant un cadre conceptuel afin de contrôler ce type de facteur si l'on souhaitait poursuivre l'étude de la biologie numérique.

Au courant de ce potentiel effet qui rendrait encore plus intrigante la mémoire de l'eau, Cédric Villani juge qu'il y a dans cette affaire « suffisamment de points étranges un peu partout pour que l'on ne considère pas ce cas comme clos », malgré ce qu'ont pu en dire la revue *Nature* et tous ceux qui l'ont rangé au rayon illusion démasquée par la rationalité pour non-reproductibilité. Le mathématicien a posé son diagnostic au milieu des années 2010, après un examen minutieux du dossier qui l'a amené à proposer à Luc Montagnier d'organiser une tentative de réplication de ses expériences de biologie numérique dans le cadre institutionnel de l'École normale supérieure. Il avait alors exprimé son intérêt publiquement, ce qui lui a valu « quelques haussements de sourcils de collègues de l'Académie des Sciences », me confie-t-il aujourd'hui, regrettant toujours que Montagnier n'ait pas donné suite à sa proposition, comme s'il n'y en avait pas besoin. Lors du colloque de 2016, Cédric Villani considéra, pour sa part, comme un « devoir de la communauté scientifique » d'effectuer une vérification de la validité de ces expériences, « en théorie très simple et *a priori* très bon marché » à réaliser, mais dont le gain potentiel pour la science pourrait être très important. Il n'a pas changé d'avis sur ce sujet qu'il juge « massacré ». Les travaux de Benveniste sont surtout maintenus au placard, avec toutes ces expériences pas suffisamment réplicables bien que semblant montrer qu'il se passait quelque chose que la recherche devrait logiquement investiguer. Car l'enjeu est la véritable révolution scientifique que constituerait la découverte d'une biologie numérique où les molécules, donc les médicaments, pourraient être remplacés par des signaux électromagnétiques.

Comment une découverte potentielle de cette ampleur peut-elle ne pas susciter davantage d'intérêt dans la communauté scientifique ? « Une procédure agressive et brutale comme celle qui a été infligée à Benveniste crée une atmosphère telle qu'un sujet de recherche se met à sentir mauvais, répond Miroslav Radman. Il devient comme contaminé et personne ne souhaite alors continuer le travail. » L'ignorance est ainsi entretenue, bien que l'on entende souvent un argument visant à le réfuter : si c'était vrai, ça se saurait. « C'est complètement faux avec ce contexte psychologique qui fait du mal à l'avancée de la connaissance, réplique Miro. En l'espèce, on a pu discréditer Benveniste alors qu'il n'a pas été prouvé qu'il avait fait une erreur ou une faute, ce qui n'est pas correct au niveau de la déontologie scientifique. »

Procès posthume surréaliste

À mes débuts comme journaliste, j'ai enquêté sur l'histoire d'un autre scientifique marginalisé alors qu'il avait effectué des découvertes importantes, présentées dans des dizaines de publications scientifiques, sans que personne n'ait démontré qu'il s'était trompé ni montré une non-réplicabilité de ce qu'il avançait. Biologiste d'origine serbe, Mirko Beljanski a d'abord trouvé, en 1972, à l'Institut Pasteur que l'information génétique pouvait passer de l'ARN vers l'ADN chez les bactéries, grâce à cette enzyme aujourd'hui bien connue qu'est la transcriptase inverse, et contrairement au dogme de la biologie moléculaire que soutenait alors son patron, Jacques Monod, prix Nobel pour ses travaux sur l'ADN. Celui-ci avait publié en 1970 un livre, *Le hasard et la nécessité*, dans lequel il réaffirmait ce dogme selon lequel aucune information génétique ne pouvait être transférée à l'ADN, seul ce dernier ayant la capacité d'en transcrire à l'ARN, qui peut ensuite la traduire en protéines. «Il n'est ni observé, ni d'ailleurs concevable, que l'information soit jamais transférée dans le sens inverse», certifiait même Jacques Monod comme pour rendre indéboulonnable ce principe fondamental de la biologie moléculaire. L'inconcevable allait pourtant advenir dès cette année 1970, avec la découverte de l'action de la transcriptase inverse chez les virus, par le biologiste Howard Temin, ce qui lui valut un prix Nobel en 1975. L'apport de Beljanski sur l'action de cette transcriptase inverse chez les bactéries en 1972 n'aurait donc plus dû être inadmissible, mais elle le fut pour Jacques Monod avec qui Beljanski entra en conflit, le payant par le déni de son travail, pourtant publié. La mise sous cloche, par un puissant prix Nobel, d'une découverte importante fit effet jusqu'en 1989, date à laquelle a été redécouverte la transcriptase inverse chez les bactéries, restée dix-sept ans obscurantisée. Dix-sept longues années au terme desquelles Howard Temin reconnaîtra, dans la revue *Nature*, l'existence et l'antériorité des travaux de Mirko Beljanski[34].

Entre-temps, Beljanski avait poursuivi ses recherches malgré sa mise à l'index au sein de l'Institut Pasteur. Il y a trouvé, dans les années 1970, des molécules issues de plantes qui auraient eu la particularité de s'attaquer aux cellules cancéreuses sans impacter les cellules saines. Observée et analysée dans de multiples publications, cette action sélective constituerait aujourd'hui encore un atout crucial dans la lutte contre le cancer, un combat qui doit se faire avec de lourds effets indésirables. Mais le contexte a fait que la direction de l'Institut Pasteur n'a pas accordé la moindre reconnaissance à ce qui apparaissait encore impensable, et la marginalisation de Beljanski n'a fait que s'accroître, l'entraînant lui aussi dans une périlleuse fuite en avant qui s'est finie dans l'illégalité. Avec la contribution de plusieurs médecins, il a en effet testé l'utilité de ses découvertes, d'abord sur quelques patients en échec thérapeutique, puis à plus large échelle. Les produits ont ainsi été distribués sans respecter les règles d'autorisation de mise sur le marché des médicaments, mais en satisfaisant des milliers de clients malades du cancer, dont le plus illustre fut François Mitterrand que l'on avait annoncé mourant à l'automne 1994. Et alors que l'affaire Beljanski avait viré à la polémique scientifico-judiciaire et médiatique depuis quelques années, le président de la République se fendit, au printemps 1995, d'un droit de réponse à *Paris Match* pour défendre la prescription de produits qui auraient joué un «rôle décisif» dans une rémission lui ayant permis de finir son mandat. Mais après son

---

34. Temin H., «Retrocitation», *Nature*, vol. 342, 7 décembre 1989, p. 624.

décès l'année suivante, Beljanski allait être interpellé dans le cadre d'une vaste opération de police.

Le biologiste controversé contracta alors lui-même une leucémie, dont il décéda en 1998 avant d'avoir pu être jugé, lors d'un procès dans lequel ont comparu devant le tribunal de Créteil son épouse, des médecins et des responsables de l'association promouvant ses travaux et ses produits. J'y ai assisté et son récit donna matière à mon premier article publié dans le magazine *Technikart*[35]. Je me rappelle les audiences assez surréalistes, où se succédaient à la barre des témoins défendant l'intérêt des découvertes de Beljanski et des produits qu'il avait mis au point. Des malades du cancer guéris, des médecins qui revendiquaient la prescription de produits jugés bénéfiques ou une biologiste soutenant avoir confirmé leur sélectivité d'action mais s'être vue opposée une fin de non-recevoir par Jacques Monod, les témoignages allaient tous dans le même sens. L'accusation n'apportait de son côté aucun élément contradictoire ni témoin réfutant l'intérêt scientifique des travaux de Beljanski, et se contentait de le nier en pointant la distribution illégale de produits médicamenteux. Le juge lui donna raison en condamnant le 23 mai 2001 plusieurs prévenus, dont la veuve de Beljanski, pour tromperie et exercice illégal de la pharmacie. Un an plus tard, ce fut au tour de la France d'être condamnée par la Cour européenne des droits de l'homme pour n'avoir pas permis à Beljanski de bénéficier d'un procès équitable dans un délai raisonnable alors qu'il était atteint d'une très grave maladie et que sa réputation de scientifique était en cause. La Cour d'appel de Paris se montra dans la foulée plus clémente que le tribunal de Créteil, en ne prononçant plus de condamnation

---

35. Veillard J., « L'affaire », *Technikart*, juillet 2001.

pour tromperie, ne conservant que l'exercice illégal de la pharmacie. Une condamnation judiciaire qui n'a rien de scientifique, alors que les autorités sanitaires françaises n'ont jamais entrepris de mener d'expertise pour déterminer si les produits, mis au point par Beljanski à l'Institut Pasteur, pouvaient présenter un intérêt dans la lutte contre le cancer, ce que suggèrent ses publications scientifiques et de nombreux témoignages. « C'est comme pour Benveniste, de l'obscurantisme qui résulte initialement du fait que ces chercheurs ont perturbé l'ordre établi, en conclut Miroslav Radman. Il faut bien comprendre que la recherche scientifique est aussi une affaire d'idéologie et de pouvoir dans laquelle certains cherchent à protéger leurs idées et leurs positions. »

La démarche de ce livre a déjà été précisée, mais peut-être faut-il ici la rappeler en indiquant clairement que ni moi ni Miroslav Radman ne soutenons que Beljanski ou Benveniste eussent raison, tout comme je ne prétends absolument pas que les EMIstes sortent effectivement de leur corps ou que l'effet psi et la télépathie existent. On a seulement ici des exemples montrant que sur différents sujets, dont les implications scientifiques et médicales pourraient être considérables, la recherche paraît dysfonctionner, car sont ignorées ou écartées des données qui contrecarrent une théorie, une idéologie, des certitudes, des positions de pouvoir ou simplement l'opinion dominante du moment. Cela peut rester confidentiel et ne pas faire de vague, ou susciter la polémique et virer au conflit qui risque d'entraîner dans un engrenage de radicalisation des positions, des partis pris et des situations. Dans tous les cas, cet obscurantisme n'est pas propice à l'avancée de la connaissance.

La pathogenèse du covid ignorée ?

Le covid fournirait d'autres exemples, et il en est un qui pourrait être aussi révélateur d'un manque de curiosité, voire d'une paresse dans la recherche, alors même que cette dernière a été mobilisée comme jamais pour faire face aux méfaits d'un virus induisant une maladie qui s'est révélée plus complexe et pernicieuse que les affections respiratoires habituelles. Jean-Marc Sabatier, directeur de recherche au CNRS, l'avait prévu dès le début de la pandémie, après avoir pris note que SARS-CoV-2 se fixait, par l'intermédiaire de sa protéine de pointe, sur un récepteur cellulaire appelé ACE2. Ce microbiologiste remarqua qu'ACE2 constituait aussi l'un des maillons du système rénine angiotensine (SRA), un système hormonal essentiel à notre organisme présent dans de nombreux organes. Or en occupant ACE2, le virus du covid pourrait dans certains cas l'empêcher de jouer correctement son rôle de régulateur de l'angiotensine 2, un peptide (courte chaîne d'acides aminés) qui arriverait ainsi trop massivement sur le récepteur suivant du SRA, AT1R, ce qui risquerait de susciter des réactions en chaîne impactant les organes où sont présents ces récepteurs. Sabatier pronostiqua donc que le covid allait provoquer quantité de maladies différentes, toutes liées à un dérèglement du SRA. Dans un article publié en avril 2020, avec des virologues chinois de Wuhan[36], il releva déjà que « TOUS les effets délétères associés à l'infection par le SARS-CoV-2 » déjà identifiés (difficultés respiratoires, maux de tête, problèmes cardiaques, pertes de goût et d'odorat, thrombose, diarrhée...) dépendaient d'un SRA défectueux, et il y ajouta

---

36. Cao Z. *et al.*, « SARS-CoV-2 & Covid-19: Key Roles of the "Renin-Angiotensin" System/Vitamin D Impacting Drug and Vaccine Developments », *Infect Discord Drug Targets*, 2020.

une longue liste d'autres pathologies prévisibles aux niveaux neurologiques, oculaires, auditifs, rénaux, cutanés, mais aussi des diabètes de type 2, des maladies auto-immunes ou des atteintes aux gonades pouvant notamment engendrer des troubles des cycles menstruels. Autant de maladies qui se sont révélées liées à des cas de covid, comme on l'a découvert au fil des mois et des années de la pandémie.

Le microbiologiste a cosigné, depuis quatre ans, plusieurs dizaines d'articles dans des revues scientifiques pour étayer son hypothèse du SRA, qu'il estime confirmée par ces maladies dont on s'est étonné de la survenue après une infection à SARS-CoV-2, alors qu'il les avait prévues. « On voit dans la littérature, y compris dans de grandes revues comme *Nature*, décrire toutes ces pathologies sans faire le lien avec le SRA, bien qu'en soit présenté l'effet », relève Jean-Marc Sabatier qui a, lui, détaillé dans la revue *Molecules* pourquoi le récepteur AT1R constituerait la porte d'entrée de ces maladies[37] ou comment le SRA serait également impliqué dans les symptômes du covid long[38]. Mais bien que le temps semble conforter son explication d'une pathogenèse qui reste aujourd'hui encore incomprise, son hypothèse comme ses articles sont ignorés. Y compris à la direction du CNRS qui n'a pas analysé ni commenté son dernier rapport d'activité, assorti d'une vingtaine de publications sur le covid. « En 2020, j'avais envoyé mes articles sur le site du gouvernement dédié au covid, mais n'ai pas eu davantage de retours », ajoute le chercheur, qui a depuis découvert que « beaucoup de médecins

---

37. EL-ARIF G. *et al.*, « Angiotensin II Type I Receptor (AT1R): The Gate towards COVID-19-Associated Diseases », *Molecules*, mars 2022.
38. KHAZAAL S. *et al.*, « The Pathophysiology of Long COVID throughout the Renin-Angiotensin System », *Molecules*, mai 2022.

et de scientifiques ne connaissent en fait pas ce SRA, dont le rôle est pourtant fondamental et bien identifié ».

Pour prouver l'implication du SRA dans les maladies du covid, il faudrait mener des expériences sur des animaux qui valideraient, ou infirmeraient, la théorie de Sabatier, ce que ce dernier n'a pas les moyens matériels de faire dans son laboratoire. Alors il se contente d'apporter sa pierre au débat scientifique par ses publications. « Mais les seuls que cela intéresse sont les journaux complotistes ! », s'en amuserait presque le chercheur du CNRS fataliste, mais sûr de son fait quand il rappelle que « des découvertes scientifiques importantes mettent souvent du temps à être reconnues ». Certes, mais se retrouver par assimilation catalogué complotiste n'est probablement pas le moyen le plus évident d'y parvenir par les temps qui courent...

Chapitre 4 : Illusions zététiques

Un directeur de recherche du CNRS prétend donc avoir trouvé l'explication de la pathogenèse du covid, sans que cela suscite de débat. Les publications scientifiques de Jean-Marc Sabatier attestent pourtant de la réalité étayée de son hypothèse, tandis qu'est avéré le lien entre le SARS-CoV-2 et le système rénine angiotensine par la fixation du coronavirus *via* sa protéine de pointe, dite spike, sur le récepteur cellulaire qu'est ACE2. Dès le début de la pandémie, l'impact sur le covid de médicaments inhibiteurs du SRA avait d'ailleurs, pour cette raison, suscité de l'inquiétude. Elle s'estompa après que l'on eut observé qu'ils ne favorisaient pas l'infection et n'aggravaient pas davantage le pronostic médical des patients qui les utilisaient[39]. Il fut alors envisagé un effet bénéfique, que trouva un essai clinique argentin avec l'un de ces inhibiteurs, le Telmisartan[40]. Denis Malvy, membre du Conseil scientifique covid 19 créé par Emmanuel Macron, m'a appris avoir participé pour sa part à une étude qui n'avait pas constaté d'effet significatif

---

39. DE FRÉMINVILLE J.-B. et AZIZI M., « Inhibiteurs du système-rénine-angiotensine au cours de la covid-19 : protecteurs ou dangereux ? », *Annales d'endocrinologie*, octobre 2021.
40. DUARTE M. *et al.*, « Telmisartan for treatment of Covid-19 patients: An open multicenter randomized clinical trial », *EClinicalMedicine*, juin 2021.

de ce médicament sur le covid. Je l'interrogeais sur l'hypothèse de Sabatier, dont il ignorait l'existence, et l'infectiologue me confia que sa «position de blouse blanche» l'amenait à «ne pas dire qu'un mécanisme peut tout expliquer». Il estimait toutefois que le SRA demeurait «une voie prometteuse» pour la recherche sur le covid. Un point de vue relativement proche de celui d'une source assez pointue sur cette recherche, mon immunologiste anonyme qui se méfie «d'une explication universelle de toutes les complications». Mais ajoute que «l'hypothèse du SRA apparaît néanmoins plausible et pourrait même être la principale piste de recherche à emprunter. Il faudrait déjà la tester sur des modèles animaux, mais Sabatier est loin d'être le seul à penser que le SRA joue un rôle majeur. Ce qu'il avance n'est pas du tout anecdotique. Seulement *touchy,* car on touche à la spike.» Une spike dont on pointerait ainsi le potentiel pathogène.

Or c'est sur cette protéine de pointe qu'ont misé les principaux vaccins contre le covid, notamment ceux à ARN messager qui font produire de la spike par nos cellules afin de provoquer une réaction immunitaire. Ce qui a conduit Jean-Marc Sabatier à alerter sur les risques d'effets indésirables. «Quand les différents vaccins sont apparus, je les ai d'abord promus, car je ne pensais pas que les spikes vaccinales auraient la capacité de se fixer sur l'ACE2, rappelle le microbiologiste. Mais en voyant que ces vaccins pouvaient engendrer des problèmes tels que des thromboses, j'en ai déduit que leurs spikes devaient avoir dans certains cas la possibilité de provoquer le même type d'effets que celle du virus, en déréglant le SRA.» D'autres signaux d'effets secondaires ont par la suite conforté sa déduction, que l'on retrouve quasi à l'identique dans un article publié en juillet 2022 par une équipe grecque[41]. Comme Sabatier, elle relève que sont associées aux vaccins à ARN messager, en tant qu'événements indésirables, des pathologies similaires à celles que l'on retrouve avec le covid, comme des thromboses, des myocardites, des paralysies, des zonas ou des syndromes de Guillain-Barré, une maladie auto-immune. La publication retient surtout que la spike, susceptible de se fixer sur le récepteur ACE2 présent dans un grand nombre d'organes, pourrait ainsi dérégler le SRA et provoquer ces multiples troubles chez des personnes sans doute déjà fragilisées. Exactement ce que dit Sabatier.

Personne ne semble toutefois s'étonner qu'une telle prise de position soutenue par des publications ne soit pas scientifiquement discutée, et que l'on s'abstienne de mener les expérimentations animales qui chercheraient à vérifier si la pathogenèse du covid résulte effectivement d'un dérèglement du SRA. En somme, que soit mise à l'épreuve de la critique et du laboratoire l'hypothèse du microbiologiste du CNRS, qui soutient avoir trouvé une explication à la plupart si ce n'est à toutes les complications liées à une infection par SARS-CoV-2. Une découverte qui serait considérable, et devrait logiquement avoir des contradicteurs, des scientifiques s'attachant à réfuter une telle affirmation, scientifiquement, donc en répondant aux publications de Sabatier. Mais si l'on cherche ce type de contradiction, on ne la trouve pas.

---

41. TROUGAKOS I.P. *et al.*, « Adverse effects of COVID-19 mRNA vaccines: the spike hypothesis », *Trends in molecular medicine*, juillet 2022.

L'amalgame en guise de méthode

Jean-Marc Sabatier a, en revanche, pu être vilipendé par un prof de maths titulaire d'un doctorat en biologie moléculaire, devenu pendant la pandémie une figure de la lutte contre la désinformation, Alexander Samuel. Ce dernier a rangé le chercheur dans sa longue liste de désinformateurs incluant *grosso modo* tous ceux qui ont pu émettre des critiques sur la vaccination covid ou défendre publiquement des traitements non approuvés par les autorités sanitaires. Sabatier a ainsi vite été réduit à un antivax qui vante les mérites de la vitamine D, et Alexander Samuel l'a traité de « charlatan »[42]. Le microbiologiste pointe certes les risques d'une vaccination reproduisant une protéine spike qu'il estime potentiellement pathogène, et il défend depuis son premier article sur le covid l'intérêt de la vitamine D pour son action régulatrice du SRA. Mais dans la présentation qu'il fait de lui sur son site[43], Alexander Samuel ne dit pas ce qui justifie en premier chef les déclarations de Sabatier ni ne mentionne que son hypothèse sur la pathogenèse du covid repose sur la survenue de maladies que pourrait expliquer un dysfonctionnement du SRA, tel le diabète de type 2 que l'on n'attendait pas comme conséquence d'une infection respiratoire, mais que Sabatier avait prévu. Est ainsi évacué ce qui devrait donner matière à un débat scientifique. L'argumentation stigmatisante de Samuel l'a en revanche amené à signaler que le désinformateur a donné « des interviews dans des médias complotistes d'extrême droite comme *Breizh-info* ou *France Soir* »[44]. De quoi en conclure que « Sabatier est

---

42. https://twitter.com/AlexSamTG/status/1475461986892795909
43. SAMUEL A., « Désinformation du réseau Reinfocovid/CSI », Blog Recherche indépendante, septembre 2022.
44. *Ibid.*

complètement grillé », comme me l'a déclaré ce professeur pour qui le directeur de recherche du CNRS est un « créateur de peur irrationnelle du vaccin » se basant sur de la « mauvaise science ».

Samuel se veut ainsi juge de la bonne science, lui qui se pose en spécialiste du débunkage, le démontage de fraudes et de mystifications scientifiques. Dans un élogieux portrait que lui a consacré *Libération*[45], il revendique d'aborder les sujets qu'il traite en militant, mais assure s'imposer une « rigueur extrême », et se voit présenté comme un débusqueur de vérité qui commencerait toujours par fouiller la littérature scientifique. Avec Jean-Marc Sabatier, un chercheur très productif sur le covid, Alexander Samuel a toutefois porté un jugement expéditif sans daigner se livrer à l'analyse de ce qui permet d'évaluer la valeur d'un scientifique : ses publications. Il a, en revanche, pu pratiquer l'amalgame, la méthode également utilisée pour essayer de me discréditer sur Twitter à la suite de la publication de mon livre sur l'origine de SARS-CoV-2[46].

Opposé à l'hypothèse d'un virus échappé d'un laboratoire, Alexander Samuel n'appréciait pas que l'on adopte un autre point de vue en s'appuyant sur mon travail alors que lui-même avait livré sur son blog sa vision naturelle de l'origine du covid. « Très souvent, des gens qui refusaient de lire mon contenu me disaient que Perrier, lui, avait fait une enquête, m'a-t-il expliqué. Alors je leur ai donné des éléments sur Brice Perrier. » S'est-il attelé à un débunkage en règle de mon enquête ? A-t-il apporté la preuve que je racontais n'importe quoi ? Est-il entré dans le détail de mes erreurs, approximations ou contre-vérité scientifiques afin de me

45. Frénois M., « Alexander Samuel, anti-mystère », *Libération*, novembre 2022.
46. https://twitter.com/alexsamtg/status/1446774781982953473

démasquer? Pas du tout. N'ayant pas le moindre commentaire à formuler sur le contenu de mon livre, il est allé faire un tour sur le Net à la recherche de traces de mon passé de journaliste lui paraissant compromettantes. D'abord, une enquête sur le linceul de Turin qui serait mon «histoire étrange à propos du suaire», bien qu'il ne nous dise pas les raisons de cette étrangeté. Tout aussi suspect à ses yeux, j'ai dirigé un journal en Savoie et y ai écrit un article qui serait une référence sur l'histoire du régionalisme savoyard. J'ai aussi réalisé un documentaire pour l'émission de France 3 *Strip Tease* sur des indépendantistes de ma région, et publié un article, jugé par Samuel «très... spécial», sur le regain d'intérêt de jeunes Savoyards pour l'indépendantisme, se revendiquant pour certains avec une évidente ironie du SLIP, acronyme de Savoie libre, indépendante et prospère. Or qui retrouvait-on quelques années plus tard dans un nouveau mouvement indépendantiste que Samuel confond avec ce SLIP? «Je vous le donne en mille : Éric Fioril», lâche le débunkeur comme s'il avait trouvé ma grosse casserole. Vous ignoriez sans doute vous aussi l'existence de ce Fioril qui s'avère être un théoricien d'extrême droite créateur d'une théorie conspirationniste, d'après la source de Samuel censée me compromettre (allez savoir pourquoi) et nous disant que «l'extrême droite avance masquée à Annecy». L'extrême droite, c'est bien comme accusation, mais rien ne pouvant m'apparenter à ce courant politique, Samuel sort maintenant de derrière ses pauvres fagots un article selon lequel Michel Maffesoli serait «un grand ami de l'extrême droite». Or cet illustre sociologue, plutôt connu comme le penseur de la postmodernité, a cosigné un livre avec moi, qu'il serait plus que tordu de percevoir comme diffusant d'une quelconque façon un propos d'extrême droite. Mais faisant flèche de tout bois, Samuel ne s'intéresse pas au contenu de ce que j'ai publié. En guise de débunking, il se contente de supposer, comme lorsqu'il estime, par un raisonnement conjuguant médisance, ignorance et fantasme que, parce que la thèse de sociologie de l'astrologue Élizabeth Teissier, dirigée par Maffesoli, aurait été démontée par le biophysicien Henri Broch, je m'en prendrais avec virulence, dès lors qu'il est question du suaire, à cet homme qui l'a initié à la zététique et serait ainsi à l'origine de sa pratique du débunkage.

Une scientificité factice

Peut-être ne connaissiez-vous pas encore la zététique. C'est une pratique popularisée en France, dans les années 1980, par ce dénommé Henri Broch qui a créé en 1998 à l'université de Nice le premier laboratoire dédié à ce qu'il a défini comme un art du doute. L'objectif affiché était principalement d'appliquer la méthodologie scientifique à l'étude des phénomènes dits paranormaux. Et ce, dans le but de défendre la rationalité, le scepticisme, l'exigence de vérification et de mise à l'épreuve par l'expérience réplicable, autant de principes sur lesquels repose la science. Des pouvoirs divinatoires présumés aux supposés miracles en tout genre jusqu'à l'intrigante mémoire de l'eau, Broch allait tout expliquer, ou plutôt tout démonter, en montrant, tel un magicien révélant des tours, qu'il y avait généralement un truc et jamais rien de paranormal, dont on puisse prouver scientifiquement l'existence. Sa pratique de la zététique se voulait une traque de la raison contre l'obscurantisme et ses croyances illusoires, dans laquelle il s'exonérait toutefois d'une règle de base de la méthode scientifique : soumettre ses travaux à l'aval de ses pairs en s'attachant à les faire publier. La scientificité de sa démarche s'avérait ainsi factice et son laboratoire n'en était pas vraiment un, ne répondant pas à cette exigence de la recherche.

Si j'ai été amené à faire certains reproches à Henri Broch, qu'Alexander Samuel croit pouvoir expliquer par une solidarité (d'extrême droite ?) avec Michel Maffesoli, c'est que j'ai eu l'occasion de l'interroger à propos de son travail sur ledit saint suaire lors de mon enquête sur ce sujet. Le zététicien prétend depuis une quarantaine d'années parvenir à réaliser des répliques de la plus célèbre relique du Christ, considérée par ceux qui y croient comme le linceul dans lequel Jésus aurait été enveloppé après sa mort. Sur ce drap de lin figure l'image du corps d'un homme barbu crucifié, dont la nature demeure mystérieuse. À la fin des années 1970, l'objet a été étudié en détail avec une batterie de tests et d'analyses physico-chimiques, dont les résultats ont été publiés en bonne et due forme scientifique, sans que l'on ne parvienne à déterminer l'origine d'une image qui paraît principalement résulter d'une oxydation du lin extrêmement superficielle, n'imprégnant pas le tissu comme le ferait une teinture. Henri Broch ne s'est pas soucié de cette particularité, mais en zététicien démystificateur, il affirme là encore avoir résolu l'énigme du suaire, bien entendu un faux, dont il a présenté ses répliques réalisées à l'aide d'un bas-relief et d'une teinture faite d'ocre rouge et de collagène. Sans que quiconque se soit livré à une comparaison méticuleuse, et scientifique, avec ce que l'on sait de l'original. J'ai demandé à Broch de me prêter une de ses répliques afin de la faire analyser pour voir si son image avait effectivement les caractéristiques particulières de celles du linceul conservé à Turin, mais il m'a répondu qu'elles ne sortaient pas de son laboratoire. Pratique pour pouvoir affirmer avoir dévoilé le mystère du saint suaire sans risquer d'être contredit, mais cela m'a paru contraire à la méthode scientifique que l'homme se targuait d'incarner avec la zététique. Je constatai alors que cet art du doute que je découvrais pouvait aussi consister à affirmer sans avoir rien démontré pour confirmer des *a priori*.

Depuis une dizaine d'années, la zététique connaît un essor considérable. Sur la toile et les réseaux sociaux se sont multipliés les blogs et les comptes consacrés à l'exercice d'un esprit critique qui permettrait de revenir aux faits avérés scientifiquement et de montrer la réalité mensongère de pseudosciences. Dans la lignée du sociologue Gerald Bronner, alertant sur l'impact des biais cognitifs qui nous rendraient crédules et nous feraient croire à toute sorte de balivernes en nous incitant à nous méfier de la science et du progrès, cette mouvance, que l'on pourrait qualifier de néo-zététique, mêle démystification et vulgarisation dans un champ d'action bien plus large que le domaine du paranormal. À base de vidéos, d'articles et de posts sur les réseaux sociaux, ces néo-zététiciens, qu'ils se revendiquent ou pas de la zététique, se positionnent en *fact-checkers* diseurs du vrai et du faux, mais aussi en influenceurs porteurs d'une vision de la rationalité qui ferait face à la fausse science, dans laquelle celui qui remet en question le consensus scientifique est généralement perçu comme un ignorant qui désinforme, bien souvent complotiste. « Dans un discours affirmant qu'il convient d'être rationnel, on pourra vous dire que si vous n'êtes pas d'accord avec le consensus sur une absence de dangerosité démontrée du glyphosate ou des OGM, vous êtes aussi irrationnel qu'un partisan de la théorie de la Terre plate », résume le philosophe des sciences Philippe Huneman.

Pendant la crise du covid, la méthode a fonctionné à plein régime alors que régnait surtout cette confusion entre science et recherche que décrivait Catherine Bréchignac dans l'entame de ce livre. La connaissance était très lacunaire et la prudence s'imposait, mais, comme ceux qu'ils taxaient de complotistes, nos *fact-checkers* ont aussi pu prendre pour du savoir avéré des résultats d'études sur les traitements, les vaccins ou l'effet des différentes mesures sanitaires, traitant d'obscurantistes, de menaces pour la santé publique ou de charlatans ceux qui émettaient des doutes, des critiques ou privilégiaient d'autres options. Des données, plus ou moins fiables, ont été assimilées à la science comme arbitres suprêmes et juges de la raison. Et si des fans de Didier Raoult voyaient en chacune de ses études une nouvelle preuve de l'efficacité de la chloroquine, celles qui disaient que ce traitement ne valait rien, voire pouvait causer des morts par milliers, ont tout aussi bien pu être prises comme une vérité absolue et définitive. Par exemple, fut adoubée en formule express par des non-pharmacologues zététiciens la désormais célèbre étude parue dans *The Lancet*, à la fin du mois de mai 2020, qui affirmait que ce traitement est non seulement inefficace, mais augmente d'environ 10 % le taux de mortalité des patients qui l'utilisent. Une hécatombe annoncée. Immédiatement, l'OMS sonna l'alerte et le ministre de la Santé, Olivier Véran, fit cesser les essais cliniques sur la chloroquine. Sur YouTube, M. Sam, vidéaste zététicien comptant plus de 100 000 abonnés, publie alors sans tarder une vidéo qu'il débute en déclarant : « Bon, ben Raoult, c'est terminé. Le *Lancet*, l'une des revues scientifiques les plus sûres, les plus réputées au monde, vient de publier une étude en béton armé. » Fort de l'avis de ses consultants, M. Sam est formel : après cette étude effectuée dans 661 hôpitaux, sur six continents, avec près de 96 000 patients, la preuve définitive est faite pour toute personne un peu sensée que le protocole Raoult ne marche pas. Malgré « les débilités qu'on trouve déjà sur le Net », la messe est dite, et Sam n'a pas envie qu'on lui parle de «conflits d'intérêts ou de problèmes de financement», lui qui sait qu'«il est si facile de manipuler les masses». Bon, l'étude, dont les données incohérentes plus que douteuses sortaient d'on ne sait où, s'avère en fait bidon et sera bientôt rétractée. M. Sam devra se fendre d'un incontournable *mea culpa*. Cependant, combien d'articles non rétractés, mais peu concluants ont été pris pour de la science bétonnée parce qu'ils étaient publiés dans *The Lancet, Nature* ou d'autres revues prestigieuses? Ne serait-ce que ceux sur l'origine du covid, qui ont affirmé qu'elle était clairement naturelle (pour quiconque n'était pas complotiste) et alimenté la fable du pangolin? Aucun zététicien ne les a remis en question.

Dans le sens d'un vent dominant

«On est très clément avec l'info qui va dans notre sens, et critique dans le cas contraire», reconnaît M. Sam, conscient que «rien ne soutient que les zététiciens et les *fact-checkers* soient moins biaisés que les autres». Contrairement à ce qu'aurait pu laisser penser de prime abord son usage du béton armé, ce Belge adopte en fait régulièrement un point de vue mesuré et n'est pas un adepte de la disqualification d'office. Il se distingue aussi d'autres zététiciens par des prises de position non binaires sur des sujets comme la mémoire de l'eau, et relève que l'on peut trouver dans la communauté dite sceptique du dogmatisme et des préjugés. Reste que sa production, comme celle de ses confrères français, a montré que leur sens est presque structurellement celui du vent dominant, qui a tendance à apparaître comme celui du consensus scientifique. Et en pratique, si les zététiciens se montrent prompts à s'en prendre aux théories du complot ou aux médecines alternatives, ils exercent rarement leur esprit critique sur de nouveaux médicaments bénéficiant du lobbying de l'industrie pharmaceutique. « On passe donc à raison pour des chiens de garde, en tapant la plupart du temps sur les dominés », note Jeremy Attard, physicien et membre du Cortecs, un collectif rassemblant des universitaires, qui propose à des étudiants de travailler sur des projets zététiques.

La zététique est-elle pro-système ? C'est la question à laquelle a voulu répondre une table ronde organisée par un youtubeur, Daï-Mon[47]. Y participaient Alexander Samuel, Vled Tapas et Thomas Durand, les deux animateurs de la plus influente des chaînes YouTube zététistes, la Tronche en Biais, qui compte près de 300 000 abonnés. Lors de cet échange, il s'y est dit que si le système peut se discuter, ce n'est pas le cas de la science, car cela reviendrait à remettre en cause la réalité à propos de laquelle on devrait tous être d'accord. Avec un consensus qui permet de distinguer ce qui est possible de ce qui est « farfelu ». Selon Samuel, la zététique devrait conduire à proposer une organisation de la société par le savoir et la connaissance, plutôt que par des choses farfelues comme le paranormal et l'astrologie qui aurait influencé François Mitterrand dans son agenda diplomatique. Et comme plus généralement toutes les opinions ne se valent pas, il lui apparaît normal et souhaitable d'exclure du débat public ceux qui diraient des choses idiotes. Une visibilité demeurant néanmoins possible avec Internet, il invite à réinventer une censure qui ne serait pas d'État, mais sociale pour que l'on n'ose plus dire de choses trop déplacées.

---

47. « La zététique est-elle pro-système ? », table ronde avec La Tronche en Biais, Alexander Samuel, Daï-mon, chaîne YouTube de Daï-Mon, décembre 2021.

Vu ce que le débunkeur reproche aux très nombreuses personnes qu'il dénonce sur Twitter, avec fréquemment des interpellations à leurs employeurs afin que soit sanctionnée une parole jugée inacceptable, les propos à bannir socialement dans une aseptisation du débat ne viseraient pas que les partisans de la politique des astres ou ceux qui croient aux fantômes. Le prof de maths s'en est, en effet, principalement pris depuis quatre ans à des individus qui critiquaient la politique sanitaire et sa vision de la vérité scientifique sur le covid, en les taxant de désinformateurs. Par exemple, la philosophe Barbara Stiegler, auteure de deux essais sur une démocratie malmenée par temps de pandémie au détriment de la santé publique.

Reprenant le terme de syndémie, utilisé par le rédacteur en chef du *Lancet* dans un de ses éditoriaux, Barbara Stiegler a diagnostiqué le covid-19 comme une maladie létale et dangereuse essentiellement pour des individus âgés ou souffrant déjà de comorbidités, parfois éloignées des systèmes de santé, les personnes fragiles médicalement l'étant aussi souvent socialement. Cosignataire de l'un de ses textes avec le professeur en santé publique François Alla, elle estime qu'une vaccination efficace aurait donc dû cibler principalement les personnes à risques dans une France où une part conséquente des plus de 80 ans n'a pas été vaccinée, alors que les deux doses ont été rendues quasi obligatoires par le pass sanitaire pour tout adolescent désireux de continuer à avoir une vie sociale. Ce qui poserait la question du bénéfice-risque, le vaccin n'étant pas dénué d'effets secondaires chez ces jeunes ne développant quasiment pas de formes graves. Un point de vue intolérable pour Alexander Samuel, qui m'a dit à propos de Barbara Stiegler : « il ne faut pas lui donner la parole ». Sa censure sociale réclamerait ainsi d'interdire à une universitaire, membre du conseil de surveillance de l'Agence régionale de santé de Nouvelle-Aquitaine, de tenir publiquement des propos qualifiés « de *fake news* dangereuses pour la santé publique ». Une exigence de mise à l'écart d'un point de vue en fait divergent du discours dominant, qui a d'ailleurs été largement effective pour un grand nombre d'individus pendant la crise du covid, la position du zététicien, prônant une interdiction quasi morale d'émettre des critiques sur la politique vaccinale, ayant sévi de façon récurrente dans les médias comme dans la société avec une ostracisation des récalcitrants. De la censure sur une pensée non conforme à ce qui serait acceptable, comme si la méthode scientifique l'imposait.

L'homéopathie au bûcher !

À la table ronde de Daï-mon, Alexander Samuel exprime sa vision de la censure sociale lors d'un échange sur l'homéopathie. L'une de ces choses « tellement à l'ouest que cela n'a pas le droit de citer », considère-t-il, en se livrant à une comparaison un brin osée avec un apologiste d'Hitler ou quelqu'un faisant des blagues pédophiles, leur nécessaire mise à l'écart comme celle de l'homéopathie relevant, d'après ce professeur, « un peu du même principe ». Thomas Durand se montre quant à lui affligé que certains souhaitent toujours débattre de l'utilité de l'homéopathie. « Deux cents ans après Hahnemann, on en est encore là, c'est fou ! », lâche la star française de la zététique, en référence au fondateur de cette médecine non conventionnelle. Mais d'ailleurs, ajoute Durand, « les homéopathes ne débattent pas. Ils sont nuls, ou malhonnêtes, ou un mélange des deux ». Les connaît-il tous pour se prononcer d'une façon aussi tranchée ? Personne ne le lui demande, mais de toute façon, le surnommé Acermendax clôturerait vite une discussion avec n'importe lequel de ces médecins qui ne sont pour lui que des charlatans, car il estime que l'« on n'a pas à débattre » sur l'efficacité de l'homéopathie. On devrait seulement regarder « ce que dit la littérature », ce qui signifie prendre acte des études et surtout des méta-analyses qui ne démontrent pas d'efficacité. Le doute n'est donc plus de mise, la science ayant parlé. On se doit de suivre son verdict, « sinon, si l'on demande aux gens ce que l'on doit en penser, certains vont dire que l'astrologie, ça marche », poursuit le zététicien, pour qui « on a le droit de croire, mais pas de dire qu'on peut débattre d'un résultat scientifique ».

Face à cette injonction, d'un pratiquant de l'art du doute, à ne pas douter ni discuter d'un résultat scientifique et de sa pertinence, je pense à Philippe Huneman me parlant de « l'immense naïveté » des youtubeurs zététiciens, notamment en raison des conditions de production de la science qui ne sont pas toujours indiscutables. Pierre Meneton nous a, lui, mis en garde sur la question du biais de financement qui peut conduire à des résultats biaisés, et nous nous pencherons dans un prochain chapitre sur celle de l'*Evidence base medicine* (EBM), la médecine validée par les preuves, perçue comme l'application médicale de la méthode scientifique nécessaire à l'évaluation de l'efficacité de traitements, en premier lieu médicamenteux. En pratique, comme on le verra, cette EBM ne garantit pas une fiabilité absolue ou l'absence de biais. Des études qui s'en revendiquent ont toutefois conclu à l'absence d'un effet autre que celui d'un placebo pour l'homéopathie, l'argument que met en avant Thomas Durand pour clore le sujet. Mais si ce dernier, comme Alexander Samuel et bien d'autres, assimile cette médecine non conventionnelle à une pratique inepte et farfelue, c'est d'abord pour son corpus théorique inexplicable par les lois connues de la biologie et de la physique. Particulièrement, le principe de dilution qui consiste à diluer la substance active du médicament à un niveau tel qu'il n'en restera souvent plus de molécules, comme dans les expériences de la mémoire de l'eau. Le zététicien voue donc aux mêmes gémonies Benveniste et l'homéopathie, deux sujets qui prêtent à confusion.

Benveniste a en effet commencé à travailler sur les hautes dilutions sur les conseils d'un chercheur de son unité de l'INSERM, par ailleurs médecin homéopathe, et il bénéficia pour ces travaux de financements provenant du laboratoire Boiron, leader mondial du médicament homéopathique. Outre les hautes dilutions, l'immunologiste se servit également dans ses expériences d'une autre règle de l'homéopathie, consistant à secouer le flacon contenant le principe actif et de l'eau après chaque dilution, ce qui est appelé la dynamisation. Mais s'il a reconnu en obtenant des résultats que ceux-ci pouvaient accréditer ces deux principes de l'homéopathie, Benveniste n'a jamais prétendu avoir expliqué comment elle fonctionnait, ni cherché à le faire, et encore moins à démontrer son efficacité. Il s'en est même clairement démarqué avec la rupture, en 1989, des liens de financements avec Boiron, puis en délaissant les dilutions pour se concentrer sur la biologie numérique. Reste que des homéopathes se servent de la mémoire de l'eau pour dire qu'elle attesterait de la pertinence de l'homéopathie, et des adversaires de cette dernière ne manquent pas d'utiliser dans leur argumentaire la non-réplication des expériences de Benveniste. Thomas Durand inclut ainsi, dans une série de vidéos sur l'homéopathie[48], sa vision à

---

48. Durand T., « Connaissez-vous l'homéopathie ? », Blog La menace théoriste, juin 2019.

charge de l'affaire de la mémoire de l'eau, ne laissant guère de place au doute, et ne se souciant pas de ces étrangetés qui incitent Cédric Villani à ne pas considérer le dossier clos. Plutôt que d'inviter à le réouvrir en menant de nouvelles expérimentations, il le ridiculise tout en prétendant que si l'on parle encore de la mémoire de l'eau, ce ne serait « que pour valider cette forme de thérapeutique » qu'est l'homéopathie. Affichant un désintérêt total face à ce que Villani perçoit comme un « gain potentiel » pour la science sur « quelque chose de fondamental et de révolutionnaire », qui imposerait à la communauté scientifique le devoir de chercher à le vérifier par l'expérience, le zététicien semble avant tout inspiré par le mépris d'une homéopathie dont il a pu dire qu'elle « n'est qu'une pseudo-médecine comme les autres, avec des prétentions frauduleuses et un corpus "théorique" qui relève de la sorcellerie »[49]. De quoi l'envoyer au bûcher.

Présupposés et ignorance

Je n'ai pas pu questionner Thomas Durand sur sa divergence d'opinions avec Cédric Villani à propos de l'histoire de la mémoire de l'eau, car il a refusé de m'accorder un entretien pour ce livre. Mais je l'avais auparavant interrogé pour des articles, en constatant qu'il pouvait négliger certaines données importantes susceptibles de contrarier son point de vue sur des sujets qui relèvent typiquement du champ d'exploration de la zététique, comme les expériences de mort imminente sur lesquelles il a publié un livre[50]. Le zététicien

---

49. Durand T., « Les homéopathes ont-ils raison ? », Blog La menace théoriste, octobre 2013.
50. Durand T., *La vie après la mort ? Une approche rationnelle*, Book-e-book. com, 2016.

m'avait livré son explication des témoignages des EMIstes[51] : leur cerveau s'étant retrouvé dans un état extrême dû à la proximité de la mort, ils ont vécu un état de conscience altéré et se sont raccrochés au récit connu des EMI pour interpréter leurs réactions. Outre l'*a priori* bien hasardeux que ces gens auraient connu le phénomène avant de le vivre, et feraient ainsi coller leur propre récit à ce qu'ils étaient censés voir, vous aurez sans doute relevé que la publication cosignée par Jean-Pierre Jourdan et l'équipe de Steven Laureys, présentée dans le précédent chapitre, contredit le postulat neurologique de Thomas Durand. Le cerveau de personnes ayant vécu des EMI likes n'était en effet pas dans un état extrême dans la mesure où elles n'ont ni risqué ni redouté la mort. Mais le zététicien ne connaissait pas cette publication. Je lui fis remarquer son intérêt, car elle questionnait son affirmation, et lui ai rappelé une autre caractéristique de cette étude : elle émane du Coma Science Group dirigé par Steven Laureys, neurologue de très haut niveau. «Il a une grande complaisance envers le croyant et a envie de croire» se contenta de me répondre Thomas Durand. Face à son ignorance sur un article, dont l'apport est fondamental, il réplique ainsi par un procès d'intention à un chercheur de renommée mondiale qui applique, lui, la méthode scientifique en recherchant avec son équipe depuis des années des explications neuronales aux EMI. Ils ont d'ailleurs éprouvé une série d'hypothèses sur des processus neurologiques, dont la connaissance permettrait à Thomas Durand d'affiner son explication par l'état du cerveau de l'EMIste. La nature du phénomène reste toutefois loin d'être établie, d'abord en raison de ces déroutantes EMI likes.

---

51. On la retrouve aussi dans une interview avec le youtubeur Sylartichot : https://www.youtube.com/watch?v=rBMwBwaz4TM

En interrogeant l'animateur de la Tronche en Biais, au printemps 2020, j'ai aussi appris qu'il ne connaissait pas la publication la plus notable de ces dernières années en parapsychologie, la synthèse d'Etzel Cardeña, dressée en 2018 dans *American Psychologist*. Thomas Durand était passée à côté de cet état de l'art, publié dans une revue scientifique sérieuse avec des résultats qui soutiennent la réalité du psi. Mais dans cette méconnaissance de la littérature, il m'affirma qu'il n'y avait rien de nouveau dans ce domaine où, pour lui, tout est si simple. « Face à une expérience qui montre l'existence d'un phénomène de télépathie, ou bien on s'est trompé, ou bien l'étude est mal faite, ou bien la méthodologie n'est pas assez bonne. Toutes les hypothèses ne se valent pas au départ, et comme on est à peu près sûr que ce n'est pas positif, il faut s'interroger sur la méthode. » Je m'interrogeais quant à moi sur la sienne, car il déroulait son discours de sceptique sans avancer d'autres arguments que ces présupposés. Peut-être parce que « la zététique est complètement aux fraises avec la parapsychologie et n'y connaît rien », comme me l'a confié M. Sam, ajoutant qu'« il existe pourtant des études qui obtiennent des résultats intéressants. Mais les zététiciens n'en veulent pas. »

Sam avait déjà évoqué ce sujet lors d'une table ronde d'une nuit zététique, organisée par la Tronche en Biais[52]. À la fin de la discussion, il y demanda s'il pouvait faire « un peu d'autocritique », en se référant à une conversation qu'il avait eue avec un autre zététicien belge, Jean-Michel Abrassart. Ce dernier lui avait appris que beaucoup de travaux de qualité s'effectuaient en parapsychologie, mais que « les zététiciens ne s'y intéressent pas » et « continuent à croire à un certain statu quo ». Sam a depuis pris connaissance du contenu

---

52. *La Nuit zététique 2022*, chaîne YouTube La Tronche en Biais, novembre 2022.

de certaines de ces études par l'intermédiaire de Renaud Evrard, mais il avoua ce jour-là ne pas les avoir regardées non plus, ne se présentant pas comme une exception. «En tant que zététicien, on a une espèce d'*a priori* négatif, expliquait-il. On a tellement l'habitude de tomber sur du débunk, que l'on a toujours cet *a priori* quand on arrive sur un truc extraordinaire. Mais apparemment, en parapsy, il y a des trucs.»

Pas de quoi faire douter Thomas Durand qui répondit avec l'assurance de celui qui sait qu'il n'aura guère de contradiction, Sam ayant reconnu ne pas connaître le sujet. Acermendax asséna ainsi avec autorité que, face à des résultats témoignant de choses que le hasard ne pouvait pas expliquer, il y avait en fait deux possibilités : soit, l'effet, très petit, a nécessité de recourir aux statistiques pour démontrer l'existence d'un phénomène comme la télépathie qui ne devrait pas avoir besoin de ces calculs ; soit, hypothèse qu'il considérait comme probablement vraie, «les protocoles et les mathématiques arrivent parfois à démontrer des choses qui n'existent pas». Les deux options relèvent en fait du même parti pris : face à un résultat positif obtenu en parapsychologie par la méthode scientifique, on le refuse, en prétextant qu'il devrait être plus spectaculaire ou que la méthode s'avère ici trompeuse, même si les protocoles ont été rigoureux et le résultat significatif selon les normes habituelles. Est ainsi exigé davantage que ce que l'on réclame normalement.

Aboutissant à disqualifier la méthode scientifique quand elle permet un résultat favorable, ce genre d'argumentation est paradoxale chez celui qui se drape de scientificité. Mais elle sera plutôt rare, car la plupart du temps pas nécessaire, nos zététiciens ayant plutôt tendance à échanger entre membres d'une communauté rationaliste où l'on n'a pas pour habitude de se référer à des résultats positifs en parapsychologie. On peut donc plus généralement réfuter l'intérêt de cette dernière, en se montrant intraitable sur le respect de la méthode scientifique face à tout ce qui apparaîtrait farfelu. Dans une émission[53] où Thomas Durand invitait le zoologiste et systématicien[54] Guillaume Lecointre, le zététicien assimilait ainsi la recherche en parapsychologie à celle qui pourrait être faite sur les anges ou les interventions divines. Une parapsychologie où l'on refuserait, selon lui, d'être soumis à des protocoles rigoureux en exigeant au contraire une tournure d'esprit favorable et une absence de scepticisme. Guillaume Lecointre renchérissait en rappelant que l'on ne pouvait prétendre convaincre des scientifiques sans vouloir jouer au même jeu de la science, ce qui l'amenait à parler de tricheur n'acceptant pas les règles, de « gens qui voudraient faire admettre quelque chose aux sciences sans en payer le prix de la rigueur ». À savoir ce respect de la méthode et des protocoles réplicables auxquels refuseraient de se soumettre les chercheurs en parapsychologie, en se contentant de témoignages, argument maintes fois avancé sans contradiction. Or « ce que montrent nombre d'études en parapsychologie depuis maintenant des décennies, ce sont des protocoles d'une exigence et d'une rigueur maximales, qui n'ont rien à envier à ce qui est pratiqué en médecine et en psychologie, rétorque Renaud Evrard. La parapsychologie est même pionnière en matière de méta-analyse ou de protocoles réalisés en aveugle ». Mais quand la rigueur méthodologique aboutit à des résultats qui semblent témoigner

---

53. « Le Scientisme – Tronche en Live #17 (Guillaume Lecointre) », chaîne You-Tube La Tronche en Biais, février 2016.
54. La systématique est une discipline scientifique qui a pour objet d'inventorier tous les organismes vivants.

de l'existence de phénomènes inexpliqués, un Thomas Durand n'en tiendra pas compte en objectant que l'effet est insuffisant. Comme si seulement voir des tables tourner à volonté pouvait le convaincre, il reste en attendant sur sa position de principe, à peu près sûr que rien de positif ne peut sortir de la parapsychologie. On est plus dans le dogmatisme que dans l'exercice d'un art du doute, qui se devrait d'associer scepticisme et ouverture d'esprit face à toute expérience correctement menée.

Partialité et incompétence

Dans *Phénomènes inexpliqués*, Renaud Evrard montre comment la zététique française, initiée par Henri Broch, relève de façon récurrente de l'illusion scientifique, contrairement à ce que pratiqua le sociologue des sciences américain Marcello Truzzi, qui fut le premier à réutiliser le terme antique de zététique. Fondateur en 1978 de *Zétetic scholar*, une revue qui invitait sceptiques, parapsychologues et autres chercheurs non conventionnels à débattre, il «plaçait le scepticisme méthodologique au cœur de processus scientifiques» et incita à une véritable investigation des anomalies scientifiques en créant en 1981 un centre dédié à cette recherche, rappelle Evrard pour qui la zététique française n'est qu'«une forme dévoyée» de celle de Truzzi, se voulant «représentative de la science, sans en suivre le moindre principe». Dans la lignée d'Henri Broch, il ne s'agit plus «de vérifier expérimentalement la réalité de certains phénomènes controversés, mais de préparer les esprits à se défendre contre les croyances», décrypte le psychologue et spécialiste de la parapsychologie, qui n'en finit pas de s'étonner du succès d'une zététique à la française

L'obscurantisme au pouvoir

qui « proclame son expertise sur un domaine, dont elle néglige et discrédite l'étude », jusqu'à l'université, comme Renaud Evrard le constate avec la thèse de Richard Monvoisin, document académique codirigé par Broch où est exposée une ignorance des études en parapsychologie tout en suggérant que les praticiens de cette discipline seraient des fraudeurs[55].

Dans son cours de zététique donné à l'université de Grenoble, dont une version vidéo est disponible sur le web[56], Richard Monvoisin estime toutefois que « des gens commencent à travailler un peu sérieusement » en parapsychologie, faisant allusion à la méthode du Ganzfeld. Il ne fait néanmoins référence à aucune publication, seulement au travail réalisé par ses étudiants, qui auraient monté « un protocole assez génial » sur la sensation d'être observé, leurs expériences n'ayant pas donné de résultat positif. Et quand je lui demande quelles seraient les études de parapsychologie les plus sérieuses, il ne peut m'en citer aucune, en restant aux travaux menés avec ses étudiants. Un peu léger pour un intervenant universitaire qui a qualifié dans *L'Express* d'« erreur professionnelle » de ne pas être « au fait des résultats » sur les sujets qu'il traite, en mettant en garde contre le premier écueil à éviter pour un zététicien : l'illusion de compétence[57]. Le second serait la partialité, mais quand Monvoisin parle à ses élèves du suaire de Turin, un sujet que je connais bien, il ne me semble éviter aucun de ces écueils

---

55. « Zététique et didactique des disciplines scientifiques : Critique de la thèse de Richard Monvoisin », http://zetetique.canalblog.com/archives/2008/02/11/7920042.html
56. Les cours en ligne « Zététique et autodéfense intellectuelle », site de l'université Grenoble Alpes et chaîne YouTube Hauteur UGA.
57. GARCIA V., « Zététique : "Face aux pseudosciences, il faut prendre le problème à la racine" », *L'Express*, novembre 2021.

en accordant surtout une grande confiance à ce qu'en a dit Henri Broch, qui aurait livré un modèle de travail d'histoire alors qu'il n'a fait que reprendre celui réalisé à la fin du XIXe siècle par Ulysse Chevalier. Un historien lui-même partial, comme l'a démontré Emmanuel Poulle, ancien directeur de l'École des Chartes, en expliquant comment Chevalier avait, en connaissance de cause, opté pour une source trompeuse afin d'affirmer que le pape aurait exigé au XIVe siècle que l'on présente publiquement le linceul comme une simple peinture[58]. Ce qui est faux, mais s'inscrit dans l'histoire d'une supercherie moyenâgeuse que vient consacrer l'argument massue d'un carbone 14 qui aurait permis de dater d'une façon incontestable le linge de cette même période. Et là encore, nos zététiciens ne se montrent pas très regardants, prenant pour argent comptant cette preuve du faux obtenue avec une datation qui n'a pas été réalisée en aveugle, contrairement à ce que dit Richard Monvoisin à ses étudiants, peut-être pour en rajouter sur le côté scientifiquement irréprochable. La datation du suaire s'est pourtant effectuée dans un manque de rigueur et de précaution qui a beaucoup surpris l'expert en tissu ancien Christophe Moulherat, chargé d'analyse des collections du musée du quai Branly. Quant à ces résultats, avec un niveau de significativité de seulement 5 %, ils posaient également question en suggérant une possible absence d'homogénéité des échantillons datés, ce qui aurait dû conduire à une nouvelle analyse. «Un tel niveau, c'est mauvais. Normalement, avec un tel résultat, je refais les mesures», m'avait confié Thimothy Jull, l'un des scientifiques ayant effectué la datation, interrogé

---

58. POULLE E., «Le Linceul de Turin victime d'Ulysse Chevalier», *Revue d'histoire de l'Église de France*, 2006.

comme Christophe Moulherat, Emmanuel Poulle et Henri Broch lors de mon enquête[59].

Bref, alors que nos zététiciens se veulent pointilleux sur les protocoles et exigeants avec les données, ils peuvent régulièrement s'arranger avec les faits. Consciemment ou pas, sont mis de côté ceux qui auraient du mal à rentrer dans leur narratif. On les renvoie donc dans l'infondé, le grotesque, le frauduleux, le mensonger, ou on les ignore. Dans tous les cas de l'obscurantisme.

Les zététiciens ne sont évidemment pas tous à ranger dans le même panier. Je ne mets pas non plus en cause la bonne foi de la plupart de ceux qui évoluent dans cette mouvance ni l'intérêt de leur démarche visant à mettre en lumière des contre-vérités et à inciter à douter de pseudosciences. Le problème est de ne pas le faire assez, et de trop douter dans le même sens, ce qui peut revenir à ne plus douter du tout. Et pas seulement sur des sujets dits paranormaux, quand sur la toile, youtubeurs et autres *fact-checkers* prennent la posture du débunkeur de tout ce qui serait de la fausse médecine, de la fausse science. Quitte à défendre ce qui n'a que l'apparence du vrai et participer à un mécanisme de désinformation scientifique, comme l'a déjà rapporté une enquête selon laquelle des vulgarisateurs de la sphère néo-zététicienne ont pu se transformer en relais de l'industrie, en tant que partisans d'une supposée bonne science pourvoyeuse d'OGM et de glyphosate[60]. La zététique y apparaît comme une bannière derrière laquelle se rallie une communauté s'étant donnée pour mission de défendre la science et l'esprit critique, la branche la plus active sur les réseaux

---

59. PERRIER B., *Qui a peur du Saint Suaire ?*, Édition Florent Massot, 2011.
60. FOUCART S., HOREL S. et LAURENS S., *Les gardiens de la raison, enquête sur la désinformation scientifique*, La Découverte, 2020.

sociaux d'une mouvance influente, se voulant la voix et la gardienne de la rationalité, incarnée au premier plan par un Gérald Bronner qui porte ces idées jusqu'à l'Élysée. En usant d'une façon un peu plus sophistiquée du même type d'arguments qu'Alexander Samuel ou Thomas Durand pour dénoncer des mal pensants. Des êtres en proie à de néfastes croyances.

Chapitre 5 : Question de croyance

«Commencer par ne pas croire, et ensuite adhérer sur la base de preuves.» Voilà comment Richard Monvoisin m'a résumé l'attitude du sceptique que se devrait d'être le zététicien en bon praticien de la pensée critique. Je le questionnais à propos de ce qui constitue, pour cet enseignant-chercheur, une incontournable exigence en matière de science : le refus de toute «intrusion spiritualiste». Admettre une telle intrusion reviendrait selon lui à accepter «une prémisse non négociable et autoritaire en faisant rentrer sans preuve une entité spirituelle ou divine dans une équation». Intolérable scientifiquement. Richard considère donc justifié d'alerter si ce genre d'intrusion se manifeste publiquement. Quand je l'ai appelé, il m'a confié s'apprêter à se fendre d'un courrier à l'université de Brest pour s'émouvoir de la programmation d'une conférence donnée par Michel-Yves Bolloré et Olivier Bonnassies, les auteurs du best-seller *Dieu, la science, les preuves*. Je venais de lui parler d'une autre dénonciation d'intrusion spiritualiste, effectuée il y a une quinzaine d'années par le zoologiste et systématicien Guillaume Lecointre, dont il est proche.

Dans un courrier électronique envoyé à des «collègues» le 24 octobre 2005, Guillaume Lecointre, professeur au Muséum national d'Histoire naturelle et chercheur au CNRS, incitait cette fois à s'offusquer, auprès des responsables des programmes d'Arte, de la prochaine diffusion par leur chaîne d'un documentaire scientifique inspiré par les travaux d'une paléoanthropologue française. L'e-mail se référait à une association, l'UIP, qui aurait été « derrière » ce film, et il incitait à insister sur le rôle de cette dernière, avant d'indiquer qu'« en procédant de la sorte, en janvier dernier, nous avions réussi à faire annuler une table ronde organisée par l'UIP et programmée à Grenoble ». En l'occurrence, c'était Richard Monvoisin, en tant que représentant de l'Observatoire zététique, qui avait signalé ladite intrusion spiritualiste à laquelle il s'agissait naturellement de s'opposer.

Pour une liberté d'expression limitée des scientifiques

Avant d'aller plus loin, je dois préciser ce qu'est cette UIP, l'université interdisciplinaire de Paris. Malgré ce nom à prétention académique, c'est une simple association, dont le but affiché est de « créer des passerelles entre les sciences et les traditions ». Depuis sa création en 1995, elle organise des colloques qui traitent de science et de religion, de découvertes scientifiques telles que la mécanique quantique et de leurs éventuelles implications métaphysiques, le tout dans une espèce de quête de sens que pourraient alimenter la physique, la biologie ou les mathématiques. Créée par un chrétien revendiquant sa foi autant que son attrait pour la science dans une recherche de convergence entre les deux, l'essayiste Jean Staune, l'UIP a rassemblé dans son comité scientifique des personnalités telles que l'astrophysicien Jean-Pierre Luminet, le chimiste nobélisé Ilya Prigogine ou le physicien Bernard d'Espagnat. En 2006, une dizaine d'autres scientifiques, dont deux prix Nobel, ont signé dans *Le Monde*[61] un manifeste «pour une science sans *a priori*», dans lequel ils soutenaient l'UIP en déclarant ce qu'ils avaient en commun, comme une sorte de credo : «le fait de penser que, si les conceptions religieuses ou métaphysiques ne doivent en aucun cas intervenir *a priori* dans le déroulement de la recherche scientifique, il est non seulement légitime, mais également nécessaire de réfléchir *a posteriori* aux implications philosophiques, éthiques et métaphysiques des découvertes et des théories».

L'objectif ne serait donc pas d'introduire une entité divine comme prémisse à une quelconque recherche ou équation. Cela ne respecterait pas pour autant les limites de la science, avaient alors répondu[62] Guillaume Lecointre, Richard Monvoisin et une vingtaine d'autres cosignataires. Selon eux, l'absence d'*a priori* servirait d'alibi à des spéculations métaphysiques de nature avant tout théologique. Il s'agirait tout simplement «de savoir si la science nous donne une raison de croire en Dieu». Or les découvertes scientifiques n'auraient pas de telles implications métaphysiques, et se lancer dans des discussions théologiques autour de ce type de découverte ne pourrait que «dévoyer les résultats de la science au service d'une philosophie irrationnelle». Des scientifiques conscients des limites de la science ne sauraient ainsi se comporter en théologiens, et en incitant des chercheurs à discuter des implications métaphysiques de leurs découvertes, l'UIP transgresserait ces limites. Se dire pour une science sans *a priori* ne serait en fait qu'un «subterfuge» qui masquerait le «recours à la providence» comme explication du monde.

------

61. «Pour une science sans *a priori*», Tribune collective, *Le Monde*, février 2006.
62. «Pour une science consciente de ses limites», Tribune collective, *Le Monde*, avril 2006.

Non dénuée de présomptions, cette réponse ne laissait guère de place au doute. Ses auteurs y montraient surtout leur intransigeance avec des pensées métaphysiques considérées comme inappropriées pour des scientifiques, en prêtant à l'UIP des visées inavouables de ce type. D'où la volonté assumée d'entraver ses capacités d'expression.

Le signalement, effectué en janvier 2005 par Richard Monvoisin et l'Observatoire zététique, concernait une table ronde que devait coorganiser l'UIP à l'université de Grenoble sur le thème « Science et vérité ». Une thématique que le magazine *Marianne* m'a demandé de traiter au début de la pandémie. Beaucoup se targuaient alors de parler au nom d'une vérité scientifique, de façon bien présomptueuse, cette vérité étant au mieux celle du moment à un instant t de la connaissance, jusqu'à preuve du contraire. Le thème est propice à la discussion, à des éclaircissements, mais pour Richard Monvoisin, un débat sur ce sujet n'avait tout bonnement pas lieu d'être. « La vérité est une notion qui n'a aucun sens en science, et la formulation "Science et Vérité" est typiquement une réconciliation impossible de deux magistères qui n'ont pas de lien », me déclare-t-il pour justifier son intervention, après avoir souligné que « la crédibilité scientifique de Jean Staune n'est pas au niveau ». Au niveau de quoi ? De celui que le zététicien exige à tout organisateur de débat scientifique ? Richard ne me le précisera pas, mais je retiens que peu lui importait de savoir qui étaient les participants prévus pour cette table ronde (chercheurs au CNRS et professeurs d'université) et ce qui aurait bien pu s'y dire. Un sujet jugé aussi inapproprié que le coorganisateur, l'UIP, lui suffisait pour s'y opposer, et finalement l'empêcher de se tenir. Ce dont s'est félicité Guillaume Lecointre, en invitant ses « chers collègues » à renouveler ce type d'intervention auprès d'Arte.

L'initiative du systématicien allait plus loin. Elle n'ambitionnait pas seulement de s'opposer à ce que puisse se tenir un débat en raison d'une position de principe sur les limites de la réflexion que permettrait la science, mais visait à faire censurer un documentaire présentant ce qui pourrait être une découverte importante sur le mécanisme du redressement des hominidés. Elle a suggéré l'élaboration d'une nouvelle théorie sur l'évolution de ces singes qui se sont mis à marcher sur deux pieds avant de devenir des Homo sapiens. Nous ne parlons ainsi potentiellement de rien de moins que d'«une nouvelle histoire de l'Homme», le titre du film que devait diffuser Arte.

L'histoire néo-darwiniste de l'Homme contredite

Voilà un exemple saisissant d'obscurantisme. Il a pour cible le travail de la paléoanthropologue Anne Dambricourt, contre lequel s'est dressée une sorte de police de la pensée évolutionniste défendant comme un dogme, qui imposerait depuis Darwin de considérer que l'évolution ne dépend que de deux paramètres : des variations aléatoires et la sélection naturelle. Un dogme devenu génétique dans les années 1940, avec la théorie synthétique de l'évolution, ou néo-darwinisme. Elle repose sur un fait scientifique observé dans la nature, tout particulièrement chez les bactéries où les générations se renouvellent à très grande vitesse. Ce fait a été consacré comme une loi de l'évolution stipulant que parmi les mutations génétiques qui surviennent, certaines d'entre elles, induisant une meilleure aptitude à survivre et donc à se reproduire, seront sélectionnées par la nature. La combinaison de ces mutations imprévisibles et de cette sélection naturelle expliquerait ainsi toute l'évolution du vivant. Un postulat remis en cause par Anne Dambricourt, à la fin des années 1980.

La paléoanthropologue prépare alors une thèse sur la mâchoire inférieure des grands singes et de leurs descendants qu'ont été les premiers hommes. Dénommé mandibule, cet os est celui que l'on retrouve le plus fréquemment dans les crânes fossilisés, témoignant de millions d'années d'évolution. En mesurant sa forme dans l'espace selon un protocole géométrique, Anne Dambricourt met en évidence qu'elle a changé de manière concomitante à une flexion qui se manifeste à la base du crâne. Elle constate ainsi une logique dynamique de flexion croissante, qu'elle nomme «contraction cranio-faciale». Chez les gorilles ou les orangs-outangs, cette contraction n'a pas eu lieu, et on n'observe aucun changement d'angle mandibulaire par rapport aux fossiles de grands singes datant de vingt millions d'années. Mais sur les crânes fossilisés des différentes espèces qui ont succédé aux primates primitifs, dits prosimiens, pour finalement arriver à l'Homme, un changement net s'observe, avec un angle se fermant davantage chaque fois. Et le phénomène se manifeste encore plus spécifiquement sur un os qui en serait la cheville ouvrière. Situé à la base du crâne et de la forme d'un papillon chez l'Homme, cet os, le sphénoïde, est le plus complexe de la boîte crânienne, où il se niche en dessous du cerveau, au niveau des yeux. Autour de lui s'organise la base de notre crâne, sa face, et le lien avec la colonne vertébrale.

Pour construire sa thèse, Anne Dambricourt a, comme il se doit, commencé par lire les recherches déjà effectuées sur son sujet d'étude. Des travaux sur l'hominisation du crâne, publiés en 1960 par des chercheurs du CNRS, Antoine Delattre et Raphaël Fenart, ont montré que l'angle observé entre la base et la face constitue un marqueur identifiant des différents types de primates apparus depuis 60 millions d'années en fonction de son niveau de flexion. «Les paléoanthropologues avaient quant à eux déjà distingué cinq flexions croissantes qui correspondent aux cinq grands types anatomiques apparus depuis les petits singes jusqu'à l'Homo sapiens, en passant par les grands singes, l'australopithèque et l'Homo, précise Anne Dambricourt. Avec pour chacun une flexion du sphénoïde qui s'est accentuée, toujours dans le même sens depuis les prosimiens, leur ancêtre commun, dont la base du crâne était plate. » Comme si un nouveau niveau de flexion était le préalable à l'apparition d'un nouveau type d'espèce.

La thésarde cherche dans la littérature scientifique des explications sur ce qui induit ce fléchissement du sphénoïde et provoque un redressement tant du système nerveux que du corps dans un mouvement évolutif vers davantage de verticalité. Avec son protocole géométrique, Anne Dambricourt en arrive au constat que ce mouvement a conduit à la bipédie permanente, après avoir eu pour conséquence l'apparition de ces hominidés qui se sont mis à marcher debout. Mais le processus n'a jamais été expliqué et elle souhaite donc désormais comprendre comment s'effectue cette flexion de la base du crâne, et à quel moment. Pour cela, la chercheuse en vient à s'intéresser à l'embryogenèse, la première phase de la gestation durant laquelle se développe l'embryon et se forme la base du crâne. Elle déniche, dans une littérature poussiéreuse et oubliée, des travaux réalisés au début du XXe siècle par l'anatomiste Giuseppe Lévi. Il décrit d'abord une base plate où le sphénoïde est aligné avec les autres os, puis une rotation de ce sphénoïde de bas en haut qui provoque le redressement de la partie postérieure de la base et le changement de position de la mandibule en formation, dont la partie avant se redresse. Le processus de contraction de la face vient ainsi de la rotation de ce sphénoïde qui se déroule à la

Chapitre 5 : Question de croyance

fin de la période de l'embryogenèse chez tous les singes, et avec le plus d'amplitude chez les hommes. Il s'agit donc d'une dynamique embryonnaire, dont le degré de flexion va conditionner la physionomie de l'ensemble de la tête. Moins il sera important et plus le sphénoïde sera plat, plus le primate aura une bouche en forme de gueule. Au contraire, plus le sphénoïde sera fléchi, plus sa bouche ressemblera à la vôtre, avec une mâchoire reculée dans une contraction de la face qui s'accompagne d'un redressement de la colonne vertébrale.

La jeune chercheuse va livrer pour la première fois une synthèse de cette vieille connaissance et de la littérature disponible sur les changements de forme et de position de la base du crâne. Elle l'assortit de son analyse géométrique qui démontre des corrélations angulaires entre la mâchoire inférieure et cette base, et montre finalement une trajectoire de l'évolution « base du crâne-face » autour du sphénoïde depuis les prosimiens. Il s'agit de la dynamique d'un redressement vers toujours plus de verticalité, dont Anne Dambricourt aurait ainsi découvert l'origine embryonnaire, établissant que la bipédie n'en est pas la cause première, mais s'avère la conséquence très tardive d'un processus qui a modifié le développement de l'embryon et a débuté avant que les hominidés ne se soient mis à marcher sur deux pieds ou à descendre des arbres. En s'appuyant sur la classification de l'apparition des espèces fossiles et actuelles, la chercheuse considère que ce phénomène de flexion d'amplitude croissante s'est historiquement déroulé selon une succession de paliers, correspondant chacun aux apparitions successives des cinq grands types de primates descendants des prosimiens. De façon donc répétitive.

«La répétition de ce phénomène évolutif m'a amené à en déduire l'existence d'une mémoire, peut-être présente dans les gènes dès la fécondation. Elle permettrait de franchir un nouveau seuil de complexité de la machinerie cellulaire, dont l'amplification de la flexion embryonnaire du sphénoïde serait une des conséquences», m'explique Anne Dambricourt dans son bureau de l'Institut de paléontologie humaine. Émettant ainsi l'hypothèse d'une mémoire de nature non identifiée qui aurait conduit à une évolution par paliers s'effectuant au niveau embryonnaire, elle touche là au point sensible, sachant bien que «cette répétition pose problème au néo-darwinisme, car elle montre une logique interne à cette évolution qui ne dépendrait donc pas uniquement de l'adaptation à l'environnement et de la sélection naturelle.» Une logique que la chercheuse retrouve dans les crânes fossilisés de grands singes ou d'australopithèques.

Avec sa thèse qui expose, en 1987, sa découverte et la théorie qui en découle, la jeune paléoanthropologue prend ainsi d'emblée une orientation scientifique non conforme au néo-darwinisme dans la recherche des mécanismes de l'évolution. Elle est accueillie par les félicitations d'un jury unanime, et saluée par les grands noms de la paléontologie que furent Yves Coppens et Jean Piveteau qui louent le sérieux, l'originalité et la pertinence d'un travail présenté à l'Académie des sciences et publié dans la revue de cette institution, dès 1988. Anne Dambricourt sera ensuite invitée à partager sa découverte dans des congrès internationaux où elle défend sa théorie selon laquelle l'hominisation représente un phénomène continu des plus vieux primates aux Sapiens, qui résulte d'une contraction et d'une complexification embryonnaires aux effets discontinus. Tout cela va être publié dans une revue scientifique internationale en 1993[63], et sa découverte apparaît alors appelée à cheminer scientifiquement afin d'être connue et discutée.

Un finalisme présupposé

En 1996, Yves Coppens, titulaire de la chaire de paléoanthropologie et de préhistoire du Collège de France, invite Anne Dambricourt dans ce haut lieu de la connaissance afin qu'elle y donne une conférence présentant la convergence entre ses travaux et la courbe de complexité/conscience croissante de Pierre Teilhard de Chardin, le célèbre jésuite, paléontologue, théologien et philosophe. Mais aussi théoricien d'une évolution perçue comme un processus de complexification et d'organisation croissantes débuté au commencement de l'univers et porté à son plus haut degré avec notre système nerveux. Si Teilhard de Chardin intégrait dans sa théorie le darwinisme et ses fondamentaux que sont le hasard des variations et la sélection naturelle, il considérait aussi le «phénomène humain» comme l'étape cruciale de l'émergence d'une spiritualité qui devrait finalement nous permettre, grâce à ce système nerveux hautement évolué, de prendre conscience que nous sommes partie prenante d'un phénomène d'origine divine. De quoi faire du jésuite un symbole du scientifique inconscient des limites de la science, pour Guillaume Lecointre et ses acolytes. Mais «sa courbe de la complexification croissante du système nerveux arrivant à l'homme est cohérente avec ce que j'observe, le phénomène de redressement étant en fait une conséquence de sa complexification au cours de

---

63. DAMBRICOURT-MALASSÉ A., «Continuity and discontinuity during hominization», *Quaternary International*, 1993.

l'embryogenèse », fait remarquer Anne Dambricourt, comme elle le fit lors de son intervention au Collège de France qui ne manqua pas de faire grincer quelques dents.

La conférence coïncide avec la sortie d'un article du magazine *La Recherche*, qui consacre sa une à un « nouveau regard sur les origines de l'Homme ». La combinaison des deux a un écho dans les médias et Anne Dambricourt se voit invitée au *Cercle de minuit*, l'émission culturelle de France 2. Cette mise en lumière suscite des critiques reposant sur « le présupposé que je suis forcément finaliste et cherche à prouver que l'évolution vise à une finalité qui serait l'Homme, rappelle-t-elle aujourd'hui. Mon travail ne montre pourtant aucune finalité, il ne répond absolument pas à la question du sens de la vie et n'apporte pas le moindre élément pour y répondre. Il pourrait seulement aider à comprendre pourquoi on se pose ce genre de question, car le redressement que j'ai observé chez les primates indique une évolution vers une complexification du système nerveux qui a donné à l'homme cette faculté de penser le monde qui l'entoure ».

Ses dénégations n'y feront rien. Anne Dambricourt sera désormais attaquée comme représentante présumée d'un finalisme cherchant la main de dieu dans l'évolution, fautive d'une intolérable intrusion spiritualiste en science. Elle en devient même une incarnation parfaite en rejoignant le conseil scientifique de l'UIP en 1998, « à cause de la présence de Ilya Prigogine », ce prix Nobel de chimie dont elle apprécie le travail utile à sa propre recherche, car il incite à une transdisciplinarité, me précise-t-elle avant de souligner n'avoir « jamais eu aucune responsabilité à l'UIP ». Reste que ses travaux y étaient déjà présentés depuis quelques années comme une grande découverte contraire au dogme néo-darwiniste appliqué aux origines de l'Homme. De quoi insupporter Guillaume Lecointre et la mouvance gravitant autour de l'Union rationaliste et de la Libre Pensée, des associations en lutte contre l'irrationnel, qui se retrouvent en septembre 2000 au Muséum national d'Histoire naturelle lors d'un colloque ayant pour thème : «Intrusions spiritualistes et impostures intellectuelles en sciences». Plusieurs interventions s'en prennent à Anne Dambricourt, dont la prétendue imposture consisterait à avoir inventé un concept, l'attracteur harmonique, sans l'avoir suffisamment décrit. «Son hypothèse selon laquelle l'évolution serait indépendante de l'environnement repose sur cet attracteur harmonique. Or elle n'a pas formalisé ce nouveau terme scientifique qui constitue son concept central», soutient toujours Guillaume Lecointre. «Cette notion d'attracteur harmonique a été définie et discutée avec des mathématiciens, puis présentée dans une publication de 134 pages en 1992[64], répond Anne Dambricourt. Il n'y a pas eu besoin pour cela d'équation, car ce n'est qu'un concept fondé sur l'observation géométrique de changements angulaires de la contraction cranio-faciale qui conduit à théoriser un système dynamique. Mais cet attracteur n'est pas central dans mon travail, bien que Guillaume Lecointre et quelques autres semblent avoir fait une fixation sur le terme harmonique. Je l'ai choisi, car il concernait un processus reproductible qui traduit l'activation d'une mémoire, ce qui le distingue du terme chaotique utilisé pour définir les attracteurs d'autres systèmes dynamiques au comportement non reproductible. Parler d'attracteur harmonique est un langage mathématique qui correspond à ce que j'ai observé en mesurant des angles dans les crânes, mais

---

64. DAMBRICOURT-MALASSÉ A., « L'hominisation et la théorie des systèmes dynamiques non-linéaires (Chaos) », *Revue de Biomathématique*, 1992.

j'aurais pu m'en passer. Cela n'aurait rien changé à ma découverte de l'origine embryonnaire de la flexion du sphénoïde et du redressement qu'elle implique. » Une découverte assortie d'une théorie qui, reprécisons-le, n'affirme pas que l'évolution des hominidés se serait déroulée de façon indépendante de l'environnement, contrairement à ce que persiste à prétendre Guillaume Lecointre.

Autodafé télévisuel

Je ne rentre pas davantage dans le détail de ces années durant lesquelles la critique des travaux de la paléoanthropologue a principalement relevé du procès d'intention spiritualiste, et en arrive à sa manifestation la plus éclatante. Elle est le fruit du mail, envoyé le 24 octobre 2005 par Guillaume Lecointre, pour lancer une mobilisation face à l'imminente diffusion d'un documentaire accusé de promouvoir un finalisme farouchement antidarwiniste, derrière lequel serait l'UIP. Le zoologiste y annonce que des membres de la Libre Pensée, de l'Union rationaliste et de sa proche parente qu'est l'AFIS (Association française pour l'information scientifique) devraient aider dans une campagne express d'appel à la censure, sans forcément afficher leur appartenance, ce qui aurait plus d'effet tout comme «beaucoup d'appels indépendants auront davantage de poids», estime le manœuvrier, qui fournit les adresses mail des responsables des programmes d'Arte. Sa directive est bien suivie. La chaîne reçoit une salve de messages de chercheurs et de doctorants qui réclament la déprogrammation du film. Ils ne l'ont pas vu, mais l'accusent de faire la promotion d'un néo-créationnisme pour lequel militerait son supposé commanditaire, l'UIP, comme l'a raconté dans une lettre ouverte le réalisateur du film, Thomas

Johnson[65]. Il y explique que le succès de l'appel de Guillaume Lecointre a incité la responsable de l'unité documentaire d'Arte à déprogrammer, ce qu'a refusé le directeur des programmes. Finalement, la diffusion du film, le 29 novembre 2005, sera suivie d'un débat. Son but est de désengager la chaîne. On y assiste à une mise au pilori, avec un journaliste du *Monde*, Michel Alberganti, et deux biologistes, Pierre-Henry Gouyon et Michel Morange, qui vont tous trois disqualifier le propos jugé « extrêmement gênant » d'un film qui relèverait de la science-fiction et n'aurait aucune justification scientifique. On lui reproche d'occulter le rôle de la sélection naturelle et de « très probablement » contenir des traces d'une « forme moderne du créationnisme », bien qu'elles ne « soient pas apparentes ». Mais son idée générale serait bien de soutenir que l'évolution a un but, un projet divin, à quoi renverrait le moteur interne suggéré par Anne Dambricourt, dont il est dit qu'elle distord les faits et « ne laisse pas ses opinions religieuses au vestiaire avant d'entrer dans le laboratoire ». Des affirmations que rien de concret ne vient étayer, mais qui, sans contradicteur, font leur effet.

Deux jours plus tard, *Le Monde*[66] titre sur un « film soupçonné de néo-créationnisme », avec un article se concluant par une citation diffamatoire accusant Anne Dambricourt de falsification. *Libération*[67] va renchérir en annonçant que Dieu a ramené sa science sur Arte qui « a diffusé un documentaire créationniste sur les origines de l'homme ». Interrogé par les journalistes, Thomas

---

65. JOHNSON T., « Lettre ouverte. Réponse à la mise en accusation du film documentaire *Homo Sapiens, une nouvelle histoire de l'homme*. Un film au pilon », Hominidés.com, novembre 2005.

66. FOUCART S. et GALUS C., « Un film soupçonné de néocréationnisme fait débat », *Le Monde,* octobre 2005.

67. GRANGEREAU P. et ICHER B., « Et Dieu ramena sa science sur Arte », *Libération,* novembre 2005.

Johnson se voit demander s'il est créationniste, cette idéologie selon laquelle le monde aurait été réellement créé comme le narre la Genèse. On le soupçonne de faire partie d'un complot américain visant à propager la propagande anti-darwinienne de Georges Bush, ce qui fait penser à l'incitation de Guillaume Lecointre à signaler que l'UIP est financée par une fondation américaine mêlant science et religion. Or ni Anne Dambricourt ni le film de Thomas Johnson ne soutiennent de théorie s'apparentant au créationnisme, pas plus qu'à sa version néo venue des États-Unis, l'*Intelligent design*, qui reconnaît l'existence de l'évolution, mais en postulant qu'elle a été directement guidée et orchestrée par Dieu. Un communiqué de l'AFIS[68] suggère néanmoins une proximité des thèses défendues dans le film avec ces deux courants et félicite ARTE pour son simulacre de débat, qui aurait permis de contrer « la tentative d'intrusion spiritualiste dans les sciences » d'un documentaire où l'on nagerait « en pleine pseudoscience ».

Stupéfait par ces attaques, le réalisateur du film indique que, loin d'être frauduleux ou de relever de la science-fiction, le travail de la paléoanthropologue vient d'être à nouveau publié par l'Académie des sciences en cette année 2005. Il rappelle aussi qu'Anne Dambricourt a reçu, depuis sa thèse, le soutien de grands noms de la science. En premier lieu, Yves Coppens qui a salué « une pensée et une œuvre » ayant « l'extrême mérite de proposer quelques prometteuses directions de recherche sur la mécanique de l'évolution ». « Je ne crois pas avoir rencontré dans ma carrière un biologiste ayant un sentiment aussi fin et aussi précis des contraintes d'équilibration globale de l'être vivant », a de son côté déclaré le mathématicien René Thom,

---

68. ARTEfact, communiqué de presse, Afis.org, 4 novembre 2005.

titulaire de la médaille Fields, le prix Nobel des mathématiques, en référence à l'approche géométrique développée par Dambricourt. «Sa rigueur scientifique ne fait aucun doute», estima quant à lui, dans un rapport adressé au CNRS, le Sud-Africain Philipp Tobias, l'une des figures de la paléoanthropologie moderne. Il est dans le film de Johnson avec d'autres scientifiques, comme le paléoanthropologue Jean Chaline et le généticien Denis Duboule, dont le travail sur la régulation des gènes dans le développement embryonnaire a démontré leur importance dans les processus de l'évolution.

Thomas Johnson ajoute que si tous ces scientifiques s'interrogent sur les grandes étapes de notre évolution et que certains envisagent une logique interne en tentant de la comprendre, aucun ne réfute pour autant Darwin et le rôle de la sélection naturelle. «Bien au contraire», souligne le réalisateur, effaré que son film soit pris comme une tentative de démontrer l'existence de Dieu, et diabolisé de façon complotiste. Avec cette accusation que l'UIP serait derrière un projet qui constitue pour son auteur l'aboutissement de six ans de recherche personnelle consécutive à sa rencontre avec Anne Dambricourt, lors d'un précédent documentaire sur les grands singes. Deux ans de travail de réalisation, menés en proche collaboration avec Arte, «très conscients de l'aspect polémique du film et de la découverte exposée», avec des heures de discussion et une douzaine de visionnages qui ont amené la chaîne à choisir comme titre «une nouvelle histoire de l'homme». Avant qu'à quelques jours de la diffusion, face à une pression obscurantiste exigeant de recouvrir cette histoire d'un épais voile de discrédit rationaliste, Arte, coproductrice du film, le renie et finisse par se livrer à l'antenne à ce qui ne s'était jamais vu en France : un «véritable autodafé télévisuel», version contemporaine de ces séances de pénitence publique qu'imposait l'Inquisition.

Les fruits de l'obscurantisme

L'impact de la vague de dénigrement lancée par Guillaume Lecointre n'a pas été que médiatique. La veille de la diffusion du film, un paléontologue s'est employé à colporter le message de discrédit en s'immisçant dans la procédure d'habilitation à diriger des recherches que devait soutenir Anne Dambricourt. «Il m'a fait passer pour une antiévolutionniste, en reprenant ce qui se disait sur le documentaire, et la procédure a été annulée», confie la chercheuse qui a dû attendre cinq ans de suspicion pour qu'une commission réexamine enfin son cas. En septembre 2007, l'influence de Guillaume Lecointre s'est aussi retrouvée à Bruxelles dans un rapport du Conseil de l'Europe sur «les dangers du créationnisme dans l'éducation», dans lequel le scientifique est mentionné parmi les principales sources[69]. On peut y lire qu'en France, un créationniste musulman, le turc Harun Yahya, a fait parvenir son *Atlas de la création* dans des écoles et des centres de documentation, et que le film de Thomas Johnson, «très largement inspiré des travaux d'Anne Dambricourt», «a été accusé de véhiculer un message néo-créationniste et de servir la cause de l'UIP». «La théorie du complot a gagné la Belgique, note la paléoanthropologue. En 2010, la Société belge d'anthropologie a publié, dans son bulletin, un article signé par sa présidente et son adjoint accusant le CNRS de complaisance avec le créationnisme et me traitant d'imposteur, en déniant la réalité de mes articles scientifiques. L'adjoint a même réitéré ces accusations en 2020 devant l'Académie royale des sciences, dont il est également membre».

---

69. https://assembly.coe.int/nw/xml/XRef/X2H-Xref-ViewHTML.asp?-FileID=11678&lang=FR

Anne Dambricourt a eu beau couper tout lien avec l'UIP après l'épisode d'Arte, en espérant mettre ainsi fin à toute ambiguïté sur ses intentions, le préjudice causé à sa réputation a été considérable. Quant au débat public concernant ses travaux, il en est principalement resté à ce simulacre ayant servi d'autodafé.

Au sein de la communauté scientifique, «l'attaque contre le film a généré un climat d'obscurantisme chez ceux qui ne me connaissaient jusqu'alors pas», se rappelle la paléoanthropologue qui a néanmoins poursuivi son cheminement de chercheuse avec ses collègues. En 2011, elle a fini par obtenir son habilitation à diriger des recherches, en présentant l'ensemble de ses travaux. Avec là encore, les félicitations d'un jury comptant Yves Coppens parmi ses membres, ainsi que des mathématiciens qui ont validé la pertinence de ses modèles géométriques. Depuis lors, parallèlement à ses recherches sur le redressement, Anne Dambricourt a beaucoup travaillé en Inde où elle a dirigé une équipe franco-indienne, qui a découvert des traces de découpe de carcasses datant de 2,8 millions d'années qui constitueraient le plus vieux témoignage d'activité attribuable à l'Homme. Mais elle n'a pas disposé des moyens de rendre sa découverte sur l'origine embryonnaire du redressement et sa théorie incontournables.

«Il aurait fallu être à la tête d'un laboratoire et pouvoir scanner l'ensemble des fossiles du monde entier, explique-t-elle. Heureusement, j'ai désormais accès aux scanners du Musée de l'Homme et à un nombre conséquent de crânes que je peux tester avec un nouveau protocole qui conduit actuellement à confirmer mes prédictions pour les fossiles[70]. Mais si j'avais disposé depuis

---

70. DAMBRICOURT-MALASSÉ A. *et al.*, «Reconstruction of the internal cranial base of an adolescent Homo erectus (Sinanthropus III). An enlightening on the hominids neural straightening and its cognitive consequences», *L'Anthropologie*, 2024.

quinze ans d'une équipe conséquente, nous aurions déjà pu obtenir des données statistiques suffisantes pour publier dans une revue majeure comme *Nature*, et faire école. » Une école qui serait transdisciplinaire, car son approche de la paléoanthropologie n'est pas commune, sachant qu'elle y associe l'embryogenèse, des modèles géométriques et de la biologie théorique. Une recherche pionnière dans sa discipline où l'on n'a pas pour habitude de s'intéresser aux embryons.

Yves Coppens apprécia dès 1989 cette démarche vers l'embryogenèse en estimant qu'Anne Dambricourt ouvrait « d'immenses perspectives » sur la recherche pour l'évolution dans un contexte où « on sait depuis deux cents ans que les êtres vivants se transforment dans certaines circonstances et dans certains sens, mais on ne sait pas très bien comment »[71]. Vingt ans plus tard, le célèbre paléoanthropologue considérait toujours la recherche de sa consœur comme « des plus stimulantes », jugeant « tout à fait passionnant de découvrir des mouvements évolutifs, dont on n'avait pas encore tenu compte ». Il regrettait que la chercheuse « rencontre beaucoup d'hostilité anormale », et considérait qu'« elle mérite d'être écoutée »[72], bien qu'il se soit également opposé à elle en considérant que l'évolution des hominidés a été exclusivement soumise à leur milieu environnant.

Dans l'invitation d'Yves Coppens à écouter Anne Dambricourt, avec laquelle il avait cet important point de divergence, je vois un appel à la tenue d'un débat scientifique. Un débat dont l'enjeu ne

---

71. Coppens Y., Avis d'un responsable scientifique sur les travaux et le programme de recherche du candidat au corps des chargés de recherche au CNRS, janvier 1989.
72. Dans *Du pithécanthrope au karatéka,* de Patrice Van Eersel, Grasset, 2010.

Chapitre 5 : Question de croyance

serait pas de renier Darwin ni de nier la sélection naturelle, mais de s'ouvrir à ces perspectives que suggérait Coppens pour la recherche sur une évolution du vivant encore incomplètement comprise. Or en guise de débat, le travail d'Anne Dambricourt a été obscurantisé, durablement délégitimé par la campagne de censure du film d'Arte initiée par Guillaume Lecointre. Et quand j'interroge ce dernier, il continue de s'en féliciter. « On a stoppé la diffusion scientifique d'une intrusion spiritualiste », considère le zoologiste qui m'assure que « Thomas Johnson était membre de l'UIP ». Ce qui remet le réalisateur en colère. « Je n'ai jamais été membre de cette association et ne suis même pas allé à une seule de ses conférences, certifie-t-il. Si Guillaume Lecointre prononce encore ce genre d'affirmation mensongère pour justifier sa stratégie de censure de 2005, cela me semble surtout démontrer la difficulté qui perdure à mener en France un débat scientifique d'importance sur le chemin qui a conduit l'homme à se redresser. Il persiste à dénoncer mon film pour de prétendues visées spiritualistes alors que j'y montrais seulement que la question d'un processus interne à cette évolution se pose pour des scientifiques très sérieux. »

« Il ne pouvait pas y avoir de débat avec Anne Dambricourt, faute de contenu scientifique pour son attracteur harmonique », se contente de répliquer Guillaume Lecointre, en revenant sur ce point particulier du travail de la chercheuse qu'il considère central, mais non formalisé. Ce n'est que son point de vue ainsi que celui de quelques-uns de ses compagnons de la mouvance rationaliste, et cela lui suffit pour justifier qu'un débat ait été rendu impossible. En revanche, le systématicien ne trouve rien à redire à la tenue du pseudo débat dont il fut à l'origine, celui qui eut lieu après la diffusion sur Arte du documentaire de Thomas Johnson, en vue de discréditer son contenu tout comme la recherche d'Anne

Dambricourt. Sans que ni cette dernière ni le réalisateur n'aient eu la possibilité de venir défendre leur travail pendant que leur était fait un procès d'intention d'intrusion spiritualiste en science.

Dans cette affaire, Guillaume Lecointre incarne une forme somme toute autoritaire de rationalisme, dans laquelle il se pose en juge de ce qui peut faire débat et de ce qui ne le devrait pas. Des scientifiques ont trouvé de l'intérêt dans les travaux d'Anne Dambricourt, des mathématiciens ont salué son analyse d'une dynamique géométrique qui l'a conduite à cette notion d'attracteur harmonique, mais notre homme considère qu'un niveau suffisant n'est pas atteint pour remettre en question le principe néo-darwiniste d'une évolution ne dépendant en aucun cas de déterminismes internes, mais seulement de mutations accidentelles et de sélection naturelle. Il s'estime donc en droit d'agir, y compris par des moyens de pression occulte, afin d'empêcher qu'une chaîne de télévision publique ne légitime un documentaire qui présente une thèse scientifique défendue par des paléoanthropologues renommés. Une thèse qu'il caricature en la réduisant à une intrusion spiritualiste de l'UIP. C'est clairement de l'obscurantisme, mais Guillaume Lecointre l'a présenté comme « une lutte politique au sens noble du terme » contre un retour du religieux[73]. En se focalisant sur l'attracteur harmonique, convaincu d'y voir la marque du finalisme d'Anne Dambricourt, ou en étant toujours persuadé que l'UIP était derrière le film de Thomas Johnson, il témoigne plutôt de ses propres croyances. Celles d'un scientifique athée qui perçoit le modèle darwinien comme un acquis philosophique face à des

---

73. LECOINTRE G., « Au sujet de l'UIP et du sens des actions à mener contre elle », 2006.

spiritualistes que cette évolution faite de hasard et de contingence contrarierait dans leur quête de sens.

Athéologie de l'évolution

Apport scientifique majeur, l'évolution peut aussi servir à défendre des convictions existentielles. En 1970, le prix Nobel de biologie Jacques Monod a poussé le néo-darwinisme jusqu'à prétendre avoir trouvé dans la science la grande réponse sur le sens de l'existence et notre place dans l'univers. Celle qu'il présenta dans son livre *Le hasard et la nécessité,* la formule d'une évolution dont il jugeait les mécanismes identifiés avec suffisamment de précision pour en arriver à tirer cette conclusion : « L'homme ne peut se leurrer de l'espoir qu'il participe à quoi que ce soit qui le dépasse. Il sait enfin qu'il est seul dans l'immensité indifférente de l'univers d'où il a émergé par hasard. » Cette déclaration d'athéisme final provient d'un grand scientifique qui devait penser disposer d'assez d'éléments pour affirmer ainsi que nous ne résultions que de mutations aléatoires ayant passé l'épreuve de la sélection naturelle, sans que tout cela n'ait d'autre sens que la nécessité de survivre. Monod s'appuyait alors sur le dogme de la biologie moléculaire de l'époque, excluant que l'ADN puisse recevoir de l'information génétique et être modifié par l'ARN. On considérait ainsi que les mutations de l'ADN ne pouvaient que provenir d'erreurs de réplication du matériel génétique, dues au hasard, le prix Nobel français allant jusqu'à estimer inconcevable que de l'information puisse être transférée vers l'ADN. Or comme on l'a vu précédemment, la découverte de la transcriptase inverse, l'année même où Monod publia ses mots définitifs, a rendu obsolète ce postulat que les mutations de l'ADN, et donc l'évolution, ne peuvent qu'être dues au hasard des erreurs de réplication, l'environnement pouvant jouer aussi un rôle par le biais d'ARN venant s'intégrer au génome. S'est toutefois perpétuée l'idée fondée sur les mutations aléatoires que le hasard est le moteur d'une évolution qui peut ainsi susciter des réflexions relevant de la philosophie, voire de la théologie, ou de l'athéologie.

L'un des plus célèbres néo-darwinistes au monde, le biologiste et théoricien de l'évolution Richard Dawkins, n'hésita pas à poser dès son premier livre au succès planétaire, *Le gène égoïste*, la grande question : « Pourquoi on existe ? », le titre de son premier chapitre qui consacre Darwin comme l'homme nous ayant permis de répondre aux problématiques existentielles sur la signification de la vie sans recourir à la superstition. L'évolution serait pour Dawkins la réponse, alors qu'elle ne nous dit pas pourquoi nous sommes là, mais plutôt comment nous y sommes peu à peu arrivés. Le biologiste sublime à sa façon l'évolution et, tout en l'analysant à travers son outil qu'est le gène, il dépasse ce que nous dit la science en se portant sur un registre de type moral pour qualifier ce gène d'égoïste et d'impitoyable. Ce qui l'amène à considérer qu'une notion comme l'amour universel n'a absolument aucun sens quand on parle d'évolution. Dawkins, qui se veut le représentant d'une nouvelle orthodoxie du darwinisme, s'attaque ainsi à ce que peut dire la religion en utilisant la science. Il a poursuivi dans ce sens avec *L'horloger aveugle,* ouvrage dans lequel il entend mettre à mal l'idée qu'un grand horloger serait à l'origine d'une nature aussi complexe que bien faite. Il y soutient qu'il n'y a pas de grand maître d'œuvre, seulement ce processus d'évolution bien identifié, l'horloger aveugle de la sélection naturelle qui n'agit selon aucun plan. Le biologiste finira par être encore plus explicite avec *Pour en*

Chapitre 5 : Question de croyance

finir avec Dieu, un livre où il considère Dieu comme une croyance fausse et délirante.

Je remarque que, parmi ceux qui s'offusquent d'une confusion entre religion et science menaçant cette dernière d'intrusion spiritualiste, le mélange des genres auquel s'adonne Richard Dawkins ne suscite pas le même genre d'indignation. On nous dit qu'il est inadmissible pour un scientifique que le big bang ou le réglage extrêmement fin des constantes de l'univers lui suggèrent l'existence d'un grand horloger ordonnateur ou que la physique quantique relativise son matérialisme en l'amenant à émettre des réflexions métaphysiques, mais affirmer que Dieu n'est qu'illusion, que l'amour universel n'a aucun sens et que l'égoïsme est notre nature génétique profonde, autant d'assertions se voulant fondées scientifiquement sur l'évolution, cela semble au contraire tout à fait acceptable. Sur le site de l'AFIS, Richard Dawkins fait même figure de référence, et l'association s'est honorée de recevoir en 2018, pour son cinquantenaire, un message du célèbre biologiste activiste de l'athéisme qui saluait un demi-siècle de combat contre les pseudosciences ayant fait avancer la cause du scepticisme scientifique. Laquelle a inclus en pratique cette forme de croyance que peut être l'incroyance, en Dieu comme en toute sorte de superstitions ou de pseudosciences, mais aussi en certains sujets scientifiques tels qu'une éventuelle logique interne à l'évolution des hominidés, également placée par l'AFIS dans la case des pseudosciences pour avoir mis en doute la toute-puissance du hasard et de la contingence dans le règne de la sélection naturelle.

Chez ces obscurantistes se drapant de rationalisme auxquels je m'intéresse dans ce livre, il est coutumier de dénoncer les méfaits de croyances qui conduiraient à déraisonner, à faire preuve de crédulité ou à chercher à imposer des vues conformes à ce que l'on croit, quitte à tordre la réalité. Mais comme avec les biais cognitifs, on pointe les croyances, réelles ou supposées, de ceux que l'on accuse, sans en être pour autant dénués. Où était d'ailleurs la croyance dans le supposé débat d'Arte quand on reprochait à Anne Dambricourt de ne pas avoir laissé ses convictions religieuses à la porte de son laboratoire afin de démontrer une finalité à l'évolution ? Anne Dambricourt se revendique agnostique, et elle précise bien que son travail ne démontre aucune finalité à l'évolution ni que le destin des hominidés aurait été écrit, contrairement à ce que l'on croit pouvoir lui reprocher. Elle pense seulement avoir identifié cette logique interne à leur redressement qui se traduit par une flexion croissante du sphénoïde et qui aurait joué un rôle important. Elle l'a décrit dans le détail et publié, mais les pseudo débatteurs d'Arte n'en ont tenu aucun compte et en sont restés à leurs présupposés, à leur croyance en l'inexistence d'une découverte.

Faire avec les croyances

Un type de croyance similaire opère face aux résultats de recherches en parapsychologie, dont on a constaté que l'existence même peut être niée par une sommité de sciences cognitives française comme Stanislas Dehaenne. Le neuroscientifique Arnaud Delorme a personnellement vécu ce type de déni en soumettant des articles à des revues. « Les refus se justifient souvent sous le prétexte que les résultats obtenus ne sont pas possibles et on parle de pseudoscience, relate-t-il. Mais le désaccord de certains *reviewers* avec ces résultats est basé sur leurs croyances, leurs préjugés, pas sur les données fournies. » Des données que l'on soupçonnera parfois de fraudes sans avoir à le justifier, vu qu'elles sont inexplicables par les lois connues de la physique et inviteraient à songer à des théories non matérialistes de la conscience, qu'Arnaud Delorme et l'Américain Dean Radin ont pu recenser dans un article publié dernièrement par une revue scientifique, cette fois sans trop de difficulté[74]. « Il est plus difficile de faire accepter un article présentant des résultats que des opinions, indique le chercheur français. Les expériences, les données font beaucoup plus peur à la communauté scientifique. » Comme si la croyance était principalement menacée par les faits, les résultats de recherches dont la tenue pourrait donc apparaître indésirable.

« Certains ne souhaitent pas que l'on mène des recherches qui pourraient porter atteinte à leur représentation du monde », m'a dit Bruno Fallissard quand je lui ai parlé de l'opposition de principe de Stanislas Dehaenne à ce que l'on cherche à savoir si les expériences de mort imminente permettaient de rapporter une information attestant d'une perception extra-sensorielle et d'une conscience non localisée dans le cerveau. Spécialiste de l'évaluation des médecines, Fallissard pointe le même mécanisme de défense chez des autorités de santé publique, qui n'osent pas s'intéresser à des pratiques dont le corpus théorique s'avère imprégné de spiritualisme, par exemple les médecines ayurvédique ou chinoise. « On s'y réfère souvent à une énergie dont on peut évidemment se demander où elle est. Il s'agit certes d'un concept plutôt spirituel, mais je ne vois pas en quoi il faudrait pour cela s'opposer à ces médecines par principe ou par peur de voir son monde rationnel

---

74. Wahbeh H. *et al.*, « What if consciousness is not an emergent property of the brain? Observational and empirical challenges to materialistic models », *Frontiers in Psychology*, septembre 2022.

s'effondrer », estime le chercheur de l'INSERM, qui se montre sans *a priori* sur ce qui pourrait être perçu par d'autres comme de l'intrusion spiritualiste. L'important étant, selon lui, que la recherche médicale s'intéresse avant tout au résultat pour le malade.

Commencer par ne pas croire, me disait Richard Monvoisin pour définir la posture de sceptique qui lui apparaît nécessaire en matière de science. J'en arrive de mon côté à considérer ce critère de la croyance comme problématique s'il entrave le travail des chercheurs, mais non rédhibitoire, voire trompeur pour juger de l'intérêt d'hypothèses scientifiques controversées. On a reproché à Anne Dambricourt de vouloir apporter sa croyance dans sa recherche, sans qu'il soit démontré quelle était cette croyance ni l'influence qu'elle aurait pu avoir sur son travail et ses publications. Mais quand bien même croirait-elle que le sphénoïde est la marque d'un plan divin qui a conduit des grands singes à devenir des hommes, cela n'aurait pas plus d'importance et d'intérêt que les conclusions athées de Richard Dawkins tirées de sa théorie du gène égoïste et de son interprétation de l'évolution et du darwinisme. Dans un cas comme dans l'autre, ces opinions seraient scientifiquement secondaires et relèveraient de la liberté de penser.

On ne peut certes écarter l'influence de l'intention, tout comme celle du financement, mais ce qui prime en science, c'est le contenu scientifique et la réfutabilité d'hypothèses à partir de données méthodiquement acquises. Ce contenu doit surtout être correctement évalué en se concentrant sur les données, leur interprétation, leur publication et les recherches complémentaires à mener pour répondre aux questions qui se posent. Cette évaluation peut être faussée par des préjugés ou des intérêts, mais la vigilance peut mieux s'exercer à ce niveau-là que dans un délicat examen des convictions profondes des chercheurs. D'autant que l'on ne peut que faire avec la croyance qui ne se limite pas au religieux ou au spirituel. « Nous sommes tous des croyants ! rappelle Miroslav Radman. En science comme dans la vie, nous sommes ce que nous croyons, à tort ou à raison. Si l'on ne croit pas dans une expérience, on ne va pas la faire ! La question n'est donc pas de savoir si l'on a une croyance, mais d'accepter de la tester, de rester vigilant aux alternatives, de ne pas négliger ce qui peut aller contre ce que l'on croit en zoomant uniquement sur ce qui le soutient. Car là, on rentre dans l'obscurantisme. » Qui, comme vous le savez maintenant, peut se parer des attributs de la raison, du progrès, de la science, et même s'en faire une religion.

Chapitre 6 : La vaccination sacralisée

En mai 2015, une pétition recueille en une semaine plus de cinq cent mille signatures pour réclamer le retour du vaccin Diphtérie-Tétanos-Polio (DTP) sans aluminium. Un produit inaccessible depuis 2008 bien qu'il protège des trois seules maladies contre lesquelles la vaccination des enfants est alors obligatoire. La pénurie incite à se rabattre sur une alternative beaucoup plus chère contre six maladies, dont l'hépatite B, avec un vaccin hexavalent contenant cette fois de l'aluminium comme adjuvant, un composant jugé dangereux par l'auteur de la pétition, le professeur Henri Joyeux. Interrogée par le journal du soir de France 3 sur cette polémique, la ministre de la Santé apporte une réponse qui a le mérite de la clarté. « La vaccination, ça ne se discute pas », déclare en effet Marisol Tourraine, en ajoutant qu'« il ne faut pas avoir de doute par rapport aux vaccins ». Elle assure que « cela n'exclut pas la transparence, la recherche, pour toujours améliorer la qualité de nos vaccins », mais la représentante du gouvernement n'en balaie pas moins d'un revers de main tout questionnement sur « la vaccination ». Comme l'exigerait la pratique stricte d'une religion et de ses dogmes que l'on se doit seulement d'appliquer.

Dans les mois qui vont suivre cette déclaration remarquée, Marisol Tourraine se retrouve néanmoins «acculée à ouvrir le débat», comme l'écrit *Le Monde* en janvier 2016[75]. La ministre vient d'annoncer un vaste plan «pour une rénovation de la politique vaccinale», dont l'objectif affiché est de «renforcer la confiance»[76]. La France est confrontée à une épidémie de défiance qui a fait du pays de Pasteur l'un des plus suspicieux sur la vaccination. Le résultat d'une accumulation de craintes et de critiques qui se sont d'abord manifestées à la fin des années 1990, après la campagne massive du vaccin anti-hépatite B, soupçonné d'avoir provoqué des scléroses en plaques. La méfiance a été confortée en 2009 par le psychodrame de la grippe H1N1, présentée comme une pandémie en puissance alors qu'elle s'avérera bénigne, avec un vaccin boudé par 90 % de la population et, parmi les quelques six millions de vaccinés, entre cent et deux cents personnes identifiées comme victimes de narcolepsie, un effet indésirable du vaccin rare mais avéré. Ajoutez à cela la pénurie de DTP incitant à l'utilisation du cocktail beaucoup plus cher de six vaccins, assortie de cette pétition qui dépassera le million de signatures, mais aussi d'un pendant judiciaire avec la condamnation à de la prison avec sursis pour un couple n'ayant pas vacciné ses enfants avec l'introuvable DTP, et vous obtenez effectivement une ministre de la Santé acculée à ouvrir la discussion. Du moins à annoncer l'ouverture d'une grande concertation citoyenne sur la vaccination pour cette année 2016.

---

75. Santi P., Cabut S. et Béguin F., «Marisol Touraine ouvre le débat sur la vaccination obligatoire», *Le Monde*, janvier 2016.
76. Déclaration de Mme Marisol Touraine, ministre des Affaires sociales, de la Santé et des Droits des femmes, sur le plan d'action et l'information sur la vaccination, www.vie-publique.fr, janvier 2016.

À l'époque, j'ai traité de cette annonce dans un petit article publié par le magazine *Marie Claire*. Médecin et chroniqueur santé sur France Inter, Dominique Dupagne y exposait l'état des lieux d'un débat public ultra clivé : «Très peu de personnes exprimant une position modérée sur la question, on se retrouve face à deux dogmes : d'un côté, une Église de vaccinologie, de l'autre des anti-vaccins». En somme «deux groupes de pression tout aussi délétères», estimait le toubib en déplorant que «l'omerta sur certains effets indésirables alimente les théories complotistes». Y contribuait d'ailleurs le discours officiel de Marisol Tourraine, dans lequel cette dernière s'étonnait de «la persistance des inquiétudes sur l'aluminium». Et ceci «alors même que les scientifiques sont unanimes», soutenait-elle, comme si tous les sachants jugeaient le problème inexistant. «Comment peut-on être sûr qu'il n'y a pas de risque ?», répliquait dans mon article le professeur Romain Gherardi, le scientifique et médecin qui incarne non pas cette prétendue unanimité, mais une controverse que les autorités sanitaires s'attachent à obscurantiser. Car «on ne sait en réalité rien de l'innocuité de l'hydroxyde d'aluminium à long terme chez l'homme, soulignait Gherardi. En revanche, on sait qu'il est biopersistant, et peut rester des années dans le système immunitaire de certains individus qui vont développer une maladie chronique. C'est déjà problématique.» Et explique la persistance d'inquiétudes que le traitement réservé à ce professeur n'aide pas à lever.

Une découverte embarrassante

Romain Gherardi n'était pas destiné à s'intéresser à ces sels d'aluminium que l'on utilise dans la majorité des vaccins comme adjuvant, un composant qui permet d'optimiser l'efficacité des antigènes, et donc d'en diminuer la quantité. Spécialisé dans les pathologies neuromusculaires, ce professeur de médecine a commencé à se pencher sur les adjuvants aluminiques dans les années 1990, après avoir contribué à la découverte d'une maladie qui frappait certains de ses patients. Se manifestant sous la forme d'un syndrome de fatigue chronique, elle se caractérise par des lésions musculaires infiltrées par des macrophages, ces cellules sanguines connues pour leur capacité à phagocyter des agents pathogènes. Dénommée par Gherardi myofaciite à macrophages, la maladie est présentée en 1998 dans un article du *Lancet*, que le médecin cosigne avec un groupe de recherche sur les maladies musculaires de l'Association française contre les myopathies[77]. La publication est très remarquée et saluée pour son identification d'une nouvelle maladie dont on ne connaît pas la cause. Mais à la fin de cette même année, l'analyse de biopsies musculaires de malades révèle la présence d'aluminium dans les macrophages. Une nouvelle découverte problématique, car elle amène Romain Gherardi à se demander si l'aluminium présent dans les vaccins pourrait provoquer chez certains individus cette myofaciite à macrophages associée à une fatigue chronique. Les biopsies de chacun des malades décèlent en tout cas cette présence dans le muscle deltoïde situé dans l'épaule, à proximité de la zone

---

77. GHERARDI R. *et al.*, « Macrophagic myofasciitis: an emerging entity », *The Lancet*, août 1998.

d'injection vaccinale, tandis que l'on ne détecte chez aucun un excès sanguin ou urinaire d'aluminium susceptible de provenir d'une ingestion alimentaire ou de l'utilisation de cosmétiques, voies habituellement empruntées par l'aluminium pour s'immiscer dans un organisme humain. Tous ces malades ont, en revanche, reçu des vaccins utilisant des sels d'aluminium comme adjuvants.

Apporter cette donnée vaccinale qui se retrouve dans les biopsies change la donne pour le professeur Gherardi. Après avoir été félicité par la communauté scientifique et médicale pour sa découverte d'une maladie intrigante, il se met à susciter de la gêne, voire de l'hostilité. Le chercheur a décrit en détail[78] comment il a dû faire face à une adversité structurelle dès lors qu'il a pointé la possibilité que l'aluminium, présent chez les malades de myofaciites à macrophages, puisse expliquer la survenue de leur syndrome de fatigue chronique. D'autant qu'avec une kyrielle de symptômes tels que des douleurs musculaires ou articulaires, des maux de tête ou des troubles de la mémoire, ce syndrome s'est avéré similaire à celui observé après la guerre du Golfe chez des militaires américains, qui avaient été soumis à un programme intensif de vaccination incluant une dizaine d'injections adjuvées à l'aluminium. Si Romain Gherardi l'a remarqué, il a surtout par ses travaux constaté la persistance d'un adjuvant aluminique qui ne s'élimine pas dans la zone d'injection où il reste parfois des années. Il peut aussi s'en éloigner en transitant *via* les cellules immunitaires jusqu'au cerveau, contrairement à ce que l'on croyait dur comme fer.

---

78. GHERARDI R., *Toxic Story, deux ou trois vérités embarrassantes sur les adjuvants des vaccins*, Actes Sud, 2016.

Fort de ces résultats scientifiques qui ont déboulonné le dogme d'une dissolution rapide de l'aluminium vaccinal dans la zone d'injection, Gherardi va connaître des difficultés pour publier, puis encore davantage pour financer les recherches qu'imposerait une telle découverte, avec une multiplication de fins de non-recevoir. En 2013, seule une grève de la faim, menée devant les locaux du ministère de la Santé par des malades de l'association E3M[79], a contraint les autorités sanitaires à accorder 150 000 euros pour poursuivre un travail fondamental sur le principal adjuvant vaccinal. Cette somme a permis de commencer à rechercher une prédisposition génétique des malades de myofaciites à macrophages. Puis une expérience sur des souris a démontré, en 2016, la neurotoxicité de l'aluminium vaccinal, « avec un effet retardé des mois après l'injection, de façon concomitante avec l'augmentation de la présence d'aluminium dans le cerveau », m'indique aujourd'hui Romain Gherardi. Le chercheur précise que « le plus intéressant dans cette étude est l'observation d'un effet plus important des faibles doses, ce qui contredit la formule habituelle "la dose fait le poison". De petites doses d'aluminium semblent au contraire mieux se diffuser, car elles ne s'agrègent pas tandis que les agrégats plus gros restent au point d'injection. » Cette trouvaille déroutante a été publiée début 2017[80] et « le financier, l'Agence nationale de sécurité du médicament (ANSM), a constaté que le travail avait été réalisé de façon conclusive, rappelle Gherardi. Mais cela n'a eu aucune conséquence. Nous avons prouvé de façon certaine que les adjuvants aluminiques sont toxiques dans des conditions expérimentales, et on en est resté là. Sans lancer la grande étude épidémiologique qui

---

79. Association des malades de myofaciites à macrophages.
80. CRÉPEAUX G. *et al.*, « Non-linear dose-response of aluminium hydroxyde adjuvant particules: Selective low dose neurotoxicity », *Toxicology*, 2017.

pourrait établir un lien entre les adjuvants aluminiques des vaccins et ce syndrome de fatigue chronique présent chez les malades de myofaciite à macrophages ni mettre en place l'essai clinique qui chercherait à démontrer chez l'homme l'existence de l'effet observé chez la souris. Le ministère de la Santé avait pourtant convenu de la mener, mais tout a été fait pour que ce travail ne soit pas réalisé. » De l'obscurantisme, consistant ici à refuser de savoir en s'abstenant de mener les recherches nécessaires pour prouver, ou invalider, l'existence d'effets indésirables à moyen et long terme.

Alibi citoyen pour la présomption d'innocuité

La concertation citoyenne sur la vaccination, lancée par Marisol Touraine, fut révélatrice de cet obscurantisme pour certains de ses participants. Deux jurys avaient été mis en place, l'un composé de simples citoyens, l'autre de professionnels de santé. Tous ont reçu de l'information sur la vaccination lors de deux sessions d'auditions censées leur permettre d'écouter des acteurs représentant une diversité de points de vue. Après la première session, les jurys réclamèrent un débat contradictoire sur la problématique des adjuvants aluminiques. S'imposa donc la présence de Romain Gherardi, dont le discours a convaincu de l'importance de financer des recherches indépendantes des laboratoires pharmaceutiques sur la sécurité de ces adjuvants. Dans les avis remis par les deux jurys au Comité d'orientation chargé de conduire la concertation citoyenne, on trouvait des recommandations claires. Les citoyens réclamaient des recherches académiques afin que « soient rapidement validés ou invalidés » les résultats obtenus par Gherardi. Du côté des professionnels de santé, les pouvoirs publics étaient invités à « soutenir des recherches ciblées spécifiques et suivies sur les effets de la vaccination à moyen et long terme, en particulier sur le sujet des effets à long terme de certains adjuvants ». Mais le 30 novembre 2016, lors de la réunion publique de clôture de la concertation citoyenne, la présentation des conclusions du comité d'orientation par son président évacua cette demande. Pour le professeur en immunologie Alain Fischer, la littérature scientifique ne permettait pas de démontrer un lien de causalité entre l'aluminium vaccinal et le syndrome de fatigue chronique, et il ne préconisa pas de nouvelles études sur la toxicité de ce type d'adjuvant.

Des membres du jury citoyen ont eu l'impression de servir de faire-valoir. Selon Jean-Bertrand, « la discussion et les échanges ont été orientés dès le début, et les représentants des laboratoires pharmaceutiques nous ont assuré qu'il n'y avait pas de problème avec ces adjuvants, comme Alain Fischer. Malgré cela, nous avons bien demandé que de nouvelles études soient menées, sans qu'il n'en soit tenu aucun compte. Résultat, le sentiment d'avoir été manipulé accrédite finalement cette défiance contre laquelle nous devions agir. » Autre juré, Fabien renchérissait, lui qui avait « confiance dans la vaccination en intégrant ce jury. J'en sors avec des questions et des doutes sur les adjuvants, car il n'a pas été accordé de crédit à certaines données qui dérangent et nos conclusions ont été écartées. Quelle déception de n'avoir été qu'un alibi citoyen ! » Même son de cloche chez Fanny qui témoignait d'« un gros malaise dans le jury à la sortie. On nous a demandé notre avis, mais on a seulement eu les conclusions du comité d'orientation, avec l'ajout de neuf vaccins obligatoires. » Ce qu'aucun des deux jurys n'avait recommandé. Jean-Alexandre était pour sa part favorable à cette extension de l'obligation vaccinale, mais il considérait lui aussi « dommageable d'avoir écarté le sujet de la sécurité des sels d'aluminium. C'est troublant, car c'était une question essentielle et il aurait mieux fallu se donner les moyens de poursuivre la recherche pour la trancher. » Plus que troublée, Angélique, une aide-soignante, est ressortie de cette concertation citoyenne « écœurée, avec le sentiment d'avoir participé à un écran de fumée dans un projet bouclé à l'avance. Et que dire de l'arrogance d'Alain Fischer face au professeur Gherardi et au président de l'association E3M, auquel il a répondu comme s'il avait inventé sa maladie. » Pendant la réunion de clôture, le représentant de cette association des malades de myofaciites à macrophages s'était dit « très choqué » que les conclusions du comité d'orientation n'aient absolument pas répondu aux attentes des jurés. Le professeur Fischer lui répliqua que les adjuvants étaient utilisés avec succès depuis un siècle et que l'« on ne peut pas condamner la vaccination sur un doute extrêmement léger et franco-français ». Réclamer des recherches sur des effets indésirables était ainsi amalgamé à une condamnation de la vaccination, reposant sur les dires d'un chercheur isolé, puisqu'Alain Fischer revendiquait une quasi-unanimité scientifique sur la question qui se résumait selon lui à : « Romain Gherardi contre le reste du monde ».

Sept ans après cette concertation citoyenne, la recherche n'a pas avancé, faute de moyens et de volontés publiques. Les mêmes arguments servent à évacuer la problématique des adjuvants aluminiques. Bien que las de se répéter, Romain Gherardi accepte encore d'y répondre ici, d'abord en rappelant que « la France est l'un des seuls pays où l'on effectue les biopsies musculaires dans le deltoïde, donc dans la zone d'injection des vaccins. Ceci explique que l'on y ait repéré des myofaciites à macrophages chez des patients atteints du syndrome de fatigue chronique. Mais ce type de biopsie est aussi pratiqué au Portugal où a été publiée une série de cas comparables aux nôtres. » Reste que l'hydroxyde d'aluminium est utilisé comme adjuvant depuis les années 1920 et il a fallu attendre la fin du siècle dernier pour détecter un possible effet indésirable. Comment l'expliquer ? « Pendant longtemps, les gens ont reçu relativement peu de vaccins aluminiques. Or on a constaté chez les malades de myofaciites à macrophages qu'ils avaient en moyenne reçu cinq injections, indique le médecin. Ce n'est donc là encore pas étonnant que le problème soit apparu en France, seul pays à avoir proposé une campagne de vaccination de très grande ampleur contre l'hépatite B, exigeant trois injections. » Les enfants reçoivent toutefois de nombreux vaccins adjuvantés à l'aluminium, et seuls certains adultes semblent pouvoir en souffrir si l'on regarde l'âge des centaines de malades recensés à l'hôpital Henri Mondor de Créteil par l'équipe de Gherardi. « On trouve des myofaciites à macrophages chez des enfants, mais elles ne sont effectivement pas associées à un syndrome de fatigue chronique, du moins avant l'âge de 4 ans d'après ce que suggère une étude américaine[81], remarque le professeur. Les jeunes enfants réagissent sans doute différemment, car ils n'ont pas le même système immunitaire que les adultes. Ils souffrent d'ailleurs moins que les adolescents et les adultes de covid long, une pathologie similaire au syndrome de fatigue chronique, dont les symptômes sont multiples et les causes, encore incertaines, peuvent être différentes mais impliquent sans doute une activation immunitaire persistante liée au virus. » La multiplicité de symptômes et de causes possibles conforte toutefois l'idée que le syndrome de fatigue chronique, dont souffrent des malades de

---

81. CHKHEIDZE *et al.* Morin Stain Detects Aluminum-Containing Macrophages in Macrophagic Myofasciitis and Vaccination Granuloma With High Sensitivity and Specificity. *Journal of Neuropathology & Experimental Neurology.* Août 2017.

myofaciite, ne serait pas lié à cette dernière et à la présence d'aluminium vaccinal. « Sauf qu'en l'occurence, réplique Gherardi, nous n'avons trouvé chez nos patients aucune autre cause qu'un effet indésirable de vaccins aluminiques survenant habituellement de quelques mois à un an après la dernière injection. Cette survenue tardive d'un syndrome complexe et non spécifique peut ainsi facilement passer inaperçue. Surtout si on ne la cherche pas dans le cadre d'une grande étude épidémiologique prospective que les autorités ne veulent pas lancer. »

Après un siècle d'utilisation, les adjuvants aluminiques sont présumés sans problème, mais on entretient en réalité l'expectative face à un effet qui ne risque pas d'être prouvé tant que l'on ne s'en donne pas les moyens. Et le réclamer est considéré comme une inacceptable condamnation de la vaccination qui ne saurait se passer de cet aluminium nécessaire à l'efficacité de plus de la moitié des vaccins, vu que l'on ne dispose pas d'adjuvant alternatif. Sont donc obscurantisées les publications attestant de la biopersistance et de la circulation d'un ingrédient vaccinal, dont la toxicité particulaire s'avère particulière. « À l'OMS comme à l'Académie de pharmacie, on refuse de comprendre que de l'aluminium particulaire concentré dans les cellules immunitaires ne pose pas le même problème que de l'aluminium qui devient soluble dans l'organisme, souligne Gherardi. Nous avons pourtant démontré la spécificité de cette perturbation immunologique ainsi que la différence entre l'ingestion d'aluminium par la bouche et son injection vaccinale, mais les autorités sanitaires et académiques refusent d'aller sur ce terrain. Comme plus généralement sur celui des effets indésirables à long terme des vaccins qui ne sont tout simplement pas étudiés. »

Absolutisme vaccinal et surveillance minimale

Ce constat d'un obscurantisme structurel qui dépasse son expérience personnelle avec les adjuvants aluminiques, Romain Gherardi l'a effectué ces dernières années en épluchant la littérature scientifique sur la sécurité des vaccins. Une enquête sur un sujet tabou, destinée à constituer l'ossature d'un livre. Son auteur me le présente comme «un état des lieux désespérant du fonctionnement d'instances de régulation ne faisant pas le travail que l'on serait en droit d'attendre d'elles avec les vaccins». Des médicaments qui s'avèrent «les moins surveillés au monde», comme le détaille cet ouvrage, dont j'ai pu lire le manuscrit. Coécrit avec la philosophe Angélique Del Rey et le journaliste Roger Lenglet, il témoigne en premier lieu d'un «impossible débat» sous le règne de faux-semblants, dont la concertation citoyenne de 2016 a été une parfaite illustration en mêlant le citoyen, l'expert, la politique et la science pour présenter comme le résultat d'un consensus ce qui s'apparente à la volonté d'un clergé.

Le vaccin est sacré, car non critiquable, tout discours critique se voyant immédiatement délégitimé, taxé d'irrationalité. Comme un symbole d'absolutisme, on évoque le vaccin, la vaccination, au singulier, comme si elle était une et indivisible. S'en prendre à un seul vaccin, ou même à l'un de ses ingrédients, c'est ainsi toucher au principe même de la vaccination, et donc apparaître comme un hérétique, un déviant, qui se trompe forcément, emporté par une méfiance irraisonnée. En somme un antivax, y compris si l'on est comme Romain Gherardi un médecin qui invite à suivre les recommandations vaccinales, car elles lui semblent pertinentes en raison des bénéfices avérés de la plupart des vaccins, bien qu'il estime aussi que la persistance des adjuvants aluminiques pose question.

Dans son nouveau livre, il s'inquiète du poids pris dans la société par le discours réellement antivaccin que peuvent véhiculer des personnalités comme le Suisse Christian Tall Schaller, auteur d'ouvrages aux titres explicites, tels que *Les vaccins sont des poisons* ou *Vaccin, un génocide planétaire ?* Mais Gherardi et ses coauteurs déplorent aussi l'instrumentalisation de la figure de l'antivax, comparable pendant le covid à celle d'un terroriste, d'un obscurantiste barbare mettant en péril la vie de ses concitoyens. De quoi empêcher tout débat puisque, tout comme la pratique de la vaccination, sa critique devient absolutisée avec l'antivax. La question se retrouve réduite à une alternative binaire provax/antivax, comme l'illustre une conférence organisée par l'AFIS à l'intitulé aussi mesuré qu'une *punch line* de Christian Tall Schaller : « Le vaccin : succès de santé publique ou poison ? » Aurait-on l'idée de dire cela « du médicament » ? Évidemment non, personne n'ayant une approche aussi simpliste des médicaments dont l'usage, l'utilité et les effets indésirables sont aussi variables et différenciés que le contenu de la pharmacopée. Le vaccin sera, lui, considéré comme un tout, un « totem » qui constitue « une certaine façon de se représenter la santé humaine, ce qui la menace, ainsi que le rôle de l'État dans son maintien. Bref, un véritable *paradigme* de santé publique, voire *le* paradigme moderne de la santé publique. D'où le tabou. D'où l'interdit », estime Angélique del Rey dans ce livre où Romain Gherardi montre comment cette sacralisation se traduit par une surveillance minimale.

On apprend que les vaccins sont habituellement dispensés des tests de pharmacologie préclinique visant à vérifier l'absence de risque de malformation *in utero*, d'altération génétique ou de cancer. Des tests réclamés aux autres médicaments, mais, comme l'indique la rubrique 13-1 des notices de la FDA, l'agence du médicament américaine, le vaccin « n'a pas été évalué pour un potentiel carcinogène ou mutagène, ou pour une potentielle altération de la fertilité ». Il en va de même en Europe où l'agence du médicament se montre moins exigeante en permettant aux notices de rester muettes sur le sujet. Les agences sanitaires acceptent ainsi de façon récurrente de déroger à l'obligation d'évaluer le potentiel de toxicité d'un médicament à distance de sa prise, en l'occurrence, l'injection de vaccins, bien que ces derniers se retrouvent inscrits dans la liste des médicaments à substances vénéneuses en raison de leurs nombreux composés toxiques.

Les vaccins dérogent également à la règle commune pour l'évaluation de leur efficacité lors des essais cliniques qui vont justifier leur mise sur le marché. Ils peuvent se contenter du critère indirect de l'immunogénicité, la capacité à générer un niveau important d'anticorps. Or elle peut être trompeuse sur l'efficacité réelle, comme l'a montré le vaccin contre la dengue de Sanofi. Non seulement son niveau de protection n'était pas corrélé à l'excellent niveau d'anticorps obtenu contre différentes souches du virus, mais certains de ces anticorps ont eu un effet contraire à celui attendu, en facilitant l'infection et en augmentant le risque de forme grave de dengue chez les individus jamais infectés auparavant par son virus. Notamment, des enfants qui furent nombreux à décéder de cette maladie aux Philippines après avoir été vaccinés. Une expérimentation dramatique en population du véritable effet d'un vaccin, heureusement exceptionnelle par son résultat hautement indésirable, mais pas inhabituelle dans son principe, seuls les essais d'immunogénicité étant obligatoires pour une mise sur le marché. Ce que confirme une publication du bulletin de l'Académie de pharmacie, rappelant le caractère facultatif des évaluations de l'efficacité (prévention de l'infection) et de l'effectivité (effet sur la morbi-mortalité) qui «seront tout naturellement obtenues plus tard lors de l'utilisation des vaccins en situation réelle»[82]. Pour son auteur principal, le pharmacologue Jean-Louis Montastruc, l'expérimentation en population apparaît ainsi tout à fait naturelle, mais pour Gherardi il est surtout «heureux que la plupart des vaccins soient plus ou moins efficaces», étant donné que «l'absence fréquente de données sur l'efficacité réelle des nouveaux vaccins constitue une faiblesse intrinsèque» dans un dispositif de mise sur le marché qui privilégie un accès rapide à l'innovation. Avec l'incertitude que cela implique, tant pour l'efficacité que pour la sûreté.

Dans un «focus sur les études de sécurité des vaccins», Romain Gherardi comptabilise douze failles majeures dans les protocoles publiés. D'abord un principe de base : n'étudier qu'un seul vaccin à la fois alors que la multivaccination est la règle et qu'on ne peut pas exclure un effet cumulatif. Ceci va de pair avec la seconde faille : éluder la question des adjuvants, en particulier de l'aluminium contenu dans 60 % des vaccins, mais dont aucune étude n'a évalué le risque d'une utilisation répétée en population. Les études de sécurité se limitent également à du court terme, généralement de quelques jours à quelques semaines, ce qui permet de repérer facilement des manifestations banales et locales comme une réaction au site d'injection, mais pas des complications chroniques qui se manifesteraient avec le temps. Les échantillons de vaccinés étudiés sont, par ailleurs, de taille réduite alors que seules certaines sous-populations minoritaires vont développer un effet secondaire, d'où la difficulté

---

82. MONTASTRUC J.-L. *et al.*, «Quelle PharmacoVigilance pour les vaccins?», *Bulletin de l'Académie Nationale de Médecine*, 2016.

de détecter des effets rares, d'autant plus s'il s'agit d'une pathologie relativement courante dans la population générale, comme les accidents cardiaques ou l'autisme. Une autre faille consiste à tester le vaccin sur une population sans facteur de risque, puis à vacciner toute la population, comme cela se pratique en excluant des essais cliniques des personnes susceptibles de développer des effets indésirables (prématurité, retards psychomoteurs, allergies…) alors qu'elles ne seront pas exclues des programmes vaccinaux. Il y a aussi la non-utilisation, dans la plupart des essais cliniques de vaccins, d'un groupe contrôle avec placebo, l'étalon or en termes d'évaluation de la toxicité des médicaments, ici remplacé par un autre vaccin, voire par un comparateur non inerte qui contiendra le même adjuvant, ce qui permet de ne pas évaluer la toxicité de l'aluminium. Il est en outre courant de négliger, dans la détection des effets indésirables, des symptômes non spécifiques, mais aussi des associations de symptômes constituant des syndromes comme celui de fatigue chronique, avec une tendance à imputer au vaccin uniquement ce que l'on a considéré comme prévisible et à ne trouver que ce que l'on cherche. Et ce, tant au niveau des essais cliniques que dans le suivi en population réelle des systèmes de pharmacovigilance visant à repérer des événements indésirables consécutifs à la prise d'un vaccin comme d'un médicament, après leur déclaration par les personnes victimes ou leurs médecins. La dixième faille est la sous-déclaration massive à cette pharmacovigilance, qu'un rapport commandé en 2010 par une agence du ministère de la Santé américain a estimée à 99 %, moins de 1 % des événements indésirables ayant été déclarés pour les vaccins[83]. Au niveau des études obser-

---

83. https://digital.ahrq.gov/ahrq-funded-projects/electronic-support-public-health-vaccine-adverse-event-reporting-system

vationnelles, qui comparent dans la population des groupes de vaccinés et de non vaccinés, le «biais du vacciné sain» peut encore fausser les résultats. On ne tient pas compte d'un état de santé global meilleur chez les personnes vaccinées dû à une alimentation saine, à la pratique du sport ou à des dépistages réguliers, alors que celles atteintes de maladies chroniques ou fragiles ont tendance à éviter la vaccination. Des bénéfices de santé pourront donc être indûment attribués à des vaccins, et des effets indésirables causés par ces derniers non détectés s'ils ne sont pas spécifiques et initialement présents en plus grand nombre dans le groupe non vacciné.

Chacune de ces failles peut suffire à fausser une étude, mais leurs effets sont aussi cumulatifs. Ils se retrouvent également conjugués dans ce que Gherardi présente comme la douzième et dernière faille : des revues de littérature et des méta-analyses biaisées. Censées apporter le meilleur degré de preuve en rassemblant les études cliniques disponibles afin de déterminer s'il existe un effet récurrent et répétitif, ces méta-analyses s'avèrent elles aussi trompeuses quand elles se basent sur des études biaisées, tant au niveau de l'efficacité que des effets indésirables, les grands négligés que les failles de sécurité tendent à structurellement occulter. Tout particulièrement, les effets secondaires à long terme. «Une question qui ne se pose pas», m'avoua à l'époque de la concertation citoyenne la directrice médicale de l'un des laboratoires leaders sur le marché des vaccins.

Le tabou des effets à long terme

Reprenant un discours que l'on entend souvent, cette représentante de l'industrie pharmaceutique avait enchaîné en me signifiant que jamais un effet indésirable à long terme n'avait été mis en évidence avec le moindre vaccin, d'où l'absence de question. Mais elle admit aussi que les laboratoires ne faisaient rien pour les chercher, se contentant de « surveiller la tolérance dans les 24 heures de la vaccination, puis dans les jours qui suivent, puis dans le mois qui suit ». « Les effets secondaires à long terme sont en fait un sujet tabou pour l'industrie, qui ne veut pas que l'on cherche ça, comme par peur de ce que l'on pourrait trouver », considérait pour sa part Dominique Dupagne, en relevant que « très rares sont les recherches fondamentales sur les effets indésirables des vaccins. Et si quelqu'un travaille là-dessus, aucun laboratoire ne le subventionnera. »

Avec les adjuvants aluminiques, le refus de financement ne s'est pas limité aux laboratoires pharmaceutiques pour Romain Gherardi. Et au-delà de son propre cas, il relate dans son nouvel ouvrage un mépris pour la recherche des mécanismes qui pourraient expliquer la survenue d'effets indésirables, tels que des pistes immunologiques ou l'action encore inconnue de certains ingrédients. Le rapport d'une commission du Sénat italien remis en 2018 en donne un exemple. Le fruit de dix-huit ans d'enquête initiés par la découverte d'une fréquence anormalement élevée de troubles immunitaires chez les militaires transalpins (lymphomes, leucémies, maladies auto-immunes) face à laquelle on a suspecté l'utilisation d'armes à uranium appauvri. Une recherche de toutes les causes possibles liées à des expositions environnementales a conduit à retenir plutôt la piste du calendrier de prophylaxie militaire, qui recommandait au moins dix-sept vaccins différents. Après avoir identifié quatre-vingt-douze ingrédients autres que les antigènes, la commission a signalé que « la quantité cumulée des différents composants des vaccins dépasse les quantités autorisées pour les autorisations de mise sur le marché des vaccins monovalents », et que « les vaccins qui ont un nombre important de composants en termes quantitatifs, mais aussi en variété des composants étrangers, déterminent un nombre plus élevé d'effets secondaires ». Ce qui accrédite le risque d'un effet cocktail dû à la multivaccination. Le rapport final relevait d'ailleurs une association statistiquement significative entre les troubles observés chez les militaires et l'administration de vaccins. Il indiquait que l'« on ne peut pas exclure un lien de causalité » et invitait à améliorer les vaccins en centrant les efforts sur les adjuvants aluminiques, les excipients et les contaminants, mais aussi sur les pratiques vaccinales en repérant les facteurs de risques, en évitant les vaccinations multiples simultanées et en effectuant un suivi à long terme des vaccinés.

Travail parlementaire minutieux réalisé à l'aide de nombreux experts, ce rapport fut envoyé par ses auteurs aux autorités de l'Union européenne et rendu en Italie dans le but d'inspirer une loi protectrice sur la vaccination des militaires. Il n'en fut tenu aucun compte. Ces données préoccupantes n'ont inspiré ni la loi ni des programmes de recherche visant à mieux comprendre des mécanismes biologiques potentiellement délétères, comme les découvertes de Romain Gherardi sur les adjuvants.

Face à des chercheurs indépendants, qui trouvent ce que les apôtres de l'Église de vaccinologie refusent de chercher, l'opposition a des allures de censure. Bien que publié en 2001 par la revue *Brain*[84], l'article de Gherardi sur la biopersistance de l'hydroxyde

---

84. GHERARDI R. *et al.*, « Macrophagic myofasciitis lesions assess long-term persistence of vaccine-derived aluminium hydroxide in muscle », *Brain*, septembre 2001.

Chapitre 6 : La vaccination sacralisée

d'aluminium avait auparavant été refusé par treize journaux, sans même être soumis à une revue par les pairs, preuve que ce n'était pas son contenu, mais son sujet qui posait problème. Luis Lujan, chercheur à l'école vétérinaire de Saragosse, a subi le retrait d'un de ses articles trois mois après sa publication en 2018, dans la revue *Pharmacological Research*[85], une étude expérimentale accréditant l'hypothèse, émise cinq ans plus tôt par ce chercheur, que l'aluminium vaccinal pouvait provoquer chez les moutons une maladie neurologique[86]. Suite à la réception d'une lettre anonyme non publiée, l'éditeur a décidé arbitrairement du retrait de cet article sans justification et sans permettre que se tienne un débat scientifique dans les colonnes de son journal[87].

«Tous mes collègues, qui ont posé des questions convergentes à celles que j'ai pu soulever avec l'aluminium, ont eu des ennuis», remarque Romain Gherardi en se référant maintenant au cas de Christopher Exley, spécialiste mondial de l'aluminium et de sa toxicité. Auteur de très nombreuses publications sur le sujet depuis plus de vingt ans, ce chimiste a découvert dans les années 2010 de l'aluminium à un niveau jugé préoccupant dans le cerveau d'autistes et de malades d'Alzheimer, ce qui l'a amené à envisager que ces maladies aient une cause, ou une participation, vaccinale. L'université Keele, où ce professeur enseignait en Angleterre, lui a en 2021 coupé

---

85. ASIN J. *et al.*, « WITHDRAWN: Cognition and behavior in sheep repetitively inoculated with aluminum adjuvant-containing vaccines or aluminum adjuvant only », *Pharmacological Research*, novembre 2018.
86. LUJAN L., PEREZ M., SALAZAR E., *et al.*, «Autoimmune/autoinflammatory syndrome induced by adjuvants (ASIA syndrome) in commercial sheep», *Immunologic Research*, juillet 2013.
87. L'article a finalement pu être publié en 2020 dans un autre journal. ASÍN J. *et al.*, « Cognition and behavior in sheep repetitively inoculated with aluminum adjuvant-containing vaccines or aluminum adjuvant only », *Journal of Inorganic Biochemistry*, février 2020.

ses sources de financement extérieures après qu'il eut reçu des dons d'associations et de personnalités critiques sur la vaccination comme Robert Kennedy Junior. Et malgré une lettre de soutien signée par plus de cent chercheurs de 29 pays, demandant à l'université de revenir sur une décision qui aurait pour conséquence de bloquer une recherche importante sur l'exposition humaine à l'aluminium, Exley a été contraint de quitter son poste et d'arrêter ses travaux.

Des vérités indésirables

Le recul des libertés académiques et le règne d'une pensée unique en matière de vaccination sont ainsi dévoilés au fil des pages du manuscrit de Gherardi. Il y revient sur l'exclusion de la collaboration Cochrane du fameux Peter Gøtzsche, un des membres fondateurs de cette organisation prestigieuse, créée au début des années 1990 pour défendre une médecine fondée sur la preuve, avec des méta-analyses évaluant les bénéfices et les risques de traitements et d'interventions de façon rigoureuse et indépendante de l'industrie pharmaceutique. Cette éviction fit suite à un article de Gøtzsche[88] très critique sur une revue Cochrane consacrée aux vaccins contre le papillomavirus. La revue concluait à l'efficacité et aux faibles risques de ces vaccins, mais Gøtzsche et ses coauteurs ont détecté une mauvaise évaluation des effets indésirables et lui reprochaient d'avoir écarté certaines études, tout en ignorant l'existence d'importants biais méthodologiques et de conflits d'intérêts d'experts. L'exclusion du chercheur et médecin danois provoqua un

---

88. JORGENSEN L. *et al.*, « The Cochrane HPV vaccine review was incomplete and ignored important evidence of bias », *BMJ Evidence Based Medicine*, juillet 2018.

séisme au sein de la collaboration Cochrane, où le conseil d'administration a vu quatre de ses membres démissionner par solidarité avec Gøtzsche, reconnu pour sa rigueur méthodologique et son incorruptibilité. Mais dans *Le Monde*, on pouvait aussi lire que des collaborateurs de Cochrane jugeaient « irresponsable » de faire état publiquement d'un vif désaccord sur le sujet des vaccins « dans un contexte de défiance »[89], comme si la cause de la défense de la vaccination imposait de passer sous silence des vérités indésirables.

L'ouvrage du professeur Gherardi apporte une illustration supplémentaire de la difficulté de traiter des lacunes de l'évaluation de la sécurité des vaccins. Programmé avant la crise covid, il a d'abord vu sa sortie retardée par son éditeur qui estimait le contexte de la pandémie peu propice à publier un livre démontrant pourquoi et comment tout semble fait pour éviter de rechercher des effets indésirables. Il me paraît important d'en livrer aujourd'hui ce petit aperçu, car l'éditeur a finalement décidé de ne pas sortir du tout un tel document, préférant l'enterrer en versant aux trois coauteurs l'intégralité de l'à-valoir prévu, une somme assez conséquente. « Un pur acte d'autocensure sur un sujet considéré comme trop dangereux par les temps qui courent », commente Gherardi, symbole d'un obscurantisme sur la question vaccinale qui s'impose avec un livre s'inquiétant de la montée d'un discours antivaccin et ne remettant pas en cause l'intérêt majeur d'une vaccination considérée comme « globalement très bénéfique ». Ce n'est pas pour autant qu'elle ne comporte pas de risques, et ce bénéfice global ne devrait pas conduire à s'en désintéresser en évitant de les rechercher dès lors

---

89. Foucart S., « La Cochrane, parangon mondial de la "médecine fondée sur la preuve", en pleine crise », *Le Monde*, septembre 2018.

que les symptômes ne surviennent pas immédiatement après l'injection. Dire cela comme le font les auteurs de ce livre placardisé relève du bon sens scientifique, mais c'est donc jugé inaudible, ce qui entretient l'opposition binaire et le dialogue de sourds entre militants provax et antivax.

Après s'être employé depuis plus de vingt ans à prendre la voie de la science, Romain Gherardi, lui, lâche l'affaire et ne cherche pas d'autre éditeur. « À 71 ans, je n'ai plus envie de me battre, explique-t-il. J'ai fait mon travail de scientifique, de médecin, mais si la société préfère dériver de part et d'autre vers l'obscurantisme, je la laisse faire, car je suis fatigué de me confronter à la mauvaise foi. » Il rappelle néanmoins que « les résultats importants sur les adjuvants aluminiques ont été publiés, et maintenant je laisse la place aux successeurs, tout en sachant qu'ils en ont aussi marre de prendre des baffes pour s'être saisis d'un sujet purement scientifique miné par son impact sociétal. Je comprends donc les réticences, mais ne veux plus de responsabilité directe, d'autant qu'à la retraite j'ai perdu ma motivation première : le contact avec ces malades de myofaciite à macrophages, qui remplissaient mes consultations et m'ont incité à chercher à comprendre l'origine de leur syndrome de fatigue chronique ». Des malades dont la parole a été rendue illégitime, car leur maladie questionne la toxicité de l'aluminium vaccinal. Une double peine pour ceux qui seraient des victimes de la vaccination que l'on ne veut pas voir, comme s'en attristent les auteurs du manuscrit jugé impubliable, et ainsi que l'a plus que jamais montré la crise du covid.

Stigmatisation des victimes

Pendant la pandémie, des millions de personnes ont déclaré à travers le monde des événements indésirables à la suite de leur vaccination. En France, le réseau de la pharmacovigilance a été « plus que débordé, submergé », m'a confié sa présidente, le docteur Annie-Pierre Jonville-Béra, à l'occasion d'une enquête réalisée pour le site d'info Blast[90]. Près de 200 000 déclarations d'effets secondaires ont été enregistrées dans l'hexagone, dont 25 % classées graves. Des troubles cardiaques aux problèmes de circulation sanguine, en passant par quantité d'autres maux aussi bien neurologiques que cutanés, la palette de ces événements indésirables post-vaccinaux a été très vaste. Des dizaines de signaux désignant autant de pathologies ont été remontés par la pharmacovigilance pour chacun des principaux vaccins, sans être dans leur très grande majorité confirmés par des agences françaises et européennes du médicament, qui ont tendance à accorder le bénéfice du doute au vaccin.

Restent des malades qui « ont fait état d'un manque de reconnaissance de leur qualité de victime d'effets indésirables », tant de la part de leurs médecins que de la société, allant jusqu'à décrire « des situations de mise au ban du cercle social, voire familial, parce que l'entourage réfute la thèse d'un lien entre les symptômes d'une personne et le vaccin », comme le mentionne l'Office parlementaire d'évaluation des choix scientifiques et technologiques (OPECST), dans un rapport d'étape sur les effets indésirables des vaccins covid et leur pharmacovigilance, publié en juin 2022[91]. « Ces

---

90. PERRIER B., « Covid, contre-enquête sur les effets secondaires des vaccins », (quatre parties), Blast, novembre 2022.
91. https://www.assemblee-nationale.fr/dyn/15/rapports/ots/l15b5263_rapport-information#

personnes déplorent être catégorisées "antivax" et "complotistes" alors qu'elles ont justement adhéré à la vaccination», rapporte l'OPECST en évoquant une ambiance générale de minimisation des effets indésirables responsable d'une stigmatisation des victimes, dont «il apparaît essentiel que les autorités prennent la mesure». Et les rapporteurs d'en conclure que «la confiance ne peut se construire que si l'on reconnaît que certaines personnes souffrent d'effets indésirables, qui, pour une part d'entre elles, se trouvent marginalisées».

Alors que les systèmes de pharmacovigilance pulvérisaient tous leurs records, le sujet des effets secondaires des vaccins covid a été regardé de travers, et largement nié. D'ailleurs, quand j'ai enquêté dessus et ai donc appelé pour l'interroger Alain Fischer, devenu lors de la crise sanitaire président du Conseil d'orientation de la stratégie vaccinale, il m'a vite éconduit au bout du fil en me lâchant : «les effets indésirables sont tout sauf un sujet». Face aux milliers de déclarations d'événements graves, il a réagi de la même manière que face au président d'E3M : «Une déclaration ne signifie pas un lien de cause à effet», me sermonna le surnommé Monsieur vaccin avec fermeté. Effectivement, subir une crise cardiaque, comme un syndrome de fatigue chronique ou tout autre événement indésirable après une vaccination ne signifie pas que cette dernière en est responsable. Mais le principe même de la pharmacovigilance est de tenir compte de ces événements post-vaccinaux qui peuvent témoigner d'effets secondaires, et sont donc à envisager comme pouvant en être quand ils se répètent. Or Alain Fischer applique plutôt une règle de base de l'Église de vaccinologie en matière de sécurité : tout ce qui n'est pas indubitablement prouvé n'existe pas, ou du moins on agit comme si. Ce qui amena notre prêcheur à concéder un aveu : « Il est vrai que le vaccin AstraZeneca a provoqué de façon rare des thromboses, et ceux à ARN messager ont pu causer de très rares myocardites et péricardites après la deuxième dose. Mais il n'y a rien d'autre », m'assura le professeur Fischer avant de mettre un terme à notre échange, en obscurantiste. Car en cantonnant le sujet à ces deux effets prouvés et reconnus afin d'en faire un non-sujet dans lequel tout serait sous contrôle, il occultait les dizaines de signaux émis, y compris certains ne faisant aucun doute pour le réseau de la pharmacovigilance française comme l'hypertension artérielle ou les problèmes de cycles menstruels. Monsieur Vaccin se montrait également sans le moindre égard pour un système de pharmacovigilance transparent comme le VAERS américain[92], qui a recensé par dizaines de milliers des cas de myocardites, mais aussi de réactions allergiques sévères, de zonas, de paralysies, d'attaques cardiaques ou de morts survenues pour la plupart le jour de la vaccination ou ceux qui suivent. Le non-sujet s'avère en réalité plutôt vaste, et cette réalité a justifié une enquête parlementaire de l'OPECST, elle-même ignorée.

Saisi par le Sénat, où une pétition lancée par un cardiologue non vacciné avait recueilli plus de 30 000 signatures en quelques semaines pour réclamer l'ouverture d'une commission d'enquête sur les effets secondaires des vaccins covid, l'OPECST devait répondre aux inquiétudes. L'office a pour cela mené une trentaine d'auditions avec des experts de la vaccination et de la pharmaco-vigilance, des représentants de malades et quelques voix critiques pointant le nombre élevé et inédit d'événements indésirables graves observés avec ces vaccins, certains allant jusqu'à parler

---

92. https://openvaers.com/covid-data

d'hécatombe. Chaque point de vue a été entendu, y compris celui de figures de la mouvance dite antivax. Mais en reconnaissant la réalité du problème des effets secondaires, tout en saluant l'efficacité d'un système de pharmacovigilance français qui a permis de faire remonter une centaine de signaux d'alerte pour l'ensemble des vaccins covid malgré un manque de moyens criant face à la déferlante de déclarations, le rapport d'étape de l'OPECST a détonné par sa mesure sur ce sujet ultra passionnel qui a divisé jusque dans les foyers, dans un mélange de déni et d'exagération des bienfaits comme des méfaits supposés de cette vaccination. «Nul ne peut accepter une telle polarisation de la société entre les défenseurs du vaccin et ceux qui craignent qu'ils soient la cause d'effets indésirables nombreux et graves», tinrent d'ailleurs à affirmer solennellement les trois rapporteurs, un député et deux sénatrices, en appelant à se référer à «la vérité scientifique, qui n'exclut pas les nuances et peut évoluer», après avoir considéré comme nécessaire «une communication transparente et complète sur l'existence d'effets indésirables».

«Il vaut mieux parler de ce sujet que le mettre sous le tapis», me déclara la sénatrice et pédiatre Florence Lassarade[93], après la publication de ce rapport d'étape en juin 2022, avant les élections législatives. Il demandait à être «complété par un rapport final dans lequel nous formulerons nos recommandations», précisait la rapporteuse, en le prévoyant pour la fin de l'été ou l'automne. Parmi les recommandations possibles, elle envisageait de préconiser le vaccin pour ceux qui en auraient vraiment besoin, en prenant davantage en considération les risques d'effets secondaires, par exemple, pour les enfants quasiment exempts de formes graves de

---

93. PERRIER B., «Viral 14/Reconnaître l'indésirable», Blast, juin 2022.

la maladie ou les anciens malades du covid long, dont beaucoup ont vu leurs symptômes réapparaître après leur vaccination. J'ai donc attendu le rapport final de cette commission d'enquête parlementaire qui, pour la première fois, posait sereinement la question de ces effets indésirables, mais les mois sont passés et rien n'est paru. Après que Cédric Villani, battu aux législatives de juin 2022, eut laissé sa place de président à un député macroniste, le nouveau bureau de l'OPESCT a en effet considéré non prioritaire le sujet des effets secondaires des vaccins covid. Il n'y a donc pas eu de rapport final dédié à cette question aussi sensible que largement occultée[94].

Acte de foi

Dans un article de la revue *Science*, consacré à un début d'acceptation d'un lien rare entre les vaccins covid et des symptômes de type covid long[95], sont clairement évoquées les réticences de chercheurs à travailler sur un sujet qui pourrait les amener à identifier des effets indésirables de nature à alimenter le discours antivax et à réduire la confiance dans la vaccination. Cela rappelle les

---

94. Les effets indésirables des vaccins covid ont tout de même été traités dans un nouveau rapport de l'OPECST, rendu public le 30 mai 2024. Il n'a cette fois été pris comme intervenants que des représentants institutionnels du système de santé français et on a écarté toute voix dissonante. Le contenu beaucoup plus convenu s'avère assez différent du rapport d'étape de 2022. Ce rapport n'est en outre pas dédié aux effets indésirables des vaccins covid puisque s'y ajoutent trois autres sujets : le covid long, les nouveaux outils de surveillance épidémiologique et la désinformation.
Voir à ce propos l'interview de Florence Lassarade réalisée pour ma lettre d'information, *Raison sensible*. PERRIER B., « On est là pour sortir de la crise sans état d'âme sur la nécessité de vacciner », *Raison sensible*, Juillet 2024.
95. COUZIN-FRANKEL J. et VOGEL G., « Rare link between coronavirus vaccines and long covid illness starts gain acceptance », *Science*, juillet 2023.

incitations à être «raisonnable et responsable» reçues par Miroslav Radman quand il proposait à des collègues scientifiques de mener des recherches pour savoir si les vaccins covid à ARNm ou à adénovirus pouvaient s'intégrer dans le génome. Une intégration déclarée impossible par les autorités scientifiques et les *fact-checkers* tandis que des opposants à la vaccination soutenaient au contraire que ces vaccins allaient faire de nous des organismes génétiquement modifiés, sans que l'on n'en sache rien vu qu'aucune étude n'avait été menée pour le rechercher. Miroslav a finalement pu en lancer une avec notamment la collaboration d'un médecin croate. Cette étude consiste à comparer à l'aide de séquençages de l'ADN récolté dans des biopsies de foie réalisées sur des personnes avant et après leur vaccination. «Étant donné la grande quantité d'ARNm présente dans les vaccins covid et l'existence de traces significatives de l'activité de la transcriptase inverse dans les cellules humaines non infectées, nous souhaitons savoir si cette transcriptase inverse a pu permettre de retranscrire de l'ARNm en un ADN dont une partie se serait insérée dans le génome par une recombinaison dite non-homologue, un type de recombinaison d'ailleurs plus probable avec des vaccins à vecteurs adénovirus qui sont déjà sous forme d'ADN», indique Miroslav Radman dont l'expérience se mène avec ces deux types de vaccins. Elle est encore en cours en cet été 2024, et «pour le moment, nous n'avons pas réussi à trouver la preuve formelle d'une insertion, c'est-à-dire l'identification d'une jonction entre des séquences vaccinales et génomiques», ajoute le biologiste, en précisant que le travail de séquençage n'est pas terminé.

En attendant les résultats de cette étude initiée par Miroslav Radman, demeure ce constat formulé en septembre dernier par le spécialiste américain de la génomique du cancer, Phillip Buckhaults : «il n'y a aucune preuve de modification du génome, car, à ma connaissance, personne n'a cherché »[96]. Ignorant qu'une première étude avait débuté en Europe, ce chercheur avait personnellement confirmé une découverte faite précédemment en 2023 : la contamination du contenu des vaccins Pfizer par un grand nombre de fragments d'ADN. À l'origine très sceptique sur cette affirmation, Buckhaults a entrepris de la réfuter en menant sa propre analyse. Mais il a en fait trouvé lui-même des milliards de fragments d'ADN, ce qui l'a incité à poser la question du risque que ces derniers puissent s'intégrer dans le génome, et potentiellement provoquer des cancers. Sans dramatiser, il a donc invité à mener les recherches[97] et à prendre les mesures nécessaires afin de mieux sécuriser un vaccin conçu dans l'urgence. Une démarche qu'une étude publiée en décembre 2023 dans *Nature* incite également à suivre[98]. Elle a permis d'apprendre qu'une des caractéristiques clés des vaccins de ce type, la modification de certains de leurs nucléotides permettant d'augmenter la stabilité de l'ARN messager, peut provoquer des erreurs de lecture dans la traduction de cet ARN vaccinal en protéine. Résultat, les protéines obtenues risquent ne pas être celles attendues. Les auteurs de la publication préviennent que ce type d'erreur est susceptible de diminuer l'efficacité et d'augmenter la toxicité de futurs traitements à base d'ARNm, après avoir indiqué qu'« aucun effet indésirable n'a été signalé à la suite d'une mauvaise traduction des vaccins contre le SARS-CoV-2 ». Mais ils précisent aussi qu'aucune étude n'avait jusqu'alors cherché à savoir

---

96. «An interview with Buckhaults about DNA contamination in covid vaccines... and the FDA réponds », Maryanne Demasi, reports, septembre 2023.
97. Phillip Buckhaults testerait lui-même actuellement des échantillons de tissus humains à la recherche de fragments d'ADN qui pourraient s'être intégrés dans le génome et provoquer des mutations conduisant au cancer.
98. MULRONEY T. *et al.*, « N^1-methylpseudouridylation of mRNA causes +1 ribosomal frameshifting », *Nature*, décembre 2023.

si la modification des nucléotides de l'ARNm pouvait affecter sa transcription en protéine. Une question qualifiée de fondamentale.

Ces récentes découvertes, comme l'attente du résultat de l'étude initiée par Miroslav Radman, rappellent finalement que les vaccins sont exemptés, avant leur mise sur le marché, de certaines études comme celles de génotoxicité et de cancérogenèse. Ce régime de faveur a été appliqué avec une procédure très accélérée pour les nouveaux vaccins à ARN messager, utilisés pour la première fois en population humaine et accueillis comme des sauveurs dotés du pouvoir quasi suprême de mettre fin à la pandémie. Une sorte d'acte de foi.

Durant l'été 2021, le gouvernement certifiait que le vaccin allait permettre d'empêcher les contaminations et de stopper la transmission du coronavirus, avec un Jean Castex clamant au journal télévisé de TF1 que les personnes doublement vaccinées «n'ont plus de chance d'attraper la maladie». Une affirmation que le Premier ministre disait bien entendu fondée «sur les avis des autorités scientifiques», tandis qu'Olivier Véran, ministre de la Santé, prétendait devant le Parlement que «si tout le monde est vacciné, il n'y a plus de virus». Cette pseudoscience justifia le pass sanitaire restreignant l'accès aux restaurants, aux cafés ou aux activités sportives, entre autres lieux de socialisation et de vie. Le gouvernement savait pourtant, depuis le début du printemps 2021, que le vaccin était peu efficace pour éviter la transmission et la contamination, comme l'a révélé Jean-Paul Delfraissy, le président du Conseil scientifique[99]. L'automne suivant ne fit que le confirmer de façon

---

99. DELFRAISSY J.-F., «La vérité sur le covid, les vaccins et les tartuffes de la télé», interview à TV 5 monde, octobre 2023.

de plus en plus flagrante, jusqu'à l'arrivée du variant Omicron qui provoqua une vague d'infections sans précédent dans toute la population malgré une troisième dose. Le président Macron y répondit par l'instauration d'un pass vaccinal plus stricte, car ne permettant plus d'accéder à un cinéma ou une terrasse avec un test négatif. Une aberration scientifique alors que les vaccinés, plus contaminés que jamais, pouvaient y transmettre le virus en masse.

En dépit du bon sens, le vaccin restait ce totem encore brandi le 6 janvier 2022 par Rémi Salomon, président de la commission médicale de l'APHP, interrogé sur France Info[100] pour réagir à la déclaration d'Emmanuel Macron qui avait avoué que son but était d'«emmerder les non vaccinés». Le médecin expliqua que «ce qui compte, c'est le fond du message», à savoir «un aspect de solidarité», car «le vaccin, c'est aussi protéger les autres». En fidèle croyant, il annonça que «si tout le monde était vacciné, il n'y aurait pas de crise sanitaire», et l'assortit d'une bonne parole de l'évangile vaccinologue, en guise de message aux réfractaires qui auraient eu peur d'effets secondaires à long terme après un an de vaccination covid : «il n'y a pas d'effets secondaires à long terme, comme avec aucun vaccin». Avec un recul d'à peine plus de six mois pour la majorité des Français vaccinés contre le coronavirus, et en se gardant de préciser que les effets à long terme, par nature difficiles à détecter, ne sont pas recherchés, Rémi Salomon oscillait en fait entre croyance et obscurantisme.

Il y aurait tant à dire sur cette vaccination contre le covid, perçue comme la solution ayant imposé des obligations de fait dans la

---

100. «Covid-19 : "Si tout le monde était vacciné, il n'y aurait pas de crise sanitaire", souligne Rémi Salomon, de l'AP-HP», France Info, janvier 2022.

plupart des pays ayant les moyens de se payer des doses à répétition. Une immense confiance y a été accordée à des laboratoires comme Pfizer, dont le président s'est targué sur Twitter d'un vaccin « 100 % efficace dans la prévention des cas de covid-19 »[101] et a négocié par SMS, avec la présidente de la Commission européenne, des contrats mirobolants faisant de son ARN une poule aux œufs d'or, sans risque pour la compagnie pharmaceutique en cas d'effets indésirables, les éventuelles indemnisations étant prévues à la charge des États acheteurs. Ces effets secondaires étaient bien sûr jugés non préoccupants, selon l'évaluation menée par le fabricant lors d'essais cliniques dont la réanalyse indépendante a toutefois révélé une augmentation de 36 % des événements indésirables graves pour le vaccin Pfizer, touchant 18 vaccinés sur 10 000. L'étude[102] concluait sur la nécessité de reconsidérer le bénéfice-risque des vaccins avec des analyses qui distingueraient désormais les vaccinés en fonction de leur risque de développer une forme grave de covid. En disposant cette fois de l'ensemble des données et des résultats concernant les participants aux essais cliniques, ce qui n'était pas le cas avec les études ayant permis les mises sur le marché. Mais nos autorités sanitaires s'en sont contentées et ont pris pour acquises les données présentées par Pfizer pour recommander, si ce n'est imposer la vaccination à l'ensemble de la population, y compris les enfants malgré un rapport bénéfice-risque douteux.

---

101. https://twitter.com/AlbertBourla/status/1377618480527257606?s=20&utm_source=substack&utm_medium=email
102. FRAIMAN J. *et al.*, « Serious adverse events of special interest following mRNA COVID-19 vaccination in randomized trials in adults », *Vaccine*, septembre 2022.

Dans une étude publiée par *The Lancet,* la présomption d'efficacité en faveur de la vaccination des enfants n'a pas nécessité de données fournies par les fabricants. Réalisée sur l'ensemble des enfants et adolescents du Danemark, elle cherchait à évaluer l'intérêt de les vacciner pour éviter le PIMS, syndrome inflammatoire multisystémique pédiatrique, qui constitue la principale et très rare complication grave du covid pour cette classe d'âge. Le résultat était spectaculaire avec une efficacité du vaccin contre le PIMS estimée à «94 % chez les individus âgés de 5 à 17 ans». Mais comme je l'ai montré dans une de mes chroniques sur Blast[103], ce chiffre relevait de la manipulation grossière. Avec un tour de passe-passe statistique sur des résultats bruts qui montraient en fait une protection avoisinant seulement les 50 %, et un oubli ahurissant dans le groupe des vaccinés : celui des enfants danois de moins de douze ans, pour qui la vaccination n'était pas encore ouverte au moment où fut réalisée l'étude. Or c'est l'âge où l'on trouve l'immense majorité des cas de PIMS, et l'étude les incluait dans ses résultats en retenant que tous ces malades étaient non vaccinés. Une évidence puisqu'aucun enfant de cet âge ne l'était. On ne pouvait donc rien en déduire sur l'efficacité de la vaccination les concernant, mais était tout de même tirée la conclusion d'une efficacité de 94 % les incluant. Un nouvel acte de foi appelant ici à la vaccination d'une population quasi exempte de forme grave, et une pure *fake news*, validée comme de l'information scientifique de premier choix par sa publication dans l'une des revues médicales les plus prestigieuses alors que la simple lecture de l'article permettait de comprendre la supercherie.

---

103. PERRIER B., «Viral 12/le *Lancet* se fait trompeur, et l'AFP débunke ailleurs», Blast, mai 2022.

Un manque de science

«Nous nous sommes trop reposés sur des études médiocres pour évaluer l'efficacité et la sécurité de ces vaccins», déclare le professeur de médecine et épidémiologiste John Ioannidis, dans une enquête du *Monde diplomatique*[104], où il considère essentiel de «recourir à des essais cliniques randomisés pour appréhender l'intérêt des stratégies vaccinales possibles, par exemple pour les rappels». Or ce type d'étude a été réalisé uniquement par les laboratoires pharmaceutiques pour évaluer l'efficacité de leurs produits sur les formes symptomatiques de covid, qui a permis leur mise sur le marché très rapide. Sur des questions aussi importantes que la transmission, les décès, les hospitalisations, ces essais cliniques n'ont pas apporté de réponses, tout comme sur les différences entre les populations vaccinables, qu'il s'agisse d'enfants, de femmes enceintes ou de personnes âgées. «On ne disposait d'aucune garantie de sûreté ni d'efficacité, et de nombreuses incertitudes subsistaient», rappelle dans ce même article Peter Doshi, professeur de pharmacologie et rédacteur en chef du *British Médical Journal*. Mais, poursuit-il, «les gouvernements et l'OMS ont qualifié ces vaccins de "sûrs et efficaces", une formule habituelle pour les médicaments mis sur le marché par la procédure usuelle. Dès lors, la vaccination de masse est devenue l'une de ces politiques, dont l'ampleur même exclut qu'on en envisage l'échec». Ce qui se traduit par de l'obscurantisme sur toute donnée contradictoire.

---

104. DENOYEL A., «Vaccins et covid, aux origines d'une défiance», *Le Monde diplomatique*, avril 2023.

L'accueil réservé à une étude publiée en avril 2023[105] renvoie à cette incapacité à remettre en question la politique vaccinale mise en œuvre pendant la pandémie. Elle a été dirigée par le professeur Christine Benn et supervisée par Peter Aaby, anthropologue et épidémiologiste danois, reconnu pour sa découverte dans les années 1990 des effets des vaccins non spécifiques à la maladie qu'ils visent à prévenir. En comparant dans une méta-analyse les résultats des essais randomisés des vaccins à ARN messager Pfizer et Moderna et ceux des vaccins à vecteur adénovirus comme l'AstraZeneka et le Jonhson & Jonhson, leur étude révèle que ces derniers sont associés à une mortalité globale nettement plus faible. Précisons que dans ces essais cliniques où l'efficacité a été jugée sur le critère des infections symptomatiques, la mortalité toutes causes observées avec les vaccins ARN était identique à celles des groupes placebo. Elle était en revanche réduite de 63 % avec les vaccins à adénovirus qui présentaient aussi un meilleur résultat sur la mortalité due au covid, avec une diminution significative de 89 %, celle des vaccins ARN n'étant que de 60 %, et non significative. Dressant ce constat, la méta-analyse suggère que, non seulement les vaccins à adénovirus offrent une bonne protection contre les décès dus au covid, mais qu'ils auraient aussi des effets bénéfiques non spécifiques, réduisant le risque d'autres maladies. Ils semblent en particulier offrir une protection contre la mortalité causée par des problèmes cardio-vasculaires, avec une diminution du risque très notable de 100 % par rapport au groupe placebo, tandis que ce risque augmente au contraire de près de 50 % avec les vaccins ARN.

---

105. Benn C. S. *et al.*, « Randomise clinical trials of COVID-19 vaccines: Do adenovirus-vector vaccines have beneficial non-specific effects? », iScience, mai 2023.

«C'est une étude intéressante qui mérite d'être prise en compte dans la prise de décision », estime John Ioannidis. D'autres études effectuées sur des populations bien plus importantes, dites en vie réelle, ont toutefois apporté des résultats contradictoires, comme celle réalisée en France par le groupement EPI-PHARE, qui a trouvé chez les moins de 75 ans, dans les trois semaines suivant la vaccination, une légère augmentation du risque d'accident cardio-vasculaire grave avec les vaccins à adénovirus, et pas avec ceux à ARN[106]. Mais «même si elles sont globalement bien faites et permettent de recueillir davantage d'événements et donc de décès, les études observationnelles sont sujettes à une longue liste de biais, ajoute Ioannidis. C'est pourquoi il conviendrait de réaliser des essais randomisés contrôlés comparant directement les deux types de vaccins afin de savoir ce qu'il en est véritablement. »

Ce à quoi invitent également les auteurs de la méta-analyse, en préconisant des essais dédiés à cette comparaison sur un temps plus long. Mais si une différence sur la mortalité globale se confirmait, elle aurait un «impact majeur sur la santé mondiale », préviennent-ils, avant de relever qu'ironiquement les pays riches ont mis l'accent sur l'ARN messager, beaucoup plus onéreux, en raison d'une efficacité à court terme légèrement meilleure et d'un risque rare de thrombose avec les vaccins à adénovirus, principalement AstraZeneka. Un choix compréhensible dans le contexte de la pandémie, mais ne pas le réévaluer avec un coronavirus devenu endémique pourrait s'avérer «une décision coûteuse aussi bien sur le plan économique que sanitaire », conclut cette étude, passée inaperçue. S'appuyant sur le critère majeur que constitue la

---

106. «Vaccins Covid-19 et événements cardio-vasculaires chez les 18-74 ans », EPI-PHARE, janvier 2022.

mortalité, elle pose pourtant une question non négligeable : doit-on changer de vaccin contre le covid ?

Serions-nous là face à un nouvel exemple de données obscurantisées ? Ignorées, elles ne suscitent pas de débat bien qu'elles soient ici présentées dans une revue scientifique par la méta-analyse d'essais randomisés contrôlés, le meilleur niveau de preuve. Les vaccins à ARN n'y démontrent pas d'efficacité pour réduire les décès alors que ceux à vecteur adénovirus présentent des résultats manifestement plus convaincants. Or ces derniers ont été mis hors-jeu de la stratégie vaccinale, car ils peuvent provoquer des thromboses, un risque mortel que l'Agence européenne du médicament a d'abord nié avant d'accepter sous pression de le reconnaître. L'écho médiatique a alors discrédité le vaccin AstraZeneka, et d'autres signaux le concernant émis par la pharmacovigilance ont ensuite été confirmés par les agences françaises et européennes, plus que réticentes à faire de même avec des vaccins ARN pour lesquels ont également été repérés de multiples types d'événements indésirables, dont les thromboses vénales cérébrales. Une étude publiée dans le *BMJ*[107] a d'ailleurs montré que si l'augmentation du risque d'en subir une était légèrement supérieure avec l'AstraZeneka qu'avec le Pfizer, un risque accru de ce type de thrombose existe pour les deux. Sans que cela ait été confirmé pour ceux à ARN par des autorités sanitaires, qui semblent plus enclines à reconnaître des effets indésirables aux vecteurs adénovirus, comme s'ils avaient été sacrifiés après que l'Agence européenne du médicament eut dû admettre ce risque de thrombose, attribué de manière exclusive. Avec

---

107. Hippisley-Cox J. *et al.*, « Risk of thrombocytopenia and thromboembolism after covid-19 vaccination and SARS-CoV-2 positive testing: self-controlled case series study », *BMJ*, août 2021.

comme conséquence le passage par pertes et profits de données qui montrent une nette supériorité de l'AstraZeneka sur la mortalité. Un vaccin que le laboratoire a fini par retirer du marché en mai 2024 en le justifiant par des «raisons commerciales», un «déclin de la demande». «Quel était réellement son effet global sur le système immunitaire et en matière de mortalité ou de morbidité?, s'interroge Frederik Schaltz-Buchholzer, co-auteur de l'étude de Christine Benn et Peter Aaby. Malheureusement, on n'en saura jamais plus sur ce vaccin alors qu'il a peut-être bien été globalement bénéfique sur la santé, malgré les événements indésirables subis par certains receveurs, y compris ces cas effrayants de thrombose. »

L'étude danoise amène à penser science et rapport bénéfice-risque. Oui, le vaccin AstraZeneka avait des effets indésirables potentiellement mortels, mais le Pfizer en a aussi. Il existe également un risque indéniable de mourir du covid, essentiellement pour des populations âgées ou atteintes de comobordité. Un vaccin est donc bénéfique s'il les préserve des formes graves de la maladie, y compris s'il présente lui-même des risques. Tout est une question de rapport bénéfice-risque, et le rôle de la science vaccinale devrait être de l'évaluer en toute transparence et en fonction des populations ciblées avant de livrer ses recommandations. Cela n'a pas été fait avec les vaccins covid à ARN messager pour lesquels un bénéfice-risque très positif a été présumé pour l'ensemble de la population. Mais si les données des essais randomisés avaient été confirmées, il aurait pu s'imposer de recommander de recourir aux vaccins adénovirus, aujourd'hui mis hors-jeu, aux personnes les plus à risque de mourir du covid. Surtout à celles présentant des risques cardio-vasculaires que ces vaccins paraissent prévenir alors que ceux à ARN auraient tendance à causer, contrairement à ce qu'a observé EPI-PHARE.

«Remarquable synthèse des données d'essais cliniques sur les vaccins covid, l'article de Peter Aaby incite à reconsidérer les recommandations, mais cela n'arrivera pas, car on refusera de reconnaître avoir pu faire un mauvais choix avec l'ARN messager», m'avait assuré le professeur de médecine de l'APHP qui m'a fait découvrir ce papier. L'engagement a, en effet, été d'une ampleur telle que l'on a probablement préféré regarder ailleurs plutôt que de reconnaître une erreur. Il est pourtant désormais évident que l'efficacité des vaccins à ARN a été surestimée, et leurs effets indésirables minimisés. Loués comme la prouesse technologique qui seule pouvait nous sauver du covid et nous éviter le reconfinement, ils n'en ont pas moins porté à un sommet la sacralisation que Romain Gherardi et Angélique Del Rey dépeignent, avec son corollaire : une critique impossible alors que s'entretient l'idéologie selon laquelle la vaccination aurait le pouvoir d'éradiquer les maladies, comme si l'éradication de la variole, un cas unique, en avait fait une nouvelle loi naturelle. Ce mythe suscite une politique médicale allant vers le tout vaccinal, chaque vaccin possible se devant d'être réalisé, et massivement utilisé, comme l'exigerait le progrès que cela symbolise. Plus qu'une technologie de santé publique, le vaccin incarne pour ses fidèles le pouvoir de la rationalité, la capacité de l'homme moderne à l'emporter face à la menace de la nature que représentent les épidémies. Le remettre en cause, non pas en niant l'utilité de la vaccination, mais en questionnant son usage et ses résultats sans négliger l'incertitude qui existe sur la réalité d'effets indésirables sous-étudiés, c'est s'en prendre au sacré de la modernité. Une croyance dont tout infidèle passera pour un ennemi de la raison. Le livre qui le décrypte ne pouvait donc pas paraître, bien qu'il soit particulièrement documenté, et on ne peut plus rationnel.

La rationalité se trouve aussi dans l'étude de Benn et Aaby et dans l'analyse scientifique des bénéfices et des risques des vaccins covid qu'elle aurait dû alimenter. Les prêtres de la vaccinologie s'en sont bien gardés, tout comme leurs farouches opposants qui diabolisent des «injections géniques expérimentales», sans reconsidérer l'intérêt de vaccins à vecteur adénovirus malgré des données positives sur la mortalité. Chacun conserve ses partis pris, et la sacralisation de la vaccination l'éloigne de la science, tout en suscitant une opposition de plus en plus radicale. L'obscurantisme gagne du terrain de chaque côté, au détriment d'une médecine censée être basée sur la preuve.

CHAPITRE 7 : QUELLE MÉDECINE BASÉE SUR QUELLES PREUVES ?

Dans les années 1990, la médecine serait comme entrée dans une nouvelle ère, celle d'un concept qui s'est alors formalisé et a vite été considéré comme un paradigme : l'*Evidence Based Medicine* (EBM). À savoir une médecine dite basée sur les preuves, qui a systématisé l'usage de données d'études cliniques pour évaluer l'intérêt de telle ou telle thérapeutique et prescrire aux patients uniquement celles qui auraient ainsi démontré leur utilité. Depuis quelques décennies s'était déjà développée la pratique de l'essai randomisé contrôlé (ERC) visant à juger de l'effet d'un médicament. Cela consiste à le tester en l'administrant à un groupe de patients tandis qu'un autre groupe, dit de contrôle, se voit attribuer un traitement de référence ou un placebo. La randomisation affecte par tirage au sort chaque participant de l'essai à l'un des groupes, le hasard garantissant l'homogénéité de ces derniers. Pour une évaluation optimale, on utilise le principe du double aveugle, ou plus exactement du double insu, selon lequel patients et médecins ne sont pas informés du groupe auquel ils sont affectés et de ce qu'ils prennent ou administrent, donc sont sans préjugés. Dans ce cadre rigoureux, on va comparer les résultats et, si son groupe en obtient de meilleurs que ceux du groupe contrôle, le médicament testé prouve qu'il apporte un progrès.

Avec l'EBM, l'essai randomisé contrôlé a été consacré comme le mode d'évaluation le plus sûr, incontournable pour la mise sur le marché de nouveaux médicaments. Leur autorisation s'avère ainsi conditionnée à la réussite de cette épreuve clinique, considérée comme la meilleure garantie de l'utilité d'un traitement.

Lors d'une enquête sur ce sujet[108], Thomas Borel, directeur scientifique du LEEM, l'organisation professionnelle rassemblant en France les laboratoires pharmaceutiques, m'avait assuré que « les essais cliniques apportent des réponses fiables, car on parle de science, d'accumulation de preuves. » Le socle argumentatif de cette EBM, qui aurait donc fait de la médecine une discipline véritablement scientifique à l'efficacité prouvée. Ce que relativisait le médecin et essayiste Luc Perino : « La prétention de l'EBM est doublement fausse, relevait ce spécialiste de la médecine clinique. D'abord parce que la médecine ne l'a pas attendue pour reposer sur des preuves d'efficacité et surtout, car, de façon assez orwellienne, on a sorti cette expression quand la preuve devenait quasi inaccessible. Il était facile de prouver l'utilité d'un antibiotique, mais la preuve s'avère relative pour des médicaments visant à traiter et à prévenir des maladies chroniques multifactorielles. » Celles qui du cancer aux problèmes cardiovasculaires, constituent de véritables défis pour la médecine, mais aussi de gigantesques mannes financières pour une industrie pharmaceutique délivrant des médicaments qui ne vont généralement pas

____

108. PERRIER B., « Échantillon biaisé, indicateurs arbitraires... Comment des études scientifiques peuvent être faussées », *Marianne*, septembre 2020.

guérir. Seulement faire vivre avec une maladie ou un problème de santé face auxquels ils ont dû prouver leur intérêt, mais si la guérison d'une septicémie par un antibiotique ne souffrait pas de contestation, il en est autrement de la promesse d'une réduction de 10 % du risque de mourir d'une crise cardiaque. Pour l'étayer, il faut un essai clinique, avec un grand nombre de patients inclus sur une longue durée, et des résultats démontrant qu'un nombre significativement moins élevé de personnes sont mortes avec le médicament testé. La statistique atteste alors d'une médecine ayant scientifiquement fait ses preuves.

Loin de nier l'intérêt de l'EBM, Luc Perino voit dans cette méthode probabiliste un incontestable progrès qui constitue en fait l'aboutissement de plus d'un siècle d'évolution d'une évaluation de la pratique médicale consistant à comparer deux populations de patients : l'une soignée avec un traitement, l'autre non. Il l'a rappelé dans un article de la revue *Médecine*[109], où il s'emploie néanmoins à soulever les problèmes que posent le monopole acquis par l'EBM avec, chez ses partisans, une tendance à taxer d'obscurantiste l'analyse individuelle et le bon sens du clinicien dès lors qu'ils conduisent à émettre une critique ou à remettre en cause la prépondérance d'une médecine basée sur les mathématiques. Ce que ne préconisait pas David Sackett, l'un des pères fondateurs de l'EBM, qui appelait à conjuguer « l'expertise clinique individuelle avec les meilleures preuves cliniques »[110]. Or Perino déplore qu'un nouveau dogmatisme ait formaté la pensée clinique en la soumettant exclusivement et de manière inconditionnelle aux résultats d'essais

109. PERINO L., « Evidence Based Medicine: critique raisonnée d'un monopole », *Médecine*, 2013.
110. SACKETT D. *et al.*, « Evidence Based Medicine: what it is and what it isn't », *BMJ*, 1996.

cliniques qui ne sont pourtant pas infaillibles. Et ce au détriment de la prise en compte de la biographie du patient, de son profil psychologique et socioprofessionnel, ou de tout autre critère invitant à une individualisation du soin dont l'ignorance fait en réalité preuve d'obscurantisme ou de fanatisme.

La médecine de l'industrie pharmaceutique

Luc Perino attire ainsi l'attention sur les travers d'une EBM dont il remarque, comme d'autres, les limites structurelles. Notamment, le coût très élevé des essais cliniques, et son corollaire : « l'EBM est ainsi devenue la "propriété" quasi exclusive des industries sanitaires, avec les dérives que l'on connaît, et des objectifs qui coïncident rarement avec les objectifs prioritaires de santé publique », souligne le médecin. Praticien de l'évaluation des thérapeutiques, Bruno Fallissard parle, quant à lui, d'une crise dans ce domaine, qui se manifeste d'abord par le « ticket d'entrée » imposé à qui veut lancer un essai clinique de phase trois, celui permettant la mise sur le marché d'un médicament. Il peut en effet se chiffrer en centaines de millions d'euros, ce qui conduit à ce monopole de fait pour les seuls acteurs disposant de tels moyens : les grands laboratoires pharmaceutiques.

Ce sont donc des entreprises, dont l'objectif est tout naturellement le profit, à qui revient la mission de financer, et donc de diriger, l'essentiel de la science médicale, ou du moins celle qui permet de prouver l'utilité d'un médicament. Dépeignant en détail comment cette industrie joue avec notre santé[111], en usant parfois

---

111. Borch-Jacobsen M. (coord.), *Big Pharma, une industrie toute-puissante qui joue avec notre santé*, Les Arènes, 2013.

de méthodes qui ont pu être très sérieusement comparées à celles du crime organisé[112], plusieurs livres ont déjà décrypté la façon dont Big Pharma est parvenue à s'accaparer le pouvoir avec l'avènement de l'EBM, qui s'est accompagné d'une main mise sur des essais cliniques devenus des outils marketing.

«Petit à petit, tandis que s'affaiblissait l'expertise indépendante, l'industrie s'est installée aux commandes en étant omniprésente à tous les étages décisionnels», me résumait Bernard Bégaud, ce professeur de pharmacologie qui présida pendant quatorze ans le groupe d'experts essais cliniques à l'Agence du médicament. Auteur d'un livre qui dresse un état des lieux dramatique[113], il y a décrit un niveau de connivence, particulièrement alarmant dans notre pays, entre l'industrie pharmaceutique et les autorités de régulation. Avec comme résultat, un gaspillage annuel estimé à 10 milliards d'euros de médicaments inutiles pour la santé, mais susceptibles d'avoir des effets indésirables, et entre 10 000 et 30 000 morts attribuables à ces derniers. Largement indétectée et donc niée, cette mortalité apparaît parfois au grand jour, tardivement, dans le cadre de scandales du médicament, en France comme à travers le monde, de l'affaire du Mediator à celle du Vioxx qui a rapporté au laboratoire Merck des milliards de dollars, mais a fait 40 000 morts aux États-Unis après une mise sur le marché, lors de laquelle on avait omis de déclarer les risques de complications cardiaques létales liées à cet anti-inflammatoire, avec la bénédiction des autorités de régulation. Tout ceci à l'ère de cette médecine basée sur les preuves.

---

112. GØTZSCHE P. C., *Remèdes mortels et crime organisé. Comment l'industrie pharmaceutique a corrompu les services de santé*, PUL, 2015.
113. BÉGAUD B., *La France malade du médicament*, Éditions de l'Observatoire, 2020.

Expert en essais cliniques, Bernard Bégaud souligne que « quand on vérifie un essai en le répliquant, on retrouve très souvent un résultat différent ». Il faut dire que si la médecine s'appuie sur de la science, elle ne constitue pas pour autant une science exacte. D'abord, parce qu'elle concerne un corps humain qui ne réagira pas de la même façon, face à un médicament ou une pathologie, d'un individu ou d'un groupe de personnes à un autre. Mais la recherche médicale dépend aussi de celui qui la mène, la finance, dans une certaine direction et en vue d'obtenir certains résultats. On a déjà évoqué cette question du biais du financement qui se pose pour toute recherche scientifique, mais quand elle concerne un produit susceptible de rapporter des milliards d'euros et de dollars, le commanditaire va évidemment s'attacher à trouver la meilleure efficacité possible. Pour cela, il pourra fréquemment chercher à biaiser sa réalité afin de mettre toutes les chances de son côté pour réussir son essai. « La population testée n'a souvent rien à voir avec celle de la vraie vie, prévient Bernard Bégaud. On choisit des gens plus jeunes, avec moins de traitements associés, et davantage de cas graves susceptibles de bien réagir au médicament. On peut ainsi obtenir un petit résultat qui, présenté habilement, fera croire que le produit est indispensable. »

Sélectionner la population testée en vue d'optimiser l'effet du médicament n'est d'ailleurs pas l'apanage des essais directement effectués par l'industrie pharmaceutique, comme me l'a également signalé le pharmacologue, en revenant sur un modèle du genre datant de 2002 : l'essai *Heart Protection Study,* réalisé par l'unité essais cliniques de l'université d'Oxford et publié dans le *Lancet*[114].

---

114. Heart Protection Study Collaborative Group, « MRC/BHF Heart Protection Study of cholesterol lowering with simvastatin in 20 536 high-risk individuals: a randomised placebocontrolled trial », *The Lancet*, juillet 2002.

Un essai référence en matière de statines, ces molécules qui permettent de faire baisser le taux de cholestérol dans le but de prévenir des maladies cardiovasculaires. Très largement prescrits dans la population, ces médicaments ont été des *blockbusters,* des machines à cash pour une industrie pharmaceutique, dont deux représentants, Merck et Roche, participaient au financement de l'étude, en plus de lui fournir leurs statines. «Tout le monde a applaudi cet essai, mais tout avait surtout été fait pour obtenir le résultat souhaité, se souvient Bernard Bégaud. Il y a d'abord eu un *run in,* un échauffement assez long où les patients sélectionnés n'étaient pas encore tirés au sort, mais surveillés et prétraités avec le médicament. On a éliminé ceux qui avaient des effets indésirables et ceux pour lesquels il n'agissait pas sur le taux de cholestérol, puis on a commencé l'essai.» Une bonne recette pour obtenir un franc succès, avec ici une réduction du risque de mortalité vasculaire de 17 %. Une preuve gonflée, selon une méthode qui répond d'abord aux intérêts des vendeurs de médicaments.

«La profession médicale est achetée par l'industrie pharmaceutique, non seulement en matière de pratique de la médecine, mais aussi quant à l'enseignement et la recherche», alertait, à la fin de l'année où fut publié cet essai clinique, le docteur Arnold Relman, ex-rédacteur en chef du *New England Journal of Medicine (NEJM),* dans un article[115] coécrit avec Marcia Angel qui dirigea également cette revue médicale, l'une des plus prestigieuses au monde. Sept ans plus tard, la même Marcia Angel estimait qu'«il n'est tout simplement plus possible de croire une grande partie des recherches

---

115. Relman A. S., « America's Other Drug Problem: how the drug industry distorts medicine and politics », *The New Republic,* décembre 2002.

cliniques qui sont publiées »[116], une conclusion à laquelle elle était arrivée «lentement et à contrecœur au cours de deux décennies de travail» au *NEJM*. Se référant à la célèbre publication de John Ioannidis[117], Richard Smith, rédacteur en chef pendant 13 ans du *BMJ*, autre revue médicale de tout premier plan, écrivit de son côté, en 2013, dans ce journal que «la plupart des études scientifiques sont fausses, et elles le sont car les scientifiques sont intéressés par leur financement et leur carrière plutôt qu'à la vérité »[118]. Tous pointaient l'influence d'une industrie pharmaceutique qui conduirait à abaisser le niveau des preuves que sont censés constituer des essais cliniques publiés dans les revues les plus illustres, et j'ajoute à leurs propos celui formulé en 2015 par Richard Horton, rédacteur en chef du *Lancet*, toujours en poste. Au lendemain d'un symposium sur la reproductibilité et la fiabilité de la recherche biomédicale, où avait été demandé aux participants de ne pas révéler l'identité des orateurs dont on évoquerait les dires, Horton mit à son tour les pieds dans le plat en entamant son éditorial[119] par un verbatim anonyme rappelant qu'«une grande partie de ce qui est publié est incorrecte». Le patron de *Lancet* l'explicitait ensuite en se référant à «des études avec des échantillons de petite taille, des effets minuscules, des analyses exploratoires invalides et des conflits d'intérêts flagrants, ainsi qu'une obsession de suivre des tendances à la mode d'importance douteuse». Tout cela faisait, selon lui, prendre à la science «un tournant vers l'obscurité», et il reconnaissait la part

---

116. Angel M., « Drug Companies & Doctors: A Story of Corruption », *The New York Review*, janvier 2009.
117. Ioannidis J., « Why Most Published Research Findings Are False », *PLOS Medicine*, août 2005.
118. Smith R., «Time for science to be about truth rather than careers», *BMJ*, septembre 2013.
119. Horton R., « Offline: What is medicine's 5 sigma? », *The Lancet*, avril 2015.

de responsabilité de revues comme la sienne aidant et encourageant «les pires comportements». La bonne nouvelle était que «la science commence à prendre très au sérieux certains de ses pires échecs». La mauvaise que «personne n'est prêt à faire le premier pas pour assainir le système».

Neuf ans plus tard, on ne peut pas dire que cette situation systémique se soit améliorée. Au contraire, et comme l'a déploré John Ioannidis, la crise du covid a provoqué un retour en arrière, se traduisant par une stigmatisation de ceux qui osaient mettre en doute la qualité des données relatives aux produits estampillés Big Pharma. Oubliée la nécessaire vigilance qui incitait à vérifier ces données et à réclamer davantage de transparence d'une industrie pharmaceutique cherchant régulièrement à biaiser la littérature scientifique, la critique légitime a pu se retrouver assimilée à du complotisme ou à un comportement antiscience.

Une évidence inenvisageable

Bref, malgré l'intérêt indéniable d'une méthodologie aussi rationnelle que possible, l'EBM n'apporte pas une assurance de fiabilité. Demeure un problème de réplicabilité, et une réalité pratique qui sera régulièrement celle d'études biaisées dans lesquelles on s'attache à maximiser un effet susceptible d'apporter le label EBM à un médicament. Interrogé sur ces deux points, le représentant de l'industrie pharmaceutique qu'est Thomas Borel en restait à son discours sur des essais cliniques qui apportent les réponses fiables de la science. Il considérait également que l'on peut faire confiance à un système qui permet un double contrôle par la revue des pairs précédant une publication dans les revues scientifiques et par les autorités de régulation avant la commercialisation. « Les garde-fous sont suffisants pour que les médicaments mis sur le marché aient respecté les standards scientifiques de qualité », m'a-t-il certifié, comme dans une forme de déni naturel suggérant que le premier pas dans l'assainissement d'un système dont elle tire profit ne viendra probablement pas de l'industrie.

« C'est marrant comme vous aimez voir les choses qui ne vont pas », m'a lancé l'homme du LEEM quand je l'ai interrogé sur l'usage de *ghost writer*, ces rédacteurs anonymes engagés par des laboratoires pharmaceutiques pour rédiger des articles présentant les résultats d'essais cliniques qui pourront être ensuite signés par d'illustres professeurs de médecine. « Vous imaginez un chercheur de renommée internationale risquer de ruiner sa carrière en signant un article sans en valider les infos ? C'est juste surréaliste ! », répondit Thomas Borel, reconnaissant seulement qu'« il peut arriver qu'un rédacteur scientifique rédige l'article d'un investigateur, mais c'est exceptionnel et je n'en connais pas d'exemple ». Pas même le plus connu, dont il m'a dit ignorer l'existence, la pourtant fameuse étude 329 qui démontra l'absence d'efficacité chez les adolescents d'un antidépresseur, la paroxétine, associée à un risque accru de comportement suicidaire. Sa publication dans une revue de référence conclut néanmoins à une bonne tolérance et à une efficacité contre la dépression sévère chez les ados. Un article écrit par un rédacteur anonyme engagé par le laboratoire pharmaceutique, cosigné par vingt-deux coauteurs avec, parmi eux, de grands noms de la pédopsychiatrie, comme l'a expliqué, dans une conférence donnée en 2019 à Lyon, le professeur en psychiatrie David Healy[120].

---

120. « Study 329 : pire que ce que je pensais pour la paroxétine (Paxil/Seroxat) chez l'enfant avec des manipulations GSK et FDA », *HM Revues et Intégrité*, 2019 ; www.redactionmedicale.fr

Tout en détaillant ce cas d'école de science frauduleuse, vernie d'EBM par un essai randomisé qui a permis de dissimuler de graves effets indésirables avec un système de codage classant les actes suicidaires dans les cases «instabilité émotive» et «hospitalisation», le docteur Healy a rappelé que pléthore d'essais cliniques sur des antidépresseurs ont été trompeurs. En 2016, une méta-analyse portant sur quatorze de ces médicaments a d'ailleurs constaté que seul l'un d'entre eux, le Prozac, avait démontré un effet bénéfique chez les ados[121]. Et encore, pas dans chaque essai, relevait David Healy qui a aussi dénombré des dizaines d'études cliniques publiées au début des années 2 000 sur ces différents antidépresseurs prescrits aux adolescents, toutes positives et rédigées de façon récurrente par des *ghost writer*. Une pratique non pas exceptionnelle, mais plutôt courante encore récemment décrite dans la traduction de l'ouvrage d'un universitaire canadien[122] consacré au «management fantôme» de Big Pharma sur la médecine. Notamment par l'intermédiaire de ces *ghost writer*, mais aussi des organismes de recherche mettant en œuvre les essais cliniques, de leaders d'opinions ou d'associations de patients. Tout un réseau d'acteurs en apparence indépendants, mais sous influence d'une industrie visant à publier dans des revues renommées des essais cliniques qui justifieront la prescription de médicaments. Avec un effet qui peut être durable même quand la science vient démentir les prétentions d'études vantant les mérites de produits tels que ces antidépresseurs qui restent aux États-Unis «les médicaments les plus utilisés par les adolescents si l'on excepte les contraceptifs oraux», comme le notait David Healy, en indiquant

---

121. SANTI P., «Les antidépresseurs inefficaces contre la dépression de l'enfant et de l'adolescent», *Le Monde*, juin 2016.
122. SISMONDO S., *Le management fantôme de la médecine, les mains invisibles de Big Pharma*, ENS Éditions, 2023.

Chapitre 7 : Quelle médecine basée sur quelles preuves ?

qu'ils ont pourtant accumulé depuis 2004 le plus grand nombre d'essais négatifs jamais obtenu pour aucune autre indication dans n'importe quel groupe d'âge.

À l'instar des statines qui ont presque été recommandées à tout un chacun pour prévenir les accidents cardio-vasculaires en exagérant leurs avantages tout en négligeant leurs effets indésirables, les antidépresseurs ont ainsi été prescrits sous couvert d'EBM à une population bien plus large que celle pour qui leur utilité avait été démontrée, en particulier avec ces adolescents chez qui ils ont plutôt tendance à augmenter les pensées suicidaires et les passages à l'acte. « Il y a effectivement eu des essais bidonnés, mais on vit dans ce monde où des médicaments rapportent des milliards, ce qui peut inciter leurs fabricants à prendre le risque de tricher pour gagner beaucoup d'argent », note le pédopsychiatre et biostatisticien Bruno Falissard, qui ne tombe pas pour autant dans le rejet d'une industrie pharmaceutique que l'on ne saurait réduire à ses travers. Le médecin et chercheur reconnaît au contraire son utilité, sa compétence, et il lui arrive de collaborer avec elle sur des essais cliniques. Cet expert de l'évaluation thérapeutique estime néanmoins que « les firmes ne devraient pas faire elles-mêmes les études qui évaluent leurs produits, du moins les essais de phase trois permettant la mise le marché. C'est une évidence que l'on ne veut pas voir, car ce sont elles qui paient ». Une alternative serait de taxer les médicaments ou les entreprises candidates à la commercialisation de leurs produits afin de financer ces essais extrêmement onéreux, qui seraient alors réalisés par des autorités publiques ou indépendantes, mais cette éventualité est apparue totalement inenvisageable pour Thomas Borel. « À chacun son métier et son savoir-faire », m'a répondu le représentant de l'industrie pharmaceutique, en soulignant que son métier nécessitait «un investissement conséquent et une prise de risque considérable». Bruno Falissard en convenait tout à fait, mais considérait aussi que «le métier de l'industrie est de fabriquer des médicaments, pas de les évaluer. La plupart des firmes sont d'ailleurs d'accord avec cela quand je leur en parle, mais le coût énorme de ces essais leur permet de continuer à occuper une position dominante. »

Le biais de financement est ainsi la norme, et implique un problème d'accès à des données qui touchent à la santé publique. Sa forme sans doute la plus obscurantiste consiste à dissimuler des essais négatifs en s'abstenant de les publier, une pratique qui fut courante. À la suite des scandales de la paroxétine et du Tamiflu, antiviral massivement stocké à la fin des années 2000 par les gouvernements sur les conseils de l'OMS pour se préserver d'une pandémie grippale sur la base trompeuse de données tronquées des résultats négatifs[123], des initiatives ont tout de même été prises avec la campagne *All trial* en 2013 et l'instauration, deux ans plus tôt par l'Agence européenne du médicament, d'un registre qui permet un accès aux résultats des essais cliniques et limite de façon très notable le biais de publication. Mais pour Alexis Clapin, médecin ayant travaillé vingt ans dans l'industrie pharmaceutique et auteur d'un véritable petit guide de l'étude biaisée[124], «avoir tous les résultats, c'est bien, mais sans les données individuelles des personnes traitées qui permettent de connaître leur état, le moment de leur entrée et de leur sortie

---

123. https://www.bmj.com/tamiflu
124. CLAPIN A., *Enquêtes médicales et évaluation des médicaments*, Éditions Désiris, 2018.

de l'essai, on ne peut pas identifier les biais correctement». Le *BMJ* exige d'ailleurs depuis 2013 la disponibilité de ces données anonymisées pour ceux qui souhaitent publier un essai clinique dans ses colonnes. Cela n'en fait pas la revue de prestige privilégiée par une industrie pharmaceutique dont le représentant, Thomas Borel, considérait «compliqué d'envisager, notamment pour des raisons de propriété intellectuelle, que ces données soient mises à disposition au-delà des autorités compétentes». On peut comprendre qu'un laboratoire ne souhaite pas divulguer d'importants éléments de recherche dans le cadre de sa stratégie commerciale, mais la connaissance de l'évolution de l'état biologique et clinique des participants de leur entrée à leur sortie d'un essai clinique, qui va conduire à prescrire sur fonds publics un médicament, relève d'abord de l'intérêt général. L'accès pour des chercheurs indépendants à ces informations non publiées s'avère en effet nécessaire à la vérification de l'exactitude et de la pertinence de données touchant à la santé publique. Thomas Borel estime suffisant de les communiquer aux autorités de régulation, là où a pu être observée une tendance à faire confiance à l'industrie, ce qui fera que ces données, pourtant essentielles, ne seront pas forcément utilisées. Surtout en Europe où «l'EMA refuse toujours de les rendre publiques malgré un engagement pris en 2012, et elle ne s'en sert même pas pour vérifier le contenu des études, à la différence de la FDA américaine qui peut le faire», déplore encore Alexis Clapin, pour qui la transparence devrait aujourd'hui s'imposer dans un système d'évaluation des médicaments beaucoup trop dépendant des stratégies marketing de leurs fabricants.

De l'ignorance entretenue face au covid

Ce manque de transparence d'une industrie pharmaceutique, qui refuse de rendre publiques des données importantes, entretient un obscurantisme. Mais il est encore plus flagrant quand des recherches, pourtant justifiées, ne se mènent pas, car elles ne rentrent pas dans les plans marketing de cette industrie disposant d'un quasi-monopole sur les grands essais cliniques. La crise du covid l'a particulièrement montré, malgré un déversement massif d'argent public. On l'a déjà vu avec les vaccins pour lesquels ont manqué des essais permettant d'évaluer leur effet sur la mortalité ou la transmission du virus, ainsi que leur efficacité face aux variants successifs de SARS-CoV-2. Ce problème d'absence d'évaluation fiable a également été patent avec des médicaments envisagés pour traiter le covid, mais n'entrant pas dans la stratégie à haute rentabilité des laboratoires pharmaceutiques, des produits dits repositionnés, c'est-à-dire utilisés pour traiter d'autres maladies que celles pour lesquelles ils ont été initialement mis sur le marché. Plusieurs ont été présentés comme des solutions efficaces pour soigner le covid par leurs partisans, tandis que leurs opposants les dénonçaient comme n'ayant pas fait la preuve de leur efficacité, représentant donc un danger. Avec, bien sûr, le cas le plus célèbre et le plus polémique du traitement prescrit à l'IHU de Marseille par le professeur Didier Raoult, associant l'hydroxychloroquine, un antirhumatismal, et l'antibiotique qu'est l'azithromycine. Une bithérapie qui a donné matière à un feuilleton sans fin...

Selon Bernard Bégaud, «un groupe en charge de coordonner un essai sur tout le pays aurait dû être réuni dès que Raoult a préconisé ce traitement en février 2020, avant que ça ne s'envenime. On aurait eu la réponse en mars, avec les services de l'État en arbitre. Ne pas l'avoir fait constitue une faute grave. » Et le premier signe d'une faillite de la recherche publique française, qui a affligé cet expert de l'évaluation des médicaments. Président du comité scientifique d'EPI-PHARE, un groupement lié à l'Agence du médicament dont la mission est de coordonner des études de pharmacoépidémiologie, Bernard Bégaud rappelle que « des milliers de personnes étaient disponibles dans des structures publiques pour mener des évaluations indépendantes de haute qualité, mais on ne les a pas ou peu sollicitées pour la crise du covid. Il aurait pourtant été précieux de pouvoir évaluer l'ensemble des stratégies envisageables, sauf qu'on a pris l'habitude de tout déléguer à des structures privées ou à l'industrie. » Or cette dernière mise sur ses nouveaux produits brevetés. Elle ne s'est donc pas investie dans des essais cliniques qui auraient permis de savoir si des médicaments devenus génériques et vendus à bas prix pouvaient aider à traiter le covid, et la recherche publique s'est inscrite dans cette logique industrielle. « Il est scandaleux que l'on ne se soit pas montré proactif pour identifier des pistes de traitement et en évaluer correctement dix ou quinze, poursuit Bernard Bégaud. Résultat, pour à peu près toutes les possibilités qui ont été soulevées, on n'a pas disposé d'études de taille suffisante effectuées dans de bonnes conditions. Certains peuvent donc dire qu'elles ne servent à rien, et d'autres qu'elles ont sauvé des milliers de vies, mais en réalité on n'en sait rien, faute de données fiables. C'est d'autant plus ahurissant que l'on dispose d'un institut dédié à la recherche médicale, l'INSERM. » Un constat d'échec que reprend à son compte le professeur en infectiologie Éric Caumes, pour qui l'« on a entretenu en France l'ignorance sur tous les produits génériques susceptibles d'être repositionnés ».

Cette faillite de la recherche clinique française paraît d'autant plus regrettable que plusieurs des possibilités de repositionnement médicamenteux pour faire face au covid ont été très rapidement identifiées dans l'hexagone. Outre l'hydroxychloroquine, l'ivermectine, qui a également beaucoup fait parler, a ainsi été repérée comme un traitement potentiel dès le mois de mars 2020 par Charlotte Bernigaud, une dermatologue qui avait utilisé cet antiparasitaire pour traiter l'ensemble des résidents d'un EHPAD de Seine-et-Marne contre une épidémie de gale. Elle a remarqué que ces résidents très âgés avaient tous été épargnés par un covid qui tuait 5 % des résidents des autres établissements du département. Le docteur Bernigaud l'a détaillé dans une étude observationnelle publiée en janvier 2021[125], un article qu'elle concluait en estimant que la plausibilité d'un effet de l'ivermectine sur le covid incitait à réaliser un essai randomisé pour être fixé. Ce qu'appela également à faire une étude préclinique menée par l'Institut Pasteur et démontrant que l'ivermectine pouvait atténuer certains symptômes du covid chez l'animal[126], sans que la recherche publique française n'ait pour autant entrepris de mener cet essai.

Au début de la pandémie, Nicolas Hoertel, un psychiatre exerçant dans l'unité de la personne âgée de l'hôpital Corentin Celton, a lui aussi observé que ses patients, tous sous antidépresseurs, ne faisaient pas de formes graves de covid alors que les services de gériatrie étaient lourdement touchés. Un constat qu'il a étayé d'une

---

125. BERNIGAUD C. *et al.*, « Oral ivermectin for a scabies outbreak in a long-term care facility: potential value in preventing COVID-19 and associated mortality », *British Journal of Dermatology*, janvier 2021.
126. « L'ivermectine atténue les symptômes de la Covid-19 dans un modèle animal », communiqué de presse de l'Institut Pasteur, juillet 2021.

Chapitre 7 : Quelle médecine basée sur quelles preuves ?

étude épidémiologique réalisée sur 7 230 patients âgés, hospitalisés et testés positifs au covid, avec une diminution de 44 % du risque d'intubation ou de décès chez ceux qui prenaient un certain type d'antidépresseurs. La réduction avoisinait les 70 % avec l'un d'entre eux, la fluoxétine, molécule du Prozac, ce que Nicolas Hoertel a rendu public le 14 juillet 2020, dans un article publié six mois plus tard par une revue renommée[127]. Parallèlement, aux États-Unis, une équipe de chercheurs avait lancé un essai clinique randomisé sur 152 malades du covid, dont la moitié étaient traités avec un anti-dépresseur de la même famille, la fluvoxamine. Publiée en octobre 2020, l'étude rapporte qu'aucun des patients traités n'a vu son état se détériorer, alors que quatre patients figurant dans le groupe placebo ont dû être hospitalisés. Un résultat encourageant qui a justifié d'évaluer l'intérêt de la fluvoxamine dans un essai incluant 1 500 patients brésiliens. Sa publication, en octobre 2021[128], a cette fois témoigné d'une réduction de 32 % d'un besoin d'hospitalisation chez ceux traités avec l'antidépresseur, avec surtout une diminution de 90 % de la mortalité observée pour les malades qui avaient bien suivi le traitement, comme l'a relevé la revue *Nature*[129], dans laquelle la fluvoxamine fut présentée comme « l'une des rares thérapies qui montrent des preuves solides de prévention de la progression du COVID-19 léger à sévère », en précisant que les seuls traitements précoces officiellement recommandés étaient alors les anticorps

127. HOERTEL N. *et al.*, « Association between antidepressant use and reduced risk of intubation or death in hospitalized patients with COVID-19: results from an observational study », *Molecular Psychiatry*, février 2021.
128. REIS G. *et al.*, « Effect of early treatment with fluvoxamine on risk of emergency care and hospitalisation among patients with COVID-19: the TOGETHER randomised, platform clinical trial », *The Lancet Global Health*, octobre 2021.
129. SIDIK S. M., « Common antidepressant slashes risk of COVID death, study says », *Nature*, octobre 2021.

monoclonaux, très chers et difficiles à administrer par voie intraveineuse en ambulatoire.

Pour le Canadien Edward Mills, l'initiateur de ce grand essai clinique qui a permis de tester au Brésil, dès le mois de juin 2020, différentes molécules repositionnées pour traiter le covid, l'efficacité de la fluvoxamine apparut «comme l'une des découvertes les plus importantes depuis le début de la pandémie». Fort de ce résultat obtenu dans une étude qui allait remporter le prestigieux prix David Sackett de l'essai clinique de l'année 2021, Nicolas Hoertel a déposé une demande de prescription compassionnelle de la fluvoxamine à l'agence du médicament, refusée pour manque de données probantes. L'un des représentants de l'agence a annoncé souhaiter des études plus vastes, ce que la recherche française s'est abstenue d'entreprendre. Tout comme a été refusée en février 2022, après un an de tergiversations, l'autre demande formulée par Nicolas Hoertel : la tenue d'un premier essai clinique avec la fluoxétine, ce prozac qui lui paraissait le plus prometteur pour traiter le covid.

«C'est vraiment dommage que la fluoxétine n'ait pas été rigoureusement testée, m'a déclaré le spécialiste américain de la recherche clinique David Boulware, responsable de plusieurs essais sur des molécules repositionnées[130]. Car si son effet est probablement comparable à celui de la fluvoxamine, la fluoxétine est mieux tolérée et a moins d'interactions avec d'autres médicaments, ainsi qu'une plus grande accessibilité à travers le monde. Mais elle a aussi un prix bas, ce qui signifie que seuls des philanthropes ou des structures gouvernementales sont susceptibles de financer un essai.» La France aurait pu le faire sous l'impulsion

---

130. PERRIER B., «Covid, la piste négligée des antidépresseurs» (en cinq parties), Factuel, juin 2023.

d'un Nicolas Hoertel, coauteur en trois ans d'une trentaine d'articles scientifiques sur l'option des antidépresseurs pour traiter le covid. Il a pour cela collaboré avec la plupart des chercheurs qui se sont impliqués dans le monde sur cette option thérapeutique, aussi bien au niveau des essais cliniques et de leurs méta-analyses que des études observationnelles et d'une recherche fondamentale ayant apporté des clés de compréhension novatrices sur le mécanisme d'action de la molécule du prozac face à un virus comme SARS-CoV-2. Mais CAPNET, le comité de pilotage français des essais thérapeutiques, a refusé d'octroyer à la fluoxétine le label faisant office de laisser tester.

Priorités nationales

Face aux choix de CAPNET, qui a accordé son label «priorité nationale» à des essais covid visant à évaluer des anticorps mono-clonaux, des anti-inflammatoires, des antiviraux ou des vaccins[131], Bernard Bégaud note que «la plupart relevaient de la promotion apparente ou souterraine de l'industrie pharmaceutique, et pas un ne m'a semblé apporter quelque chose de solide en matière de prise en charge de la maladie. D'ailleurs, malgré les sommes investies, aucun des essais qui ont compté en trois ans de covid n'est venu de France».

Un des labélisés non dépendant de l'industrie aurait pu permettre à la France de se distinguer par un apport original sur le repositionnement d'un médicament : le clofoctol. Un

---

131. https://sante.gouv.fr/soins-et-maladies/maladies/maladies-infectieuses/coronavirus/professionnels-de-sante/recherche-sur-le-covid-19/etudes-cliniques-labellisees-priorite-nationale-de-recherche-sur-la-COVID-19

antibactérien que l'Institut Pasteur de Lille a détecté comme particulièrement prometteur face à SARS-CoV-2, en collaborant avec une start-up installée sur son campus, Apteeus. Spécialisée dans le repositionnement, celle-ci a permis de passer au crible, en un temps record, l'effet sur le coronavirus de milliers de molécules différentes. Le clofoctol s'est révélé disposer *in vitro* du meilleur effet antiviral, et la ministre de la Recherche en a été informée au mois de mai 2020, puis le Premier ministre Jean Castex en août, sans que les autorités publiques réagissent. Communiquant en septembre sur cette découverte, l'Institut Pasteur de Lille a reçu le soutien du milliardaire Bernard Arnault, qui a alloué cinq millions d'euros à la réalisation d'un essai clinique. Mais alors que des études sur les souris ont confirmé l'effet antiviral d'un médicament utilisé depuis des années sans problème de tolérance, CAPNET a freiné des quatre fers la demande d'un essai de phase trois, déposée et refusée en décembre 2020, puis finalement accordée en avril, l'agence du médicament donnant quant à elle son aval en juin. Six mois perdus qui ont changé la donne. « Nous avions conçu l'essai pour 750 personnes non vaccinées, explique Terence Beghyn, président d'Apteeus. Avec des vaccinées au taux d'hospitalisation nettement moindre, il aurait fallu en recruter des milliers pour obtenir des résultats significatifs, et donc retrouver des millions d'euros. » Rajouter autant de participants aurait en effet plus qu'alourdi la facture, le coût d'un patient dans un essai clinique covid avoisinant les 5 000 euros. Or en six mois, le taux de vaccination est monté en flèche et l'équipe lilloise n'est pas parvenue à recruter assez de non vaccinés pour mener son essai, qui a donc été abandonné. « Sans que l'on ait apporté de données supplémentaires, on nous a finalement autorisés à mener cet essai une fois que l'on ne pouvait plus le faire », confie

Chapitre 7 : Quelle médecine basée sur quelles preuves ?

Terence Beghyn, qui ne veut pas voir de malveillance dans cette inertie administrative, mais constate qu'elle a conforté la position dominante d'une industrie pharmaceutique qui aurait, elle, eu les moyens de réaliser l'essai sans attendre l'aval d'un comité de pilotage français.

Un autre exemple de priorité nationale est révélateur d'une obscurité entretenue, par manque d'essais cliniques sur l'effet de traitements au prix modique. En l'occurrence, la vitamine D dont l'intérêt face au covid a été accrédité par plusieurs études observationnelles. D'après le professeur Éric Caumes, «la vitamine D pose une vraie question. Des essais très intéressants menés en Espagne ont montré un bénéfice, sans être malheureusement randomisés et contrôlés contre placebo, des études toujours très compliquées à financer sans l'industrie pharmaceutique qui ne verra aucun intérêt à investir dans un tel produit tombé dans le domaine public». À l'initiative du chef du service gériatrie du CHU d'Angers, un essai randomisé a toutefois été effectué entre avril et décembre 2020, avec le label de CAPNET. Il portait sur deux groupes de 127 patients d'un âge moyen de 88 ans, ayant eu un diagnostic covid. Dans les trois jours suivant ce diagnostic, le premier groupe a reçu une dose standard de vitamine D de 50 000 UI (unité internationale), le second une forte dose de 400 000 UI. L'objectif premier était d'observer le niveau de mortalité 14 jours après ces doses, et elle fut réduite de près de 50 % dans le second groupe, laissant penser qu'une forte dose limite significativement les décès. Le problème est qu'au bout de 28 jours cet effet avait quasiment disparu avec un nombre de décès similaire dans les deux groupes, soit 21 morts dans le premier et 19 dans le second. De quoi susciter des réactions très différentes lors de la publication de cette étude[132]. Les défenseurs des traitements précoces repositionnés y virent la marque de l'efficacité d'une vitamine D divisant par deux la mortalité à 14 jours, et les critiques, qui placent généralement dans le même panier tous ces produits controversés, affirmèrent que la vitamine D ne vaut rien, faute d'avoir fait ses preuves sur 28 jours. Mais à peu près personne ne releva ce que suggérait cette étude ayant consisté à administrer une unique dose de vitamine après l'infection : en rajouter une seconde au bout de dix ou quinze jours pour voir si l'on entretient ainsi un effet qui paraît s'estomper après deux semaines. La suite logique de l'essai qui aurait pu être entreprise dans la foulée de sa clôture en décembre 2020, mais cela n'a apparemment pas intéressé CAPNET en ce temps d'urgence pandémique. Il a, par ailleurs, fallu attendre un an et demi pour voir publier cet essai clinique qui, tout en apportant de la connaissance, symbolise aussi par son absence de suite une perpétuation de l'ignorance sur l'effet de la vitamine D face au covid. De l'obscurantisme structurel avec le repositionnement de vieux médicaments, y compris quand ils se sont vus attribuer une priorité nationale.

Si des options thérapeutiques susceptibles de traiter les malades du covid à faible coût ont manqué d'un soutien public pour leur évaluation, les autorités de régulation ont pu en revanche se montrer indulgentes et peu regardantes avec les traitements proposés par l'industrie pharmaceutique. Au niveau des antiviraux, le remdesivir du laboratoire Gilead a très vite bénéficié en France d'une autorisation temporaire, malgré des résultats d'essais cliniques médiocres

---

132. ANNWEILER C. *et al.*, « High-dose versus standard dose vitamin D supplementation in older adults with COVID-19 (COVIT-TRIAL): A multicenter, open-label, randomized controlled superiority trial », *PLOS Medicine*, mai 2022.

sur les patients hospitalisés, et un coût de 2 000 euros par malade. En janvier 2022, c'est le Paxlovid de Pfizer qui fut accueilli et autorisé comme le traitement précoce tant attendu, trois mois avant la publication de son essai clinique réalisé par le laboratoire. Il montre une impressionnante réduction de 89 % du risque d'hospitalisation. Un résultat obtenu sur une population dont la moyenne d'âge était faible et comptait seulement 12 % de plus de 65 ans, ne correspondant pas à la cible beaucoup plus âgée du médicament, comme me l'avait indiqué Mathieu Molimard, représentant de la société française de pharmacologie et de thérapeutique (SFPT) qui avait eu accès à l'étude Paxlovid lors de son examen par les agences de santé. Il relevait en outre que «de gros risques d'interactions médicamenteuses n'ont pas pu être évalués vu le nombre réduit de participants, soigneusement sélectionnés pour du zéro risque», et appelait donc à «faire très attention dans la prescription». Les contre-indications au Paxlovid auraient en fait concerné la moitié des malades décédés du covid, dans les hôpitaux de l'APHP, lors des deux premières années de la pandémie[133], relativisant fortement le résultat obtenu par Pfizer en écartant de son essai ces patients à haut risque. Mathieu Molimard n'ayant cessé durant la pandémie de fustiger la faiblesse des études positives sur des médicaments repositionnés en leur déniant toute valeur probante justifiant la moindre prescription, je lui avais bien sûr demandé si un essai moins biaisé par sa population n'aurait pas pu être réclamé à Pfizer. La réponse de l'expert en pharmacologie fusa comme une évidence : «on n'impose rien à l'industriel qui va voir ailleurs si vous n'êtes pas content, vu qu'il n'arrive déjà pas à répondre à la demande».

133. HOERTEL N. *et al.*, « Prevalence of Contraindications to Nirmatrelvir-Ritonavir Among Hospitalized Patients With COVID-19 at Risk for Progression to Severe Disease », Jama Open Network, novembre 2022.

Le cas d'un anticorps monoclonal montre aussi comment une médecine supposée basée sur les preuves a pu résulter d'une grande complaisance, voire d'une soumission à l'industrie pharmaceutique, au détriment de la santé et des finances publiques. En février 2021, malgré les avis défavorables de la SFPT et d'autres sociétés savantes, soutenant qu'il ne devait pas être recommandé faute d'avoir démontré son utilité dans les essais cliniques, le bamlanivimab du laboratoire Lilly a obtenu en urgence une autorisation d'utilisation temporaire. Sur ordre du ministre de la Santé, il a été acheté en masse et stocké, jusqu'à ce qu'en janvier 2022 soit réclamé aux hôpitaux de détruire ces stocks d'un médicament inefficace dont le prix, non divulgué, a été estimé entre 1 000 et 2 000 euros la dose, le tarif habituel de ces anticorps monoclonaux, dont plusieurs ont fait la preuve de leur efficacité face au covid en 2021, avant de devenir inopérants après l'arrivée du variant omicron. Cela rappelle qu'avec un virus qui mute, mais aussi une population à l'immunité mouvante, l'effet d'un médicament peut changer avec le temps et réclamer de nouvelles évaluations qui ne seront généralement pas réalisées. Le médecin et chercheur américain Vinay Prasad a d'ailleurs déploré, à la fin du mois d'août 2023, qu'aucune des données ayant permis d'autoriser l'ensemble des médicaments traitant le Covid ne s'applique à l'année en cours, pas un essai clinique n'ayant évalué leur effet dans un monde où l'on a désormais reçu de multiples doses de vaccins et été plusieurs fois contaminés par le virus. « Nous ne savons pas si un seul des médicaments fonctionne », prévenait-il en qualifiant d'« échec de l'EBM » la poursuite de leur utilisation sans que l'on ne puisse s'appuyer sur de nouveaux essais[134].

---

134. « COVID19 Therapeutics & Boosters all need new studies », *Sensible médecine*, août 2023.

Marginalisation du non médicamenteux

Bien que l'on ait assisté à une mobilisation sans précédent des pouvoirs publics, la crise du covid a plus que jamais montré combien l'EBM dépend du bon vouloir de l'industrie pharmaceutique à mener, ou pas, les essais cliniques délivrant les preuves d'efficacité d'un traitement. Une enquête, publiée conjointement par les sites Reporterre et Sciences Critiques[135], en a apporté une autre illustration en constatant l'impossibilité de mener à leurs termes cliniques des recherches novatrices sur des traitements à base de plantes. Notamment, avec l'artemisia que l'OMS a pourtant désignée, dès le printemps 2020, comme un traitement possible contre le covid, invitant à mener des essais cliniques. Mais malgré des études précliniques prometteuses menées à l'Institut Max Planck en Allemagne, seuls deux petits essais ont eu lieu en Inde et à Madagascar, avec des résultats positifs, mais trop peu de participants pour démontrer une efficacité, renvoyant à nouveau au problème du prix d'un effectif de patients de taille suffisante. Pour des raisons financières, mais aussi réglementaires et idéologiques, qui toutes entretiennent une dépendance à l'industrie, la recherche s'est encore retrouvée freinée pour cette plante utilisée depuis des siècles par la médecine chinoise, comme cela se produit de façon systémique avec la phytothérapie, qui contrarie le principe selon lequel une molécule correspond à un effet et à un médicament, l'action de plantes contenant de nombreuses molécules étant plus complexe. Tout ceci amène l'auteure de l'enquête à retenir que l'étude de leurs vertus médicinales constitue

---

135. « Soigner le Covid avec les plantes : un potentiel négligé par la recherche », Reporterre et Sciences critiques, mars 2022.

« un exemple parmi d'autres de "science non faite", c'est-à-dire un domaine de recherche qui n'est pas financé ou ignoré, alors qu'il pourrait bénéficier à l'intérêt général ».

Avec une médecine basée sur les preuves qui reposent sur les essais cliniques, le problème d'une science non faite peut en fait concerner l'ensemble de la médecine dès lors qu'elle sort du champ de cette industrie disposant d'un quasi-monopole. « On ne fait pas d'essai pour autre chose que des médicaments, résume Bruno Fallissard. Ce problème touche même la chirurgie, qui est très mal évaluée. Ceci conduit à des interventions non justifiées, comme des opérations du dos inutiles, ou des prostates enlevées pour rien si ce n'est rendre des hommes incontinents et impuissants. Mais on n'investit pas pour évaluer ça. » Ce spécialiste de l'évaluation thérapeutique grossit évidemment le trait à dessein en disant que seuls les médicaments font l'objet d'essais, mais pour mieux pointer un véritable travers de la pratique de l'EBM, qui a marginalisé un non-médicamenteux ayant souvent le désavantage de ne pas pouvoir répondre à l'obligation d'un contrôle placebo en aveugle, qui se prête mal à de la chirurgie, une psychothérapie ou à une séance d'acupuncture. Et même si des palliatifs ont pu être trouvés avec des simulations d'interventions, l'EBM concerne encore essentiellement le médicament, particulièrement adapté à sa principale méthode d'essais cliniques et vendu par ces laboratoires dotés des moyens de les réaliser. Ainsi, rares sont par exemple les essais qui évaluent l'utilité de l'exercice physique pour traiter une dépression par rapport à ceux testant des médicaments. Pourtant, quand certains sont menés et permettent de comparer, les deux types de traitement présentent une efficacité équivalente, comme l'a constaté une revue

Cochrane[136] ainsi que le professeur Grégory Ninot, que j'ai eu la chance d'accompagner dans la rédaction d'un ouvrage recensant cent interventions non médicamenteuses (INM) éprouvées scientifiquement[137].

« Une orthodoxie de la recherche médicale empêche d'étudier certaines pratiques de soin, car les moyens financiers ne sont pas alloués, particulièrement en France », regrette Grégory Ninot. Son livre témoigne, néanmoins, d'un essor à travers le monde de la recherche sur ce que l'on appelle communément les médecines douces ou complémentaires. Depuis une vingtaine d'années se multiplient, en effet, publications d'essais cliniques et méta-analyses. On a ainsi appris que le tai-chi peut aider à prévenir la chute des personnes âgées ou qu'une méthode de réduction du stress basée sur la pleine conscience a contribué à soigner l'hypertension. L'ostéopathie a démontré son utilité contre le mal de dos, la réflexologie plantaire s'est avérée efficiente sur des troubles du sommeil et une technique spécifique de yoga a présenté un effet significatif sur la douleur et l'aptitude des personnes souffrant d'arthrose du genou. Le ginseng s'est en revanche montré inefficace contre les troubles de l'érection tandis qu'un protocole d'acupuncture n'est pas parvenu à faire ses preuves contre la maladie de parkinson, lors d'essais d'une qualité encore insuffisante pour en tirer des conclusions définitives, comme souvent. Tous ces exemples présentés dans le livre attestent toutefois d'une démarche scientifique en cours pour l'évaluation de milliers d'interventions non médicamenteuses. Avec des psychothérapies, des interventions physiques allant de la kinésithérapie aux cures thermales, en passant par une

---

136. COONEY G. M. *et al.*, « Exercise for depression », *Cochrane database systematic review*, septembre 2013.
137. NINOT G., *100 médecines douces validées par la science*, Belin, 2022.

thérapie par le jardinage, des régimes, de la phytothérapie ou encore des méthodes utilisant des applications numériques. Une palette extrêmement large qui constitue une vaste nébuleuse, mêlant des disciplines déjà plus ou moins intégrées dans le parcours des soins conventionnels à des pratiques non réglementées, mais relevant parfois de médecines traditionnelles.

Dirigeant une unité de recherche transdisciplinaire à l'université de Montpellier et une société savante dédiée aux interventions non médicamenteuses, la Non-Pharmalogical Intervention Society[138], Grégory Ninot s'attache depuis trente ans à étudier l'efficacité de ces pratiques de santé. Il a mené des essais cliniques au CHU et à l'Institut du cancer de Montpellier, d'abord sur l'activité physique comme soin de support. Bien qu'à contre-courant d'une médecine qui privilégie le médicament, l'universitaire est parvenu à fédérer de nombreux acteurs du monde de la santé et s'emploie, à leurs côtés, à ce que le statut d'INM devienne accolé aux méthodes qui ont démontré leur efficacité, ce qui n'est pas le cas d'innombrables soins délivrés, y compris certains pris en charge par la sécurité sociale, le professeur Ninot rappelant que « des méthodes de kinésithérapie sont, par exemple, remboursées sans avoir prouvé qu'elles étaient efficaces ». L'enjeu est en fait de sortir des généralités, donc pas de chercher à établir si des disciplines comme l'hypnose ou la sophrologie fonctionnent, mais d'évaluer si telle ou telle méthode précise présente un intérêt pour un problème de santé particulier, à l'instar d'un protocole d'acupuncture contre les nausées et les vomissements induits par la chimiothérapie. Or « il existe aujourd'hui une forte tendance à la généralisation et à

---

138. https://npisociety.org/

l'amalgame, à dire globalement que telle médecine fonctionne et telle autre est néfaste, déplore Grégory Ninot. Ceci mène à la radicalité et à l'obscurantisme, avec deux pôles qui se servent des travers de l'autre pour légitimer leur propre radicalisation. »

Les ayatollahs de la méthodologie

Une récente prise de position de l'Ordre national des infirmiers sur les pratiques non conventionnelles de santé[139] représente cette tendance évoquée par le professeur montpelliérain. Affirmant en premier lieu sa préoccupation face à un problème de dérive sectaire, l'institution ordinale s'y déclare en lutte contre des pratiques systématiquement considérées à risque pour les patients et non validées par la science. En collaboration avec la Mission interministérielle de vigilance et de lutte contre les dérives sectaires (Miviludes) et le collectif No Fake Med, l'Ordre des pharmaciens le détaille dans une dizaine de fiches consacrées à autant de méthodes de soin non conventionnelles, avec une vision à charge qui déconseille, voire condamne globalement leur usage. Notamment, l'auriculothérapie, l'art-thérapie, l'hypnose, la méditation de pleine conscience et la réflexologie, des méthodes qui ont pourtant montré un intérêt dans différentes études et essais cliniques pour des problèmes de santé spécifiques. Mais leurs résultats sont systématiquement minimisés ou discrédités, alors que les fiches insistent sur des mécanismes d'action théoriques encore inexpliqués pouvant relever de l'immatériel et sur la critique méthodologique d'études

---

139. Position du Conseil national de l'Ordre des infirmiers sur les pratiques non conventionnelles de santé, décembre 2023 ; www.ordre-infirmiers.fr

ne répondant pas aux standards habituels des essais randomisés en double aveugle.

«Des ayatollahs de la méthodologie peuvent s'en servir de façon rhétorique pour défendre une idéologie», m'avait confié Bruno Fallissard, qui a dirigé pour l'INSERM des expertises collectives sur certaines de ces thérapies non conventionnelles, comme l'hypnose ou l'auriculothérapie, cette déclinaison de l'acupuncture pratiquée uniquement sur l'oreille. Les faibles moyens alloués ont limité ces expertises à des revues de la littérature scientifique et aucune n'a permis de répondre quant à l'efficacité de telle ou telle pratique, les essais cliniques publiés présentant effectivement des limites méthodologiques de façon récurrente. Mais des pistes intéressantes ont pu être trouvées, comme pour le traitement par auriculothérapie de la douleur et de l'anxiété préopératoire, grâce à des études bien faites et positives[140], tandis que suffisamment d'éléments ont également permis d'«affirmer que l'hypnose a un intérêt thérapeutique potentiel, en particulier en anesthésie peropératoire ou dans la colopathie fonctionnelle (côlon irritable)»[141]. Sans oublier d'appeler à la vigilance face à d'éventuelles dérives éthiques liées aux méthodes de suggestion qui inciteraient non pas à condamner, mais à réglementer cette technique de soins non conventionnels, comme de nombreuses autres, l'expertise de l'INSERM sur l'hypnose se montrait ainsi ouverte à son usage, tout en notant que son évaluation clinique oblige à «repenser les standards méthodologiques classiques». L'ordre des pharmaciens en retient, dans sa fiche, que «l'hypnose ne répond pas aux critères d'analyse scientifique définis par René Descartes», affichant sa défiance pour cette

---

140. Évaluation de l'efficacité de la pratique de l'auriculothérapie – 2013 ; www.inserm.fr
141. Évaluation de l'efficacité de la pratique de l'hypnose – 2015 ; www.inserm.fr

pratique pouvant, selon lui, remettre en cause la rationalité cartésienne sous l'influence d'une pensée ésotérique *new age*. Derrière la posture scientifique et rationnelle défendant une médecine strictement basée sur les preuves, on entrevoit encore ce mécanisme de défense dont nous parlait Bruno Falissard à propos du refus de mener des recherches susceptibles de porter atteinte à une représentation du monde matérialiste.

Sans surprise, les figures de la zététique que sont Thomas Durand et Richard Monvoisin n'ont pas manqué de saluer sur Twitter la prise de position « sans ambages » d'un Ordre des infirmiers en lutte contre des pratiques de soin non conventionnelles perçues comme irrationnelles. Ces défenseurs de l'EBM n'ont en revanche pas réagi à la présentation au Sénat, en octobre 2023, d'un nouveau modèle d'évaluation et d'homologation des interventions non médicamenteuses, présenté par la société savante présidée par Grégory Ninot[142]. Soutenu par 28 autres sociétés savantes françaises et l'Institut national du cancer, ce modèle vise à étendre l'EBM à tout type de soins susceptibles d'apporter un bienfait, incluant des pratiques non conventionnelles. Il impose évidemment une validation par des études suivant une méthodologie rigoureuse, mais sans exiger d'essais en double aveugle qui peuvent être inadaptés à des soins non dissimulables, n'en déplaise aux ayatollahs.

Reste à trouver ce qui manque encore : des crédits et de l'investissement pour financer la recherche non médicamenteuse, dont l'absence entretient le flou et l'obscurité. Mais la France, jusqu'ici à la traîne, se pose désormais en pionnière méthodologique avec

---

142. « Modèle standardisé de recommandations méthodologiques et éthiques pour l'évaluation des interventions non médicamenteuses (INM) - NPI Model » ; www.npisociety.org

ce modèle qui s'accompagne de multiples recommandations d'études adaptées aux différents types d'INM, tout en apportant un protocole standardisé qui pourrait aussi bien s'appliquer à l'acupuncture qu'aux psychothérapies ou à l'homéopathie. Pour cette dernière, Grégory Ninot précise qu'elle se retrouverait ici considérée «non comme une prise de médicament, mais comme un acte homéopathique, prenant en considération l'ensemble du rapport médecin-malade où les granules constituent un vecteur». Une approche inédite qui ferait sortir l'homéopathie du médicamenteux pour son évaluation, et permettrait d'intégrer pleinement dans ledit acte son effet placebo ou contextuel. «Un domaine que la médecine refuse jusqu'ici d'incorporer en tant que tel, tout en étant obligé de lui accorder une place», m'avait fait remarquer le biologiste de l'évolution, Michel Raymond, auteur de *Le pouvoir de guérir*[143]. Il ajoutait qu'«en considérant qu'un médicament doit obtenir un effet supérieur au placebo, la méthode de l'essai randomisé va essayer de minimiser cet effet placebo plutôt que de chercher à en tirer parti. Associée à la pratique du double aveugle, c'est certes une excellente méthode pour trouver un médicament actif, mais pas pour maximiser un effet thérapeutique. »

Après cet échange avec Michel Raymond, pour qui l'effet de l'homéopathie relève de ce placebo tout en étant important et donc non négligeable, j'avais interrogé le cardiologue Jeremy Descoux qui présidait No Fake Med, en lui demandant si l'on ne pourrait pas envisager une autre méthode que l'essai randomisé en double aveugle pour évaluer l'homéopathie. «La méthode scientifique s'applique globalement et il n'y a pas à changer les règles», me

---

143. RAYMOND M., *Le pouvoir de guérir*, HumenSciences, 2020.

déclara le représentant de ce collectif se voulant en «lutte active contre les pratiques de soins non scientifiques, déviantes, délétères, aliénantes ou sectaires». Des qualificatifs attribués entre autres à l'homéopathie, qui a joué un rôle fondateur dans la constitution de No Fake Med, consécutive à une tribune ayant lancé une efficace campagne de condamnation de cette pratique assimilée à du charlatanisme[144]. Elle appelait au déremboursement de ces médicaments, et a obtenu gain de cause après une évaluation de la Haute Autorité de Santé (HAS) à laquelle Jeremy Descoux apporta la contribution du collectif. La prescription de placebo y était considérée comme contraire au devoir d'un professionnel de santé de «prescrire des traitements efficaces, scientifiquement évalués et validés», et le soin homéopathique, par ses granules, renvoyé au «domaine mystique» du fait du principe jugé «illusoire» de la haute dilution conduisant à «une absence totale de principe actif incompatible avec une activité pharmacologique». Ce que confirmeraient les revues systématiques de littérature scientifiques ayant cherché à évaluer l'effet de l'homéopathie pour arriver à la conclusion d'une inefficacité clinique. No Fake Med se référait plus particulièrement à une revue australienne de 2015, présentée comme «la plus exhaustive et la plus rigoureuse sur ce sujet». Elle avait en tout cas écarté la plupart des études menées sur l'homéopathie, jugées non fiables dès lors qu'elles portaient sur des effectifs de moins de 150 participants. Un critère contesté par les homéopathes, qui objectent que cela a conduit à évacuer les études positives effectuées sur des effectifs plus réduits qui seraient aussi plus adaptées à la spécificité de leur pratique se caractérisant

---

144. Tribune collective, «L'appel de 124 professionnels de la santé contre les "médecines alternatives"», *Le Figaro*, mars 2018.

par une individualisation du soin. L'homéopathie préconise, en effet, de traiter différemment un même symptôme selon les spécificités du patient, ce qui rendrait inappropriée la réalisation d'essais cliniques standardisés en aveugle, dans lesquels tous les malades traités prennent le même médicament dans les mêmes conditions afin de comparer leurs effets avec ceux observés sur le groupe contrôle prenant un placebo. Un argument inacceptable pour ceux qui ne sauraient tolérer d'exception à la règle de l'essai randomisé en double aveugle. Des essais dont le coût serait d'ailleurs impossible à assumer pour les laboratoires homéopathiques s'ils devaient en mener pour chacun des milliers de produits distribués depuis des lustres. Une méthode, évaluant en vie réelle l'acte homéopathique plutôt que ces différents médicaments, pourrait ainsi se révéler une solution de recherche pragmatique, mais Grégory Ninot m'apprend que « les industriels de l'homéopathie n'en veulent pas, préférant continuer à dire que leurs produits agissent comme des médicaments. » Sans l'avoir démontré.

Face à ce sujet de l'homéopathie, sur lequel des positions tranchées s'affrontent dans un dialogue de sourds, Bernard Bégaud juge que « les études dont on dispose sur l'homéopathie ne sont surtout jusqu'ici pas satisfaisantes. Celles qui apparaissent favorables ont des faiblesses méthodologiques, et celles qui la considèrent inefficace sont inadaptées, car elles procèdent comme avec les autres médicaments, sans tenir compte de la spécificité de la pratique homéopathique. » Chacun argue néanmoins dans le sens qui lui convient en choisissant ses études, ou sa croyance. Mais c'est la position des tenants d'une EBM inadaptable et supposée conclusive qui l'a emporté auprès des autorités de santé, comme si la raison imposait de disqualifier cette homéopathie tellement irrationnelle, même si plusieurs dizaines de milliers de médecins prescrivaient ses granules en France à une majorité de la population qui s'en disait satisfaite[145]. « De chaque côté demeure un important aspect idéologique et, pour des rationalistes, dont je suis en tant que pharmacologue, un effet en l'absence de molécule apparaît impensable, voire inacceptable, poursuit Bernard Bégaud. Mais n'oublions pas que beaucoup de choses sont incomprises en médecine. Cela ne devrait pas conduire à occulter certains faits observés qui questionnent la conviction que l'effet de l'homéopathie se réduit nécessairement à une simple suggestion psychologique, un placebo. Ni à délégitimer une recherche qui reste très largement à mener, les industriels du secteur y investissant très peu. On n'a même pas essayé de reproduire l'expérience fondatrice du principe de haute dilution menée il y a deux siècles sur lui-même par Hahnemann, le père de l'homéopathie. Ce ne serait pourtant pas difficile à réaliser, et intéressant. Tout comme de chercher à savoir si le déremboursement des granules homéopathiques a conduit à davantage de dépenses pour l'assurance maladie et d'effet indésirables chez les patients pour la prise en charge de douleurs rhumatismales ou de troubles anxieux et du sommeil, par exemple. Ce que la HAS s'est gardée de faire. » Deux nouveaux exemples d'obscurantisme, par abstinence...

145. « L'homéopathie plébiscitée par les Français », IPSOS, novembre 2018 ; www.ipsos.com

Des dogmes conceptuels contredits

Il est certes logique que la Haute Autorité de Santé ait mis un terme à un système dérogatoire, qui permettait 30 % de remboursement pour des granules homéopathiques n'ayant pas fait la preuve de leur efficacité. Justifiée par leur large prescription et une absence d'effets secondaires garantissant leur innocuité, cette exception à la règle appliquée aux autres médicaments n'était pas fondée scientifiquement, et relevait du scandale pour des adversaires de l'homéopathie qui ont vigoureusement dénoncé une dépense publique aussi aberrante qu'inadmissible, incitant à tromper les malades. On n'observe pas la même virulence quand la revue *Prescrire* publie sa liste des médicaments à écarter, car «plus dangereux qu'utiles dans toutes les indications figurant dans leur autorisation de mise sur le marché»[146]. Parmi les 88 médicaments retenus dans la version 2024, environ la moitié sont remboursés par l'assurance maladie, sans que cela suscite de vague d'indignation bien que l'autorisation d'un médicament soit supposée garantir une utilité prouvée par un bénéfice supérieur au risque. La liste actualisée par *Prescrire*, dans laquelle on retrouve d'une année à l'autre des médicaments toujours autorisés malgré leur rapport bénéfice-risque défavorable, traduit pourtant «les insuffisances des autorités de santé pour protéger les patients», comme le rappelle cette revue médicale réputée pour son indépendance vis-à-vis de l'industrie pharmaceutique.

Se prévalant d'une médecine basée sur les preuves, les autorités de santé publique comme nos absolutistes du conventionnel

---

146. « Médicaments à écarter pour mieux soigner. Bilan 2024 » ; www.prescrire.org

promeuvent surtout une médecine qui est d'abord celle de cette industrie en capacité de produire ces preuves, sans être forcément regardant sur leur pertinence et leurs conditions d'obtention. Le covid l'a mise en lumière, avec la mouvance rassemblant No fake med et zététiciens, qui a œuvré comme jamais sur les réseaux sociaux pour soutenir la politique sanitaire, en combattant à peu près toutes les pistes thérapeutiques autres que les solutions lucratives des grands laboratoires pharmaceutiques. Au nom de la raison, de la science, et d'un manque de preuves valables jugé inacceptable. Mais sans mettre en question les conditions d'élaboration des preuves sur lesquelles se base une médecine sous influence des laboratoires, maîtres d'ouvrages des essais cliniques randomisés, ce standard or de l'EBM, qui peut aussi devenir un facteur d'obscurantisme si l'exigence de double aveugle empêche d'évaluer un soin non dissimulable que des études observationnelles prometteuses ou une pratique répandue justifieraient de tester par un essai tenant pragmatiquement compte de cette réalité. L'insu du patient traité et du soignant n'en garde pas moins son indiscutable intérêt pour garantir absence de préjugé et impartialité dans l'évaluation de médicaments, ou de tout soin non distinguable d'un placebo ou d'un traitement de référence. Bernard Bégaud en rajouterait même bien une couche et milite pour un triple aveugle qui inclurait le statisticien appelé à traiter les données d'un essai. «Actuellement, il sait lesquelles concernent le produit testé et le groupe contrôle, ce qui est une source de biais importante, explique le pharmacologue. Si les résultats des deux groupes sont assez proches, le statisticien peut facilement faire pencher la balance d'un côté ou de l'autre. Son insu lui éviterait la tentation de produire un résultat positif, qui peut être forte avec un médicament susceptible de rapporter des milliards de dollars et d'avoir un impact financier instantané, comme le montrent les fluctuations des cours de bourse de sociétés de biotech après le verdict d'essais cliniques. »

Si l'industrie qui paye, et en attend un fort retour sur investissement, influence structurellement tous ceux qui mènent les études avec des possibilités de biais à différents niveaux que l'insu devrait permettre d'éviter, en tant que maître d'ouvrage de ces essais servant de laissez-passer à la mise sur le marché des médicaments, elle a surtout le choix des produits testés, et la possibilité de se limiter à des nouveautés vendues à prix d'or. Avec des maladies rares, cela peut monter jusqu'à plus de deux millions d'euros la dose pour la thérapie génique de Novartis contre l'amyotrophie spinale, médicament le plus cher au monde jusqu'en 2022, où un traitement contre l'hémophilie D d'un des leaders de la biotech a été accepté par la FDA à un prix de 3,4 millions d'euros la dose. Pour une maladie plus fréquente comme l'hépatite C, de nouveaux traitements très efficaces ont été commercialisés à 40 000 euros le patient par le laboratoire Gilead, qui a aussi fait son beurre pendant le covid avec son remdesivir à l'utilité beaucoup plus douteuse, comme celle de ces anticorps monoclonaux à plus de 1 000 euros, dont l'efficacité s'est volatilisée avec l'arrivée de nouveaux variants. Mais on leur a fait confiance et ils ont pu bénéficier d'essais cliniques, à la différence d'une vitamine D qui coûterait cent fois moins.

Le secteur du cancer a également vu ses tarifs exploser depuis une vingtaine d'années. Une multiplication des prix par cinq ou dix que ne justifient guère les résultats de traitements avoisinant les 100 000 euros et mis très rapidement sur le marché grâce à des essais cliniques, attestant d'une amélioration sur des critères peu représentatifs de l'état réel du patient quand ils se focalisent sur la taille d'une tumeur, sans tenir compte des métastases ou de la survie du malade. Des solutions potentiellement complémentaires des traitements habituels tels que l'aspirine ou la vitamine C, dont le coût serait infiniment plus faible, ne se voient en revanche pas donner leur chance de confirmer ou d'infirmer dans des essais randomisés un intérêt préventif ou curatif que laissent envisager différentes études depuis de nombreuses années. Tout comme la piste du cancérologue Laurent Schwartz d'un traitement métabolique prolongeant une perspective thérapeutique ouverte en 1956 par le prix Nobel de médecine Otto Warburg avec sa découverte que les cellules cancéreuses consommaient trop de glucose. « Personne ne veut financer un essai avec ce traitement à base de compléments alimentaires pas chers, alors Schwartz continue ses recherches comme il peut de son côté, placardisé par l'APHP qui le paye à ne rien faire », observe le sociologue des sciences Pascal Ragouet, qui dresse un parallèle avec Jacques Benveniste : « comme lui, Schwartz ne cadre pas avec ce qui est perçu comme vraisemblable, car il considère le cancer comme une maladie simple à comprendre. » À une époque où une industrie de pointe cherche à traiter les cancers en les ciblant au niveau moléculaire, selon leurs innombrables variétés dépeintes comme vertigineuses. Un progrès présenté comme révolutionnaire justifiant des prix exorbitants, bien que le succès s'avère très loin d'être complet. Les témoignages de malades du cancer, convaincus de l'efficacité sur eux-mêmes du traitement mis au point par le docteur Swchartz et pris en complément de leurs soins conventionnels, pourraient inciter à l'évaluer d'une façon rationnelle pour voir s'il présente bien une utilité complémentaire, mais l'obscurantisme au pouvoir le laisse plutôt à l'écart, dans le flou de ces médecines parallèles où il pourra être réduit comme tout le reste de la nébuleuse au statut de « *fake med* », et les malades satisfaits considérés comme des victimes inconscientes du charlatanisme.

Je ne prétends bien sûr pas que Laurent Schwartz a trouvé un traitement efficace contre le cancer. Je constate seulement avec Pascal Ragouet que celui qu'il propose ne fait même pas débat et que le processus scientifique supposé conduire à trancher, ce qui devrait relever de la saine controverse sur un problème de santé majeur, apparaît une fois de plus inopérant. Schwartz est pourtant un médecin et un chercheur qui a publié ses travaux en collaborant avec des mathématiciens, des physiciens, des chimistes et des biologistes, dont Miroslav Radman selon qui «Laurent a jusqu'ici eu des résultats sur des cas désespérés. Ce ne sont pas des miracles, mais leurs vies semblent avoir été prolongées de quelques années. Des médicaments dits intelligents à plus de 100 000 euros peuvent ne le faire que de quelques mois, avec une qualité de vie hautement dégradée par leur grande toxicité. Je pense donc que l'on devrait accepter de tester en double aveugle le traitement métabolique de Schwartz pour savoir s'il fonctionne ou pas, d'autant qu'il repose sur un concept scientifiquement acceptable et intéressant.» Mais l'impossibilité d'évaluer ce traitement le maintient dans une obscurité scientifique et médicale qui aura tendance à l'assimiler non pas aux «*smart drugs*», mais aux poudres de perlimpinpin et remèdes farfelus, qui prolifèrent sur la toile et dans la sphère d'une médecine parallèle où pourraient se retrouver le meilleur comme le pire. Avec pour seul point commun une absence de validation scientifique en bonne et due forme.

La mainmise économique de l'industrie pharmaceutique, mais aussi des positionnements idéologiques dominants empêchent à la fois la prise en considération d'options médicamenteuses peu coûteuses et celles de traitements ou de soins qui contredisent des dogmes méthodologiques et conceptuels, tout particulièrement en

France, où la recherche médicale a fait la démonstration de son inefficacité et de son conformisme face au covid, tandis que l'on y qualifie de plus en plus de dérive sectaire ce qui sort du conventionnel. Évidemment, de telles dérives existent, de même qu'un marché de l'illusoire alternatif qui répond sans doute à une demande de soins non satisfaite par la médecine et à un besoin de prise en charge ou d'accompagnement incluant du bien-être et du spirituel. Mais ces aspirations sont confortées par la mainmise de Big Pharma et ses travers comme par le comportement de fondamentalistes de l'EBM, disqualifiant tout ce qui sort de leur cadre réglementaire et de leur croyance. En témoigne la radicalisation dans le rapport à la médecine entre pro et antisystème, avec une diabolisation de l'autre camp par une vision binaire, au détriment d'une santé publique en manque d'une nécessaire évaluation, elle-même publique et préservée de tout conflit d'intérêts, de n'importe quel type de soins qu'une pratique ou des études préliminaires rendent envisageable. Ceci réclamerait autant de rigueur que d'ouverture d'esprit scientifique, ce qu'exprime déjà le modèle standardisé et pragmatique présenté par la Non-Phamacological Intervention Society afin d'étendre l'EBM au non-médicamenteux et à ses multiples spécificités. Sans remettre aucunement en cause l'intérêt des médicaments et de l'industrie qui les fabrique, il invite à dépasser opposition de principe et clivage, en considérant qu'il ne doit y avoir qu'une seule médecine qui intègre pleinement le complémentaire, le support, sans exclure ce que l'on ne parvient pas encore à expliquer au niveau biologique et en intégrant pleinement la qualité de vie du patient. Vous n'en aviez pas encore entendu parler malgré sa présentation au Sénat et le soutien de 28 autres sociétés savantes, dont celles de cardiologie, de neurologie, de nutrition, d'endocrinologie ou de pédiatrie ? C'est que l'obscurantisme opère aussi par un filtre médiatique.

Chapitre 8 : Le filtre médiatique

Au mois de novembre 2020, je propose à *L'Express* une interview du professeur Grégory Ninot à l'occasion d'un congrès international sur l'évaluation des interventions non médicamenteuses, organisé à Montpellier par sa plateforme de recherche universitaire. Je collabore avec la rubrique « Idées » du magazine et indique à sa responsable que l'événement va témoigner d'une démarche pionnière dans l'étude scientifique des médecines douces. Elle permet déjà de commencer à faire un tri dans d'innombrables pratiques, en distinguant celles qui marchent de celles qui sont inefficaces, voire dangereuses. En informer paraît pertinent en ces temps où l'on parle tant de *fake news* et de croyances trompeuses en matière de santé, mais ma proposition est refusée. « La ligne adoptée sur les sujets scientifiques est celle d'un rationalisme affirmé », me répond la chef de rubrique, ajoutant que cela signifie « une grande méfiance envers les médecines douces ». Même s'il s'agit de les mettre à l'épreuve de la science.

L'Express, avec qui je n'ai plus collaboré depuis, ne s'est pas davantage intéressé au nouveau modèle de la Non-Pharmacologiical Intervention Society, qui doit permettre de fiabiliser l'évaluation de pratiques de soins non conventionnelles. L'hebdomadaire a, en revanche, ouvert ses colonnes à l'Ordre des infirmiers pour relayer sa prise de position forte contre ces pratiques apparentées à des dérives sectaires et du charlatanisme[147]. Une dénonciation coutumière pour ce journal qui porte régulièrement la voix des No fake med, et a fait en 2021 sa une en alertant sur la menace que représenterait un lobby des médecines douces doté d'une inquiétante capacité d'infiltration[148]. En attesterait la présence de l'acupuncture ou de la méditation dans de nombreux hôpitaux, ainsi que l'attribution par certaines facultés de médecine de diplômes universitaires sur «les pratiques de soins les plus farfelus», tels le tai-chi ou l'art-thérapie. Deux types de caution que le journal condamne, sans y trouver le résultat de l'action d'un lobby annoncé à la une. Seulement la réponse à une demande.

Dans son dossier, *L'Express* pointe en fait le lobbying d'une nouvelle association, dénommée Agence des médecines complémentaires et alternatives (A-MCA), que des professeurs de médecine et des élus ont appelé à transformer en agence gouvernementale pour structurer des pratiques qui recueillent l'adhésion d'une large part de la population[149]. Face à cette agence autoproclamée, qui a trouvé des appuis politiques et ambitionne d'encadrer ces types de soins très répandus pour mieux les intégrer et favoriser un usage adapté complémentaire à la médecine conventionnelle évitant les dérives thérapeutiques de méthodes alternatives, le journal se

---

147. GARCIA V., «Auriculothérapie, anthroposophie, naturopathie : les infirmiers en ordre de marche contre les pseudo-thérapies», *L'Express*, décembre 2023.
148. Dossier «Le lobby des médecines douces. Homéopathie, acupuncture, anthroposophie… Comment les thérapies alternatives s'infiltrent à l'hôpital et à l'université», *L'Express*, août 2021.
149. Tribune collective, «Il est urgent de structurer les médecines complémentaires et alternatives», *Le Monde*, mars 2021.

pose en vigie rationnelle confrontée à une nouvelle offensive des pseudosciences. Et objecte qu'il ne saurait être question de laisser la charge d'évaluer ces médecines douces à une A-MCA qui compte parmi ses membres «des homéopathes, une hypnothérapeute, une acupunctrice, une sophrologue ou encore le responsable d'un institut de formation à la méditation!» Pas surprenant pour une association qui demande à prendre en considération et à réguler ce genre de pratique, mais, pour les journalistes de *L'Express*, intégrer de tels spécialistes dans un processus d'évaluation officiel serait «un peu comme si des salariés de laboratoires pharmaceutiques siégeaient à la Haute Autorité de Santé ou l'Agence nationale de sécurité du médicament». Vu les rapports d'influence et la proximité qui existent entre les autorités sanitaires et l'industrie pharmaceutique, dont on a précédemment évoqué le monopole sur les essais cliniques justifiant la mise sur le marché d'un médicament, le parallèle fait sourire. Big Pharma impose sa façon de faire et sa logique pour ne pas dire sa loi, mais l'urgence pour les pouvoirs publics serait donc de stopper «leur attitude complaisante à l'égard de l'A-MCA, dont l'activité lobbyiste est intense, avec le risque imminent d'institutionnalisation de la pseudoscience», soutient, dans ce dossier du magazine au rationalisme affirmé, la présidente de l'association Citizen4Science, Fabienne Blum, supposée experte de l'intégrité scientifique, dont il n'est pas fait mention du parcours professionnel dans l'industrie pharmaceutique.

L'A-MCA prête certes le flanc à la critique par son aspiration à transformer cette association en agence officielle, et la présence parmi ses fondateurs du chirurgien Philippe Denormandie, père d'un ministre en vue très proche d'Emmanuel Macron, accrédite la thèse d'un lobby influent dans les sphères du pouvoir, bien qu'il n'ait pas eu gain de cause, suscitant plutôt une levée de boucliers. Mais, comme le note d'ailleurs Fabienne Blum qui réclame aux autorités de «réinvestir le champ des thérapies complémentaires», existe un véritable problème d'évaluation de ces pratiques dont a, selon elle, profité l'A-MCA pour se positionner en recours «de façon illégitime».

En fait, les autorités n'ont jamais réellement investi ce champ de recherche, comme le rappelle Bruno Fallissard qui a dirigé les expertises collectives de l'INSERM, en disposant de moyens dérisoires qui n'ont pas permis d'entreprendre des essais cliniques susceptibles d'établir de façon solide si telle ou telle pratique s'avérait efficace. Rappelez-vous ce qu'il nous a confié : «voilà typiquement un domaine où l'État ne veut pas faire d'études, car il panique à l'idée de s'accaparer un objet avec trop d'atours perçus comme irrationnels». On manque donc clairement de données dans un champ de recherche qui reste à explorer, mais *L'Express* n'invite absolument pas à le faire, ne voyant au contraire dans les études qui peuvent se mener qu'une manière de crédibiliser un irrationnel gagnant même l'OMS qui, sacrilège, «encourage désormais les médecines traditionnelles». Et cela, sous l'influence de la puissante Chine qui ferait «de la médecine chinoise un outil de *soft power*, et tant pis si celle-ci repose sur des principes (l'énergie vitale qi, le yin et le yang) dépourvus de fondements scientifiques», se désole le magazine. L'inexpliqué se doit d'être écarté.

Entre militance et censure

Dans la dénonciation de redoutables lobbys manœuvrant pour les médecines douces, on retrouve cette phobie de voir sa vision du monde s'effondrer dont parle le professeur Falissard pour expliquer le refus de mener des recherches. Ainsi, et toujours à charge dans ce dossier de *L'Express*, une «homéopathe repentie» s'en prend au «discours en vogue qui consiste à dire qu'il y aurait besoin de plus de recherches pour prouver que les thérapies alternatives sont efficaces». Estimant qu'on en a déjà bien assez fait, la médecin allemande trouve «dommage de consacrer du temps, de l'énergie et de l'argent à ces recherches inutiles, plutôt que de se consacrer à des choses qui font bien plus sens». En gardienne de la raison, cette seconde experte maison discrédite par principe ce qui contredirait ses convictions. Un point de vue qui s'accompagne d'une page à l'autre d'un mélange d'amalgames et d'intransigeance, avec une délégitimation de l'avis de tout praticien de médecine douce pour présomption de défense de sa croyance. Fabienne Blum dénonce en outre «parmi des experts de l'A-MCA des adeptes de pratiques dangereuses». Une accusation mise en exergue par *L'Express*, bien qu'elle ne soit pas étayée, si ce n'est par d'hypothétiques signalements à la Miviludes (sans indication de l'identité des experts qui pourraient être concernés) ou la présence comme intervenant du docteur et chroniqueur TV Gérald Kierzek, qualifié de «médecin médiatique qui se distingue dans la crise sanitaire par des propos empreints de dénialisme, qui minimise la pandémie, ses dangers, et l'intérêt de la vaccination pour tous». On en arrive ainsi au blasphème pour cet urgentiste, déjà classé adepte (ou sympathisant) de dangereuses médecines douces, coupable de non-adhésion à une vision absolutiste du covid, dont seule pourrait nous préserver la vaccination généralisée. La voix de la science.

«On est de plus en plus dans une polarisation sur ce sujet des médecines douces, avec des médias qui poussent aux extrêmes en mettant en avant des discours radicalement pour ou contre, favorisant deux obscurantismes», observe Grégory Ninot, dont la position pragmatique et scientifique suscite l'indifférence médiatique. En témoignent les non-recensions de son livre[150], premier inventaire de médecines dites douces ayant fait la preuve de leur intérêt dans des essais cliniques et des méta-analyses. Auteur de la préface, Gérard Kierzek y voit une démarche de «salubrité publique», en estimant que «faire le tri des pratiques» pour «séparer le bon grain de l'ivraie est la condition *sine qua non* d'une réhabilitation du rapport de confiance soignant/soigné», fortement mis à mal. Avec nombre de malades déçus ou en échec qui ne croient plus au conventionnel et s'en vont chercher des solutions alternatives non éprouvées.

La crise du covid a accentué le phénomène, qui s'est plus que jamais manifesté au niveau médiatique. Résultat, «les journalistes sont pour beaucoup devenus des militants s'inscrivant dans une opposition caricaturale et simpliste entre pro et antiscience, pro et antivax, pro et anti-Raoult», note Gérald Kierzek, qui a dénoté en tant que chroniqueur santé. Par exemple, en relativisant à l'aide des chiffres de fréquentation des urgences la vision catastrophiste de services débordés véhiculée durant l'hiver 2021 après que des responsables de l'APHP eurent appelé à un nouveau confinement, ou en recommandant la vaccination aux personnes à risque de forme grave. Inadmissible pour ceux qui, telle Fabienne Blum, soutenaient sur les plateaux télé ou sur Twitter qu'une responsabilité fondée sur la science imposait de prôner des doses pour tout le monde. «La position que j'ai défendue sur ces nouveaux vaccins pour lesquels on manquait de recul, c'était pourtant celle que préconise aujourd'hui la Haute Autorité de Santé pour la vaccination covid comme pour celle de la grippe, indique le docteur Kierzek. Mais on m'a perçu pour

---

150. NINOT G., *100 médecines validées par la science*, Belin, 2022.

cela dans des rédactions comme un antivax, alors que les antivax me détestaient, justement parce que je recommandais cette vaccination des personnes à risques. De part et d'autre, c'était l'opposition frontale, mais j'essayais d'apporter de la nuance que n'acceptaient pas des journalistes qui se sont posés en censeurs. »

La question de la censure, de l'occultation ou du discrédit porté sur certaines prises de position n'était pas inscrite au programme de la journée de conférences et de débats organisée le 25 janvier 2022 par l'Association des journalistes scientifiques de la presse d'information (AJSPI). Elle m'est en revanche apparue sous-jacente dans la retranscription vidéo de ce colloque intitulé : « Raconter la science en temps de crise »[151]. Principalement consacré à celle du covid, il a débuté par un satisfecit formulé dans l'introduction du vice-président de l'AJSPI, Yves Sciamma, qui s'est réjoui de la place inédite prise par ses confrères journalistes scientifiques qui n'avaient jamais été aussi présents dans des médias où ils ont été écoutés et très respectés. Ils seraient même devenus les vedettes de leur rédaction, ceux à qui l'on demandait leur avis sur la une ou sur la légitimité des experts à interviewer. Une légitimité à s'exprimer dont se sont vus privés certains scientifiques, comme l'a rappelé l'une des tables rondes de cette journée.

Sur le thème « les médias face à la crise », quatre journalistes étaient rassemblés aux côtés d'Yves Sciamma. Au cours de leur échange, celui-ci interpelle la directrice de la rédaction de BFM TV sur le fait que sa chaîne a beaucoup « donné la parole à la désinformation » au début de la pandémie. Outre Didier Raoult le leader,

---

151. Colloque « Raconter la science en temps de crise », Sciences et médias 2022 ; www.youtube.com/watch?v=OvOUjkXFphM

il se réfère à ceux que l'on a dénommés, à la fin de l'été 2020, les
« rassuristes », car ils minimisaient la gravité du covid. Céline Pigalle
répond que le cas spécifique de Didier Raoult est à mettre à part,
le personnage étant devenu incontournable. Sinon, concernant
les rassuristes, ils n'ont vite plus été invités. Un choix qui semble
évident pour chacun des participants, l'illégitimité de ces voix
dissonantes faisant manifestement consensus. Mais Yves Sciamma
soulève alors « un problème de fond » pour les journalistes :
comment détecter des chercheurs qui sortent du « *mainstream* que
l'on entend partout », mais peuvent apporter une contribution intéressante ? S'adressant à Céline Pigalle, Hervé Morin, responsable
des pages science-médecine du *Monde*, Mathilde Fontez, rédac-
trice en chef du nouveau magazine scientifique *Epsilon*, et Nicolas
Martin, producteur de *La méthode scientifique* sur France Culture,
il leur demande : « comment gérez-vous cette prise de risque ?
Quand on a une voix minoritaire dans le champ scientifique, une
voix que l'on pense possiblement émergente, quelle précaution
prend-on et quand sait-on que l'on tend ou pas le micro ? »

Un moment de silence occupe quelques longues secondes l'es-
trade où personne ne prend la parole. Yves Sciama y va donc de
sa relance : « quelqu'un se lance là-dessus ? » Mathilde Fontez s'y
colle, et répond : « on ne sait pas, en fait ». Lancée, elle se réfère tout
de même à la méthode du journaliste scientifique et en souligne la
spécificité : une information disponible, aussi bien au niveau de la
masse énorme des publications que par la grande accessibilité des
chercheurs qui les produisent. Le problème est de se repérer « dans
ce marasme d'infos », et pour cela on va naturellement contacter
des scientifiques « éminents », dont l'avis aidera à distinguer une
« publication de mauvaise facture » comme il y en a eu beaucoup sur
le covid. Mais Mathilde donne un exemple concernant l'astronomie

avec les travaux d'un chercheur d'Harvard, Avi Loeb, qui, malgré un prestigieux parcours académique, a publié sur un objet aux faux airs de comète ayant pénétré dans le système solaire, en spéculant qu'il pourrait s'agir d'un vaisseau extraterrestre.

Nicolas Martin lâche alors un coup de gueule : « le point commun d'Avi Loeb avec Didier Raoult ou Luc Montagnier, c'est que ces gens-là nous font un mal colossal ainsi qu'à l'information scientifique ! » Le producteur développe en indiquant qu'il a également traité avec son équipe le cas d'Avi Loeb, comme ceux de Raoult et Montagnier, ce dernier qui prétendait que le virus du covid avait été créé en laboratoire en y insérant des petits morceaux de séquence de virus du sida. Chaque fois a été expliqué pourquoi ce qu'ils avançaient n'était pas solide scientifiquement, voire « délirant », et systématiquement s'ensuivit une volée de bois verts avec des mails d'insulte demandant : « qui êtes-vous petits journalistes de merde pour dénoncer les propos de ces grands chercheurs ? » Des chercheurs en fait « extrêmement toxiques » pour l'information scientifique, car « ils sèment de la confusion dans l'esprit des gens. Un mal qui nous retombe dessus », peste ce journaliste qui incite à conclure de cette séquence que le silence serait préférable sur les opinions scientifiques minoritaires. D'autant que la réaction des quatre intervenants à la question d'Yves Sciamma laisse aussi penser qu'aucune contribution de ce type n'a présenté un intérêt digne d'être signalé.

Faut-il chercher des signes extraterrestres ?

Je sais bien que des chercheurs comme Avi Loeb, Didier Raoult ou Luc Montagnier sont plus que controversés. Mais faut-il forcément les tenir à l'écart d'un débat scientifique public ou les disqualifier comme désinformateurs parce qu'ils soutiennent des hypothèses rejetées par la grande majorité de leurs pairs ? Prenons Avi Loeb, que j'ai interrogé pour un article sur la recherche sur la vie extraterrestre[152]. Il y estime que la forme, la brillance et le déplacement d'Oumuamua, un objet interstellaire entré dans notre système solaire en 2017, contredisaient toutes les explications naturelles sur son identité, ce qui l'a conduit à considérer probable qu'il s'agisse d'un appareil extraterrestre hors d'usage à la dérive. Un point de vue à peu près unanimement décrié dans la communauté scientifique, où la nature d'Oumuamua a néanmoins suscité un débat à rebondissement, car son comportement a réellement différé de celui habituel d'une comète ou d'une météorite.

Différentes hypothèses ont successivement été présentées comme des alternatives, telles qu'un iceberg d'hydrogène, un mouton de poussières spatial ou un fragment d'exoplanète composé d'azote solide. « Nous avons eu plein d'idées stupides », a reconnu l'astrophysicien Daryl Seligman, finalement coauteur en 2023 d'une étude publiée dans *Nature* qui adopte l'option initialement écartée : une comète. Mais, détail majeur, sans queue visible. D'où l'élaboration d'une théorie qui explique par un dégazage d'hydrogène l'accélération anormale observée sur cet objet interstellaire.

Coauteure de l'étude, l'astrochimiste à l'origine de cette théorie du dégazage a toutefois dit à l'AFP que « nous ne saurons jamais avec certitude » ce qu'était cet Oumuamua dont on a perdu la trace. « Mais pour l'instant, nous apportons une explication non extraterrestre convaincante », ajoute Jennifer Bergner, à qui Avi Loeb rétorque que prétendre qu'une comète n'a pas de queue « équivaut à dire qu'un

---

152. PERRIER B., « Après les exoplanètes, les astrophysiciens toujours à la recherche d'une vie extraterrestre », *Marianne*, septembre 2021.

éléphant est un zèbre sans rayures». À l'université de Cambridge, Roman Rafikov s'est montré «très méfiant» sur ce dégazage qui ne lui paraît pas satisfaisant pour résoudre l'énigme Oumuamua, mais il avoue préférer «une explication qui n'implique pas d'extraterrestres ou de forces divines»[153]. Une allusion claire au reproche fait à Avi Loeb d'avancer une hypothèse farfelue non fondée scientifiquement, avec comme principal argument l'absence d'autre explication. Une sorte d'inversion de la charge de la démonstration dénoncée par des scientifiques, qui n'en ont pas moins pu soutenir des hypothèses jugées désormais stupides. L'essentiel était-il d'apporter une explication raisonnable, donc non extraterrestre?

Avi Loeb invitait à investir dans la recherche de «signaux inhabituels» à l'aide des télescopes les plus puissants, qui pourraient permettre de chercher non seulement des exoplanètes, mais aussi des objets volants susceptibles d'en provenir. Un projet d'observation qu'il a depuis lancé à Harvard sous le nom de Galileo[154]. Je me rappelle que l'astrophysicien Stéphane Mazenet, spécialiste des exoplanètes, percevait comme «contre-productif» de lier l'étude de ces dernières à une vie intelligente. Une question selon lui insoluble pour la science, et de nature à renforcer la grande frilosité de la communauté scientifique à soutenir les recherches sur les exoplanètes. Rechercher des traces d'E.T. lui paraissait en somme irraisonnable, tout comme la manière peu académique d'Avi Loeb de sortir des livres grand public exprimant sa conviction qu'Oumuamua est un objet extraterrestre et invitant à mieux scruter notre univers pour essayer de trouver d'autres signes susceptibles de faire découvrir à l'humanité qu'elle n'y est pas seule. Le journaliste doit-il

---

153. «Scientists offer 'non-alien explanation' for interstellar visitor», France 24 (AFP), mars 2023.
154. https://projects.iq.harvard.edu/galileo

s'en indigner comme Nicolas Martin et n'y voir qu'une grande toxicité pour l'information scientifique ?

Avi Loeb soulève des questions intéressantes, et sa démarche d'observation, scientifique, pourrait faire avancer la connaissance sur les objets interstellaires, quels qu'ils soient. Sa théorie sur Oumuamua est spéculative, mais l'astronome d'Harvard l'assume et rappelle que c'est aussi le cas en physique avec les hypothèses de multivers, non réfutables expérimentalement et contrevenant donc à un principe général de la science. Elles ne sont pas pour autant dénuées d'intérêt pour la communauté scientifique ni considérées comme un grand mal, bien qu'elles ne reposent sur aucune preuve et pourraient ne jamais être testables, ce qui amène un cosmologiste comme Bernard Carr à s'intéresser aux expériences de mort imminente comme possible terrain d'expérimentation d'autres dimensions.

Avi Loeb peut évidemment se tromper sur son interprétation osée d'Oumuamua, que la plupart de ses confrères considèrent comme un objet volant interstellaire mais naturel. Il risque aussi de ne jamais rien trouver de manufacturé E.T. dans ses télescopes, en revanche capables de prouver son erreur s'ils observent avec davantage de détails d'autres objets au comportement comparable à Oumuamua, qui permettraient d'établir que tous sont en fait naturels. Mais Loeb suit la méthode scientifique en s'attachant d'abord à publier dans des revues elles-mêmes scientifiques des travaux aux enjeux lourds de sens. La bonne marche de la science impose, me semble-t-il, de laisser se dérouler aussi sereinement que possible des controverses qu'un journaliste devrait avoir loisir et intérêt à relater, plutôt que de s'en offusquer comme si certaines spéculations méritaient l'excommunication.

La toxicité de la chloroquine

Chercheur extrêmement toxique s'il en est pour Nicolas Martin, Didier Raoult a vu son nom cité maintes fois durant la journée de l'AJSPI où il fut presque une sorte de fil rouge. Dans le genre repoussoir en tant que leader et symbole de la désinformation sur le covid, et sans qu'il y ait besoin d'expliquer en quoi il avait désinformé. On pense naturellement au traitement prescrit à l'IHU de Marseille par ce professeur, qui se présente comme une star mondiale de la médecine et de la science. Depuis le mois de mars 2020, il n'a cessé de publier des résultats positifs obtenus avec son protocole à base d'hydroxychloroquine et d'azythromicine, en se moquant des critiques légitimes faites à sa méthodologie. Il n'a pas respecté la règle de base de l'EBM, en refusant de mener un essai clinique randomisé, mais a multiplié des études observationnelles sur les patients de l'IHU où il a pu comparer des malades pas comparables, ceux prenant son traitement présentant moins de risque de décès que ceux à qui il n'a pas été prescrit. Hervé Morin le rappelle dans un article, où il ajoute que Didier Raoult continue de prétendre à une efficacité « malgré l'accumulation d'études cliniques conduites en bonne et due forme par d'autres équipes montrant le contraire ». Aucune de ces études n'est toutefois mentionnée dans ce papier, et si on clique sur le lien qui devrait nous les présenter, nous voilà renvoyés vers un autre article du *Monde* consacré à... une étude de Didier Raoult, jugée comme toutes les autres, non convaincante[155].

Des études démontrant l'inefficacité, voire le danger du protocole Raoult alliant l'antiviral et l'antibiotique avant une hospitalisation,

---

155. Morin H. et Rof G., « Didier Raoult : révélations sur une déviance scienti-fique », *Le Monde*, mai 2023.

on n'en voit guère. Celles habituellement mises en avant n'ont pas testé la bithérapie, seulement l'hydroxychloroquine, à des doses qui peuvent être différentes de celles utilisées à Marseille, et sur des patients hospitalisés, contrairement à la préconisation d'un traitement le plus précoce possible. Mais pour les autorités sanitaires comme dans le discours médiatiquement dominant, l'inefficacité et la dangerosité de l'hydroxychloroquine, assimilée au protocole Raoult, sont acquises depuis longtemps. Tout comme son efficacité pour le professeur et ses nombreux partisans, qui vont aussi revendiquer une accumulation d'études réalisées à travers le monde, sans que l'on puisse en citer une ayant apporté une démonstration vraiment convaincante. D'où l'accusation de désinformation, réciproque, et un dialogue de sourds nourri par un mépris et une hostilité qui n'en finissent plus de croître et sont peu propices au débat.

Cela nous ramène au constat de Bernard Bégaud d'une faillite de la recherche clinique française, qui a débuté par son incapacité à évaluer le protocole du professeur marseillais. Un constat que des médias, qui ont clairement pris parti, n'ont pas fait. On n'a pas non plus cherché à évaluer un effet chloroquine, ou effet Raoult, sur la prise en considération d'autres options thérapeutiques. Or là est peut-être la principale toxicité. « La chloroquine a politisé la question et après que le président Macron a rendu visite à Raoult à Marseille, il y a eu un frein sur d'autres projets susceptibles de mettre la France dans la lumière, mais aussi de la ridiculiser », regrette Terence Beghyn, qui portait celui du clofoctol avec l'Institut Pasteur de Lille.

Nicolas Hoertel a aussi ressenti l'influence d'une hydroxychloroquine renforçant les réticences à donner sa chance à un autre repositionnement de médicament, y compris quand toutes les règles de bonne conduite scientifiques ont été suivies, comme en attestent les nombreuses publications dans des revues de référence sur l'utilisation d'antidépresseurs face au covid cosignées par ce médecin et chercheur. Il a porté exactement ce qu'Yves Sciamma décrivait à ses confrères : une voix minoritaire apportant une contribution scientifique potentiellement d'avenir, comme l'estime un éminent virologue, ancien directeur de l'Institut Pasteur convaincu par le mécanisme anti-infectieux spécifique découvert chez certains antidépresseurs par des biologistes allemands, avec qui a travaillé Nicolas Hoertel. « Leurs résultats très valides ouvrent des champs d'hypothèses particulièrement intéressants sur le potentiel de ces médicaments pour des infections qui vont bien au-delà du covid », s'enthousiasme Christian Bréchot, qui dirige aujourd'hui le Global Virus Network, une coalition internationale de laboratoires constituée pour renforcer la recherche et la riposte face aux virus. Il a soutenu la démarche d'Hoertel pour organiser un essai clinique, en vain, et déplore « un manque d'appétence dès que l'on sort des schémas habituels de pensée, avec des experts et des grandes agences qui vont refuser des résultats originaux sous divers prétextes. C'est particulièrement le cas en France où existe une grande résistance par rapport aux hypothèses nouvelles qui paraissent bizarres ».

Cette réticence, on l'a aussi trouvée chez les journalistes. Plutôt que de donner de l'écho à une voix minoritaire intéressante, ils ont opéré comme un filtre médiatique sceptique pour mieux tendre le micro à des voix dominantes, regardant le dissonant comme aussi peu crédible qu'une nouvelle chloroquine. Quand Nicolas Hoertel publia son étude observationnelle constatant une forte baisse du risque de décès chez des patients covid sous antidépresseurs,

Le Monde titra sur « la piste fragile d'un traitement par le Prozac »[156], avec l'épidémiologiste et biostatisticienne Dominique Costagliola qui venait mettre en doute un rapport de causalité. Il était étayé par un petit essai clinique également publié dans une revue de haut niveau avec un résultat très prometteur de 100 % de réduction du risque pour les patients traités à la fluvoxamine, mais la même experte jugeait « trop flou » le critère choisi par cette étude. Quant à la démonstration *in vitro* du mécanisme d'action original de ce type d'antidépresseur, qui venait également d'être publiée, elle exigeait avant tout de rester prudent, car « l'hydroxychloroquine avait aussi montré un intérêt *in vitro*, avant de décevoir chez l'homme », soulignait le quotidien en concluant qu'« il faudra donc attendre le verdict des essais cliniques de grande ampleur ». Mais *Le Monde* n'informa pas huit mois plus tard de celui qui allait remporter le prix de l'essai clinique de l'année 2021, après avoir observé une réduction de 90 % de la mortalité chez les patients covid qui avaient bien suivi le traitement avec l'antidépresseur. *Le Figaro* titra alors sur « une étude controversée »[157], avec là encore un expert de service pour en minimiser l'intérêt.

Des experts bien choisis

On retrouvait Dominique Costagliola à la journée de l'AJSPI, dans une table ronde consacrée à la présence dans les médias de scientifiques « au cœur du maelström » de la crise du covid. Elle

---

156. Rosier F., « Covid-19 : la piste fragile d'un traitement par le Prozac », *Le Monde*, février 2021.
157. Thibert C., « Covid-19 : une étude controversée sur un antidépresseur », *Le Figaro*, octobre 2021.

était entourée d'un mathématicien et de deux épidémiologistes, dont Antoine Fontanet, membre du Conseil scientifique Covid-19. Leur point commun : ils ont tous travaillé sur ces modélisations qui ont joué un rôle crucial dans l'élaboration puis l'analyse de politiques publiques telles que les confinements, les couvre-feux et les pass sanitaires. De nombreux autres scientifiques auraient pu venir évoquer leur expérience médiatique, mais une telle mise à l'honneur des modélisateurs témoigne bien de la place occupée par ceux qui ont pu apparaître comme les prophètes de la pandémie. Catherine Bréchignac nous a confié, au début de ce livre, que la critique des modélisations covid n'avait pas été possible à l'Académie des sciences, bien que certains de ses membres les aient considérées comme mauvaises. De l'échange entre Yves Sciamma et ses invités de marque se dégage une même absence de remise en question, qui s'est retrouvée dans une presse où l'influence de scénarios modélisés sur la gestion de l'épidémie a été présentée comme un grand progrès de la science.

On n'a ainsi pas vu les *fact-checkers* venir contester l'exactitude ou la pertinence de ces modèles, pas même après que le scénario d'une mortalité faramineuse ayant justifié le premier confinement se soit vu réfuté par la réalité dans le seul pays qui, n'ayant pas confiné, a permis une vérification par les faits. Au contraire, Checknews, le service de *fact-checking* de *Libération*, a pris, experts à l'appui, la défense du modèle de Neil Ferguson, l'épidémiologiste britannique qui fut le plus influent, auteur au mois de mars 2020 de scénarios catastrophes qui ont justifié les confinements. En l'absence de mesures de restriction, il prévoyait un total de 100 000 décès par Covid-19 en Suède au mois de juin[158]. Un chiffre environ vingt fois supérieur à ce qui est advenu. Dans les années 2000, le chercheur anglais avait déjà prévu jusqu'à 150 millions de morts de la grippe aviaire dans le monde alors que l'on en dénombra moins de trois cents, ce qui n'empêche pas son modèle de trouver, là encore, grâce aux yeux du *fact-checker* qui rappelle qu'il ne s'agissait que du pire des scénarios. L'une des caractéristiques de ces modélisations est effectivement que les hypothèses sont multiples, avec des fourchettes extrêmement larges entre la version la plus optimiste et la plus tragique. Cela donne aux modélisateurs une quasi-garantie de ne jamais se tromper, comme quand Fergusson avait prédit entre 50 et 150 000 morts de la maladie de la vache folle pour un résultat final de 177, pile dans sa fourchette ! Sauf que ce sont les projections hautes jamais atteintes qui créent la panique et ont justifié, face au covid, des mesures drastiques comme les confinements, dont on a ensuite pu louer l'efficacité en se réjouissant de ce que l'on eût évité les pires scénarios, comme s'ils étaient ultra crédibles. Et s'ils sont contredits dans une Suède non confinée, Cheknews reprend l'argument de Ferguson plaidant un changement de comportement volontaire des Suédois qui se seraient tout de même tenus à distance comme des confinés. Est ainsi écartée la donnée principale, une absence de confinement contredisant grandement le modèle, ce qui évite de mettre en doute à la fois la pertinence de ce dernier et l'utilité de confiner.

Indulgent avec le modélisateur dont la science a justifié les confinements, Checknews adopte une tout autre attitude avec des scientifiques qui ont critiqué ces mesures radicales en appelant à une

---

158. Pezet J., « Les prévisions de Ferguson, qui ont conduit de nombreux pays à se confiner, étaient-elles fantaisistes ? », Checknews, *Libération*, juin 2020.

protection ciblée des personnes à risque laissant le reste de la population s'immuniser naturellement au contact du virus, ce que préconise la déclaration de Great Barrington[159]. «Une proposition décriée par la communauté scientifique», annonce le service de *fact-checking*, dans un article consacré à cette tribune écrite par trois épidémiologistes : les professeurs Martin Kuldorff de l'université d'Harvard, Jay Bhattacharya de Stanford et Sunetra Gupta d'Oxford. Cosignée le 4 octobre 2020 par plusieurs dizaines d'autres universitaires de différents pays, leur déclaration a recueilli des milliers de signatures supplémentaires de médecins et de scientifiques quand *Libération* traite du sujet, un an après, en suggérant donc que «la communauté scientifique» ferait corps pour s'y opposer. Or les experts appelés à l'accréditer représentent un point de vue plus politique que scientifique, puisqu'il s'agit d'Anthony Fauci, conseiller santé des sept derniers présidents des États-Unis, pour qui la déclaration est «ridicule», et du directeur général de l'OMS qui livre «un même son de cloche». À ces deux paroles officielles est seulement ajoutée celle d'un chirurgien-oncologue américain «engagé contre les médecines alternatives», qui qualifie d'«idiots utiles» ou de «complices de la diffusion de fausses informations» les professeurs de prestigieuses universités que sont les auteurs de la déclaration de Great Barrington. Argumentée et pleinement assumée, la prise de position de ces épidémiologistes aurait surtout dû faire débat après avoir recueilli un large soutien dans la communauté scientifique et médicale mondiale. Une réalité que Checknews discrédite avec des arguments d'autorité et des paroles insultantes, en guise de *fact-checking*[160].

---

159. https://gbdeclaration.org/
160. Condomines A., «Que sait-on de la "déclaration de Great Barrington", qui recommande de limiter les mesures anti-Covid aux personnes vulnérables ?», Checknews, *Libération*, décembre 2021.

Le *fact-checking* faussé par le complotisme

Les services de *fact-checking* ont joué un rôle essentiel dans le traitement médiatique du covid. L'AJSPI les a d'ailleurs eux aussi mis à l'honneur durant son colloque, avec pas moins de trois conférences allouées à plusieurs de leurs représentants travaillant pour *Le Monde* et *Libération*, mais sans que soit soulevé le problème qu'a pu poser le cantonnement de sujets controversés à ces services, qui les ont abordés sous l'angle de la détection de la fausse information. «Expliquer le faux, décortiquer le douteux...», telle fut la mission des *fact-checkers* pendant cette crise, comme l'a détaillé Florient Gouthière, du service *CheckNews,* dans son intervention. Face à une allégation suspecte, il a expliqué qu'il convenait toujours de vérifier la fiabilité des sources, d'interroger la vraisemblance des résultats et de faire état de la connaissance et du consensus scientifique du moment. La méthode semble aller de soi, mais en pratique elle a fréquemment consisté à adouber comme vrai le discours dominant, et comme faux ou douteux tout propos ou étude controversés, le vraisemblable et le fiable se devant d'être en phase avec le présumé consensus. On vient de le voir avec les confinements, qui ne faisaient en réalité absolument pas consensus chez les épidémiologistes, mais dont l'efficacité et le caractère inévitable ont été imposés comme des faits par des modélisations aux résultats indiscutables.

Un pseudo consensus a également largement faussé l'information délivrée sur l'origine de SARS-CoV-2, avec comme corollaire à l'affirmation sans preuve que le virus était assurément naturel, l'affectation dans la case complotiste pour ceux qui envisageaient la possibilité d'un travail de laboratoire. Un article des Décodeurs, le service de *fact-checking* du *Monde*, alla jusqu'à diagnostiquer un trouble psychologique très répandu en s'inquiétant de «l'étrange obsession d'un quart des Français pour la thèse du virus créé en laboratoire ». Un chiffre tiré d'un sondage IFOP commandé par la Fondation Jean Jaurès et Conspiracy Watch, dont le directeur, Rudy Reichstadt, intervient dans l'article en expert, se désespérant du « profond analphabétisme » de ceux qui pouvaient croire à une telle ineptie[161].

L'auteur de ce « décodage », William Audureau, fait partie des invités de l'AJSPI pour une conférence tirée de son livre *Dans la tête des complotistes*. Il y dit que face à une science qui essaie de se créer de « manière humble et honnête » s'oppose un système de pensée complotiste « manipulateur » et « incroyablement imperméable à la contradiction ». Cela fait penser à son article dans lequel il manipule lui-même l'information, consciemment ou pas, en disqualifiant l'hypothèse d'une création de laboratoire par le biais de ses experts, Rudy Reichstadt et un immunologiste de l'INSERM, Guy Gorochov. Tout aussi catégorique, ce dernier affirme qu'« il n'y a pas de discussion possible » sur le fait que SARS-CoV-2 soit naturel, ajoutant que tout biologiste moléculaire verrait dans son génome s'il avait été travaillé en laboratoire, un « virus bricolé » sautant selon lui aux yeux. Une affirmation mensongère, la manipulation d'un virus en laboratoire pouvant très bien n'en laisser aucune trace détectable, comme l'a d'ailleurs admis Guy Gorochov quand je l'ai appelé. Il a reconnu que SARS-CoV-2 pourrait très bien « avoir été fabriqué par l'homme », mais n'estimait pas intéressant de le dire et avait donc affirmé le contraire au *Monde*.

J'en ai fait part à William Audureau, en lui signalant qu'il avait en fait désinformé avec cet article, soutenant à tort que le génome

---

161. Audureau W., « L'étrange obsession d'un quart des Français pour la thèse du virus créé en laboratoire », Les Décodeurs, *Le Monde*, mars 2020.

de SARS-CoV-2 attestait de son origine naturelle. Il l'a mal pris, assez imperméable à cette contradiction, et a été choqué que je puisse lui dire une évidence. Le *fact-checker* n'apprécie apparemment pas d'être *fact-checké* et interrogé sur le choix d'experts venant prêcher un prétendu consensus, qui assimilait à du complotisme le fait d'émettre une hypothèse parfaitement légitime sur l'origine du coronavirus. Postulat qui valut à Luc Montagnier de recevoir le «prix Nobel du complotisme» par Conspiracy Watch et Rudy Reichsdtadt, pour avoir réactivé la «thèse, pourtant catégoriquement écartée par la communauté scientifique, selon laquelle le coronavirus responsable de la pandémie aurait été fabriqué en laboratoire»[162].

C'est vrai que l'hypothèse, soutenue par Montagnier, d'un virus où l'on retrouverait quatre fragments de VIH volontairement insérés était hautement improbable, comme le précisa d'ailleurs William Audureau dans un de ses articles[163]. Très petits et non spécifiques au virus du sida, les morceaux de séquence visés se retrouvaient en effet dans différents virus et rien ne démontrait qu'ils provenaient d'une insertion artificielle, une origine naturelle étant beaucoup plus probable. Mais en supposant que le SARS-CoV-2 était un virus manipulé en laboratoire d'où il se serait échappé accidentellement, Luc Montagnier ne formulait pas une théorie du complot. Il n'avait donc pas à être disqualifié comme complotiste, seulement contredit sur le caractère non convaincant de ses affirmations.

---

162. «Le prix Nobel du complotisme», Conspiracy Watch, avril 2020.
163. Audureau W., «Le coronavirus, fabriqué à partir du virus du sida? La thèse très contestée du professeur Montagnier», Les Décodeurs, *Le Monde*, avril 2020.

collective, parue dans *The Lancet* en février 2020, pour dénoncer en tant que théorie du complot l'hypothèse d'un SARS-CoV-2 non naturel, ce qu'USRTK avait déjà révélé en novembre 2020, sans susciter de réaction dans la presse. Tout comme aujourd'hui avec la divulgation de documents toujours plus compromettants accréditant l'hypothèse de la création de SARS-CoV-2 dans un laboratoire suite à une collaboration entre le grand spécialiste américain des coronavirus de synthèse, Ralph Baric, et l'Institut de virologie de Wuhan, rassemblés dans ce projet par Peter Daszak. Mais comme depuis le début de la pandémie, l'information attestant de la crédibilité d'une origine non naturelle du covid n'est pas venue de médias qui ont, au contraire, eu une fâcheuse et persistante tendance à l'ignorer. Or que nous avaient dit Julien Pain, responsable du *fact-checking* sur France Télévision, et le zététicien Thomas Durand dans une vidéo qui appelait à se préserver des théories du complot en faisant confiance aux *fact-checkers* ? « Si aucun journal, aucune chaîne de télé, aucune radio n'ont parlé d'une info, c'est probablement qu'elle est fausse… à moins qu'effectivement tous les médias soient corrompus par les illuminatis ou les aliens. »[167]. Difficile de faire mieux pour alimenter le complotisme et la défiance face aux médias.

« C'est scandaleux que l'on ne débatte toujours pas de l'origine du covid en France », enrage Jérémy André, journaliste au *Point* et auteur d'une enquête sur l'apparition du covid à Wuhan, qui dresse un historique détaillé de la controverse sur son origine[168]. Une véritable guerre entre scientifiques où tous assurent parler « au nom de

---

167. « Rumeur et théorie du complot, avec Julien Pain et @TroncheEnBiais », La Collab' de l'info, Lumni, France TV, janvier 2019.
168. ANDRÉ J., *Au nom de la Science*, Albin Michel, 2023.

la Science ». Jérémy estime que «cette controverse devrait toujours être une question d'actualité majeure, mais le sujet est tombé dans une ornière à cause de l'accusation de complotisme lancée au début de la pandémie. Les journalistes ignorent donc les nouvelles infos, et c'est comme si des révélations majeures n'avaient aucune importance». Il est peut-être difficile de se dédire quand on découvre que SARS-CoV-2 correspond parfaitement à ce que les scientifiques qui auraient dû être les premiers suspects projetaient de concevoir alors qu'a été martelée l'affirmation selon laquelle SARS-CoV-2 ne pouvait pas avoir été créé en laboratoire. Ce qui interroge sur le mode de fabrication de l'information. Avec d'abord «des journalistes scientifiques qui se voient avant tout comme des communicants pour les chercheurs, forcément bons et dont il faudrait dicter les vérités, ajoute Jérémy André. Cela explique une incapacité à remettre en cause un pseudo consensus sur une origine naturelle qui s'est imposée sans preuve au début de la pandémie. Mais il y a aussi une responsabilité des directions de grands médias qui ont largement confié cette question à des services de *fact-checking* pas équipés pour traiter un tel sujet, auquel il aurait fallu dédier des enquêteurs expérimentés à plein temps durant des mois, voire des années.» Une erreur d'affectation commise sur d'autres questions sensibles. «Certains sites de vérification ont, par exemple, systématiquement rejeté comme "complotistes" des discours critiques sur les confinements, les masques ou les vaccins, poursuit le journaliste. Or on sait désormais que certains arguments méritaient d'être entendus sur les abus des gouvernements ou le rapport bénéfice-risque des vaccins pour les plus jeunes. Même des autorités scientifiques très respectées, comme le président du conseil scientifique Jean-François Delfraissy, ont publiquement douté de l'intérêt de vacciner les enfants, voire les jeunes adultes, et pourtant, à lire certains journalistes vérificateurs, il n'y avait pas débat. Pourquoi ? Parce qu'ils travaillent principalement en réaction avec ce qu'ils appellent la complosphère, et que tout ce qui s'y dit doit être réfuté par principe. »

Si des *fact-checkers* ont pu être de fidèles ambassadeurs de la vaccination, pointant les réticences ou les bémols comme des comportements suspects, la réfutation et la condamnation du moindre doute sur les nouveaux vaccins à ARN messager n'ont pas eu besoin d'eux. L'affirmation selon laquelle ils étaient sûrs et efficaces a été médiatiquement martelée comme un devoir informationnel, un discours obligatoire avant même la publication des essais cliniques qui en ont justifié la mise sur le marché en décembre 2020. Le professeur Éric Caumes l'a expérimenté sur France Inter, lors d'une interview par Léa Salamé à qui il a avoué ne pas avoir « le recul nécessaire » pour savoir s'il allait se faire vacciner[169]. L'intervieweuse lui reprochant de tenir, en tant qu'infectiologue, des propos qu'allaient entendre ceux qui avaient déjà des doutes, il s'expliqua : « me faire vacciner avec des produits que je ne connais pas, dont je n'ai d'information que par les communiqués de presse de laboratoires pharmaceutiques, ça serait quand même leur faire une confiance aveugle et absolue ». Léa Salamé lui rappela alors sa « responsabilité » de « dire cela sur une grande antenne » quand « un Français sur deux a peur de se faire vacciner ». Et le professeur de répliquer que ces Français ne l'avaient pas attendu pour se faire « ce jugement plein de bon sens » sur un nouveau vaccin pour lequel on manquait encore de données. De quoi se faire

---

169. « Vaccins à base d'ARN messager : "Je n'ai pas le recul nécessaire", juge le professeur Éric Caumes », France Inter, décembre 2020.

sévèrement sermonner hors antenne par la journaliste vedette de France Inter. « Elle m'est tombée dessus dans le couloir, déchaînée contre moi, en me disant que je n'aurais pas dû dire ça, se rappelle Éric Caumes. Je n'en revenais pas de me faire recadrer comme ça par une journaliste alors qu'on ne disposait d'aucune publication justifiant l'utilisation de ces vaccins. Elle voyait comme un danger la prudence scientifique de base et aurait probablement voulu que je dise comme mes collègues que ces vaccins étaient géniaux. De la pure propagande. »

La propagande sur ces vaccins s'est poursuivie malgré une efficacité s'avérant, au fil des mois puis des années, de plus en plus limitée. Or ils n'ont pas cessé d'être médiatiquement présentés comme sûrs et efficaces pour tous, la question de leurs effets indésirables étant largement mise sous le tapis. Quand je me suis lancé, au printemps 2022, dans une enquête pour Blast sur ce sujet, je fus surpris de voir qu'aucune n'avait jusqu'ici été menée dans la presse alors que les systèmes de pharmacovigilance croulaient depuis un an sous les déclarations d'événements indésirables en Europe comme aux États-Unis. Le sujet avait bien sûr été affecté aux *fact-checkers*, qui ne manquaient pas de rappeler que ces déclarations ne démontraient pas de lien de causalité avec la vaccination qui les avait précédées, comme si l'on pouvait présumer du contraire. Ils plaçaient surtout les effets indésirables sur le terrain de la *fake news*, en s'attachant à démentir ou à relativiser des allégations qui circulaient sur les réseaux sociaux. La remise en cause de la sécurité des vaccins était systématiquement présentée comme trompeuse ou douteuse, et le traitement médiatique des effets secondaires reflétait essentiellement le discours officiel. Dans l'enquête du *Monde Diplomatique*, qui a fait figure d'exception, Claudina Michal-Teitelbaum, médecin et relectrice de la revue *Prescrire*, retient d'ailleurs que «les médias se sont montrés alarmistes durant la pandémie tout en manifestant une volonté de rassurer la population à tout prix au sujet des vaccins. Dans la sidération générale, les bases scientifiques des décisions des autorités sanitaires ont peu été remises en question et les journalistes se sont beaucoup autocensurés, accordant aux vaccins un statut sacré, intouchable. »

L'autocensure en action

J'ai eu un aperçu de cette autocensure lors d'une discussion avec un journaliste qui travaille pour un grand quotidien. Non pas un *fact-checker*, mais un vrai enquêteur habitué à s'attaquer en profondeur à des sujets sensibles en matière de science et de santé. Quand je l'appelle, j'attends depuis un mois un retour de *Blast*, après l'envoi de ma série d'articles sur les effets indésirables des vaccins covid. À la tête de la rédaction, on n'est pas pressé de publier cette première enquête sur un sujet qui semble miné, redoutant plutôt les réactions qu'elle pourrait provoquer. Je n'en dis rien au journaliste, mais l'informe que je viens de travailler sur ces effets secondaires et lui dis m'étonner que personne n'ait encore, parmi nos confrères, investigué ce sujet. Il est pourtant très concernant, la plupart de la population ayant été vaccinée, et l'explosion des déclarations d'événements indésirables pour de multiples pathologies invite à essayer de comprendre un phénomène sans précédent que le président du conseil de la stratégie vaccinale, Alain Fischer, s'est contenté de nier. Une négation confortée par les *fact-checkers* qui recouvrent l'indésirable d'un voile de *fake news*, avec pour effet de masquer ce que vient de reconnaître

Chapitre 8 : Le filtre médiatique

le rapport d'étape de l'OPECST : l'existence de victimes de la vaccination qui peuvent être marginalisées, voire stigmatisées comme de vulgaires antivax. Une réalité médiatiquement occultée.

«J'ai moi-même eu un effet secondaire», me confie le journaliste à qui j'indique que le problème, dont il a souffert le lendemain de sa vaccination, compte parmi les signaux émis par la pharmacovigilance. Il en prend note et reconnaît que ce sujet indésirable n'est pas bien traité, mais me dit aussi : «Si je fais un article sur le vaccin Pfizer, je sais que ça va tuer des gens qui renonceront à se vacciner à cause de moi, donc je n'en fais pas. L'info ne sera pas correctement comprise et je ne veux pas induire de la défiance alors que je suis convaincu que la vaccination a réduit la mortalité de manière massive.» Il en veut pour preuve la hausse en 2021 de l'espérance de vie qui avait baissé de six mois l'année précédente où l'on ne bénéficiait pas de vaccin face à la pandémie. Mais s'il est avéré que la vaccination a sauvé de nombreux malades en leur évitant des formes graves, en quoi cela devrait-il empêcher d'enquêter sur des effets indésirables qui ont pu concerner des personnes jeunes ne risquant pas de mourir du covid ? On est bien dans une sacralisation d'un vaccin intouchable avec une autocensure qui se justifie par une infantilisation du lectorat, dont on présume qu'il ne serait pas à même de comprendre qu'une vaccination présente des bénéfices, mais aussi des risques.

«De toute façon, aucune information solide ne démontre une volonté de mettre en place un protocole qui ignorerait la venue des effets secondaires», ajoute le journaliste qui n'a pas déclaré le sien. Mais par son propre refus d'aborder le sujet, il montre qu'un tel protocole n'est pas nécessaire pour passer sous silence ces effets indésirables. Les rapports de pharmacovigilance existent, on compte par millions les déclarations dans le monde, et des dizaines de signaux d'alerte ont été émis publiquement en France. Ce sont les journalistes qui les ignorent et ne questionnent pas le refus de l'Agence européenne du médicament d'en confirmer la plupart. Ils ne se soucient pas non plus d'un manque d'études pharmaco-épidémiologiques et de l'absence de recherche sur les mécanismes des effets indésirables. Tout comme de la grande difficulté à publier «tout ce qui va à l'encontre du discours officiel sur les vaccins contre la Covid-19, selon lequel ils sont très efficaces et sûrs, même si les deux affirmations ne reposent pas sur des preuves sérieuses», souligne le spécialiste de l'EBM, Peter Gøtzsche, auteur d'une rigoureuse revue systématique sur leurs effets secondaires graves, refusée par les grandes revues médicales[170]. Et même quand un office parlementaire tel que l'OPECST publie un rapport d'enquête appelant à reconnaître une réalité indésirable, les journalistes n'en disent rien, le filtre médiatique opérant pleinement pour le vaccin.

Sous couvert de responsabilité, d'une sorte de raison supérieure jugeant du rapport bénéfice-risque de l'information, l'autocensure journalistique a conforté le discours officiel en entravant le débat public par la mise à l'écart de données et de paroles indésirables. Résultat, des sujets non consensuels et des scientifiques aux prises de position minoritaires ou méconnues se sont retrouvés obscurantisés, ou cantonnés dans des médias dits de réinformation, considérés par le *mainstream* comme des vecteurs de désinformation. Avec donc pour seules reprises des articles de *fact-checking* alertant sur des *fake news*.

170. Gøtzsche P., « Serious misinformation about the benefits and harms of the COVID-19 vaccines », Institute for scientific freedom, mai 2023.

Dans un contexte de défiance vis-à-vis d'un système politico-médiatique qui croît depuis des années et a atteint des sommets de virulence lors de la crise sanitaire, cette stigmatisation a fait le succès de ces médias alternatifs, les renforçant en tant qu'espace de liberté d'expression face à une pensée sanitaire unique. Et finalement, deux mondes, deux visions de l'information se sont affrontées, revendiquant chacune leur réalité et rejetant d'office ce qu'on disait dans le camp d'en face.

Le journaliste scientifique du grand quotidien m'en a donné un exemple avec le microbiologiste Jean-Marc Sabatier, ce directeur de recherche du CNRS qui soutient depuis le printemps 2020 l'hypothèse que le virus du covid peut dérégler le système rénine angiotensine (SRA), et ainsi susciter de multiples maladies. Des maladies qu'il avait prévues et qui se sont effectivement avérées liées au covid, nombre d'entre elles se retrouvant aussi dans les déclarations d'effets indésirables de ces vaccins qui produisent la protéine spike du coronavirus, dont la spécificité est de pouvoir se fixer sur l'un des récepteurs cellulaires du SRA. Le journaliste ne connaissait pas Sabatier ni sa théorie prétendant expliquer la pathogenèse multiple du covid par un dérèglement du SRA provoqué par la spike, comme ses nombreuses publications dans des revues scientifiques qui ne font pas référence le détaillent et l'étayent, sans que cela ne suscite de débat. J'ai donc demandé à cet enquêteur réputé s'il pourrait envisager de travailler sur ce sujet afin de chercher à savoir si le microbiologiste du CNRS ouvrait une piste intéressante sur une question importante, tout en sachant qu'il avait accordé plusieurs interviews à *France-Soir*, le site sans doute le plus emblématique de l'info alternative sur le covid. « Jamais je ne proposerai à mon rédacteur en chef un sujet sur un type qui est passé dans *France-Soir*, répondit-il sans aucune hésitation. Il a perdu toute crédibilité en répondant à ce site qui a publié tellement de trucs pourris. Tant pis pour lui. » Peu importe de savoir si Sabatier a découvert la pathogenèse du covid. Avoir accordé une interview à *France-Soir* suffit à le discréditer totalement, sans se soucier du contenu de ses publications scientifiques.

Soit les médias alternatifs, soit rien

Interrogé avant que je ne commence la rédaction de ce livre, le journaliste ne changerait certainement pas d'avis dix-huit mois plus tard, face à un Jean-Marc Sabatier n'ayant pas vraiment amélioré son taux de crédibilité médiatique, lui qui a vu son compte LinkedIn vidé de son contenu par le réseau social à la suite d'une accumulation de posts sur les effets indésirables de la vaccination covid. Google a aussi exercé sur lui une forme de censure en déréférençant les articles du site Info du Jour, auquel il contribue depuis fin 2020, pour non-respect du « consensus scientifique et médical » dès lors qu'étaient concernés ces vaccins dont Sabatier pointait les risques, selon lui, liés à un dérèglement du SRA. Un point de vue de fait interdit, ou du moins invisibilisé, bien qu'il s'appuie sur un mécanisme biologique décrit dans ses publications scientifiques qu'aucun de ses pairs n'est venu contredire et que pas un *fact-checker* n'a réfuté. De quoi stimuler la radicalisation du microbiologiste, qui poste désormais beaucoup sur un Twitter devenu X et débridé par Elon Musk. Et, n'en déplaise au journaliste déjà rebuté par *France Soir*, il multiplie les apparitions dans ces « médias complotistes » qu'il nous a déjà décrits comme les seuls intéressés par son travail sur le SRA.

S'il publie toujours dans des revues scientifiques, sans davantage de réactions du CNRS à ses travaux, Jean-Marc Sabatier estime dorénavant que « cela ne sert à rien, car les articles qui démontrent les risques de la spike sont marginalisés. Or il me paraît de plus en plus nécessaire d'alerter sur le problème posé par les vaccins à ARN messager qui la produisent. Voilà pourquoi je le dis là où je peux. » C'est-à-dire dans ces médias alternatifs où il apparaît non pas comme un chercheur défendant une hypothèse controversée, mais comme une sommité. Le site Covid Hub a ainsi titré sur le « cri d'alarme d'un ponte du CNRS » pour qui « les manipulations de la spike vaccinale représentent un danger pour la survie de l'humanité »[171]. Il se référait à une vidéo où Sabatier présente la récente étude publiée dans *Nature* que j'évoque dans le chapitre sur la vaccination, celle qui a permis d'apprendre en décembre 2023 que la modification de certains nucléotides de l'ARN messager vaccinal pouvait susciter des erreurs dans leur traduction en protéines, aboutissant à produire ce qui ne serait pas la spike attendue, mais une inconnue aux effets ignorés. À tort ou à raison, Sabatier y voit un « réel danger » qui devrait inciter à arrêter d'utiliser ces vaccins, mais il n'est pas « un ponte du CNRS » et ne parle pas de « survie de l'humanité », comme il l'a d'ailleurs indiqué en relayant l'article de Covid Hub sur X. Quelques jours plus tard, il partageait sa propre interview sur ce même site qui réitérait sur le « danger pour la survie de l'humanité ».

« Ce type de média donne évidemment dans l'exagération », commente le directeur de recherche à qui je fais remarquer qu'il y a aussi des fréquentations douteuses. Par exemple, quand il se

---

171. « Modifications du codage de l'ARN, cri d'alarme d'un ponte du CNRS », Covid Hub, janvier 2024.

retrouve interviewé au côté d'une dénommée Anne-Marie Yim, qui dit travailler avec lui et prétend, entre autres énormités, que les vaccins covid seraient «faits pour tuer» et contiendraient du «venin de cobra»[172]. «Je n'ai pas vraiment travaillé avec elle..., relativise Sabatier. Mais c'est clair que l'on peut côtoyer des gens pas crédibles dans ce milieu dit complotiste où l'on profère beaucoup de conneries. Reste que dans *Le Monde*, on ne parle pas du SRA et de la spike ni de cette étude sur les ARN messagers du vaccin Pfizer qui soulève une inconnue de taille, dont on peut se demander pourquoi elle n'a pas été détectée avant la mise sur le marché. Alors si tu veux faire passer un message là-dessus, tu n'as pas le choix. C'est soit ces médias alternatifs, soit rien. »

Jean-Marc Sabatier a donc opté sans complexes pour la dite complosphère où il ne se contente pas de parler de ses travaux sur le covid et le SRA, et flirte lui-même avec le complotisme quand il me lâche : «Face à une vaste censure sur les effets délétères de ces vaccins ARN que l'on projette d'utiliser contre de nombreuses maladies, alors que des molécules présentant un intérêt comme l'artemisia ont été interdites et que l'on a classé la vitamine D parmi les pcrturbateurs endocriniens, j'en suis venu à envisager que tout cela soit organisé dans un but qui n'est pas sanitaire, mais rentrerait dans un projet de dépopulation mondiale. » Le chercheur du CNRS me sort ainsi tranquillement l'un des classiques du complotisme, selon lequel les élites mondiales s'attacheraient à réduire la population à l'aide de divers moyens tels que des vaccins toxiques. «J'ai d'abord pensé que c'étaient des foutaises, souligne-t-il. Mais je prends maintenant au sérieux cette histoire de dépopulation,

_____

172. «Covid-19 ct ARN dans le corps humain — Dr A.-M. Yim et Dr J.-M. Sabatier — Remède, antidote, spike, graphène», DataCenter, CrowdBunker, janvier 2024.

en voyant que tout est fait pour que l'on utilise ces ARN appelés à remplacer les vaccins traditionnels malgré une explosion des effets secondaires et une augmentation de la mortalité dans les pays qui ont le plus vacciné». Personnellement, j'en conclus plutôt que Sabatier s'aventure dans des interprétations plus que hasardeuses. Ce que personne ne lui dit lorsqu'il se fait interroger par des médias alternatifs où on l'incite plutôt à en rajouter.

Faillite de l'information scientifique

Le cas de Jean-Marc Sabatier m'apparaît assez symptomatique des méfaits de l'absence de débat sur des questions scientifiquement controversées. Sa théorie du SRA devrait être discutée, critiquée, débattue, mais elle n'est que relayée, et extrapolée, dans ces médias alternatifs. Et si ces derniers ont su gagner pendant la pandémie une audience considérable et occuper une importante part du marché informationnel comme voix de la liberté d'expression, ils n'ont pas pour autant permis que s'exprime de la contradiction. Car là où l'on s'est affiché comme organe de résistance à une doxa ne permettant pas de remettre en cause une pensée unique de la pandémie, on a fait preuve d'une grande complaisance avec les opposants. Comme si s'opposer garantissait la véracité d'un discours ou d'une publication qui contredit le prétendu consensus.

J'ai vu un certain nombre d'interviews sur *France-Soir*, mais jamais un invité n'y était mis en difficulté, contredit sur telle ou telle assertion. Didier Raoult a pu venir y assurer avoir démontré l'efficacité de son traitement à l'hydroxychloroquine, en étant reçu comme le grand professeur apportant son indiscutable savoir. Idem avec

Luc Montagnier, soutenant sa thèse d'un SARS-CoV-2 confectionné avec du HIV, pour le moins hautement spéculative, mais accueillie comme la parole d'évangile d'un prix Nobel. Ces deux cas parmi tant d'autres témoignent d'un mode de journalisme qui prend pour argent comptant la parole contraire au discours dominant, ce qui ne se limite nullement à *France-Soir*.

Des sites Internet, des chaînes YouTube, des blogueurs ont également affronté le *mainstream* dans une logique du camp contre camp, où primait la diffusion d'une parole confortant un positionnement de résistant, sans être regardant sur sa pertinence. Par exemple, avec l'une des figures de la mouvance covido-sceptique, le statisticien Pierre Chaillot, auteur du livre à succès *Covid 19, ce que révèlent les chiffres officiels.* Il ne s'est pas vu reprocher sa théorie selon laquelle il n'y aurait pas de propagation virale de SARS-CoV-2, comme pour les autres virus, une mise en doute de l'existence même de ces microbes contagieux, proche de la théorie du terrain[173]. « C'est une élucubration qu'il cherche à démontrer avec des statistiques d'une façon débile absolument pas recevable », reconnaît Laurent Toubiana, auteur de la postface du livre de Chaillot, qui me confie lui avoir « dit maintes fois, mais il n'en démord pas ». L'épidémiologiste s'est néanmoins abstenu de le déclarer publiquement, estimant que l'« on ne doit pas jeter l'ensemble de son travail pour une idée foireuse, car il montre tout de même, en s'appuyant sur les chiffres officiels, que l'histoire du covid qui nous a été racontée est exagérée ». Peut-être, mais ce que dit Chaillot est plus qu'exagéré puisqu'il ne se contente pas de relativiser la gravité de la pandémie, allant jusqu'à nier l'existence du covid en tant que maladie propagée par un virus, n'y voyant qu'une énorme arnaque inventée de toute pièce. Et il a été reçu dans

---

173. Voir chapitre 2.

les médias alternatifs comme celui qui venait démontrer cette escro-
querie par les chiffres, sans que ne lui soit dit que son interprétation
radicale des statistiques reflète sa négation d'une réalité biologique
et médicale, clairement obscurantiste.

Je pourrais multiplier les exemples témoignant de cette guerre
de l'information entre le *mainstream* et l'alternatif où, comme dans
toute guerre, la vérité est la première victime, avec dans chaque camp
la volonté première de faire front face à l'adversaire, arcbouté sur
son positionnement. D'un côté, la défense du supposé consensus
pour des journalistes scientifiques et des *fact-checkers* qui se sont
faits les porte-parole d'une « science officielle » pour mieux ignorer
ou discréditer toute position minoritaire. De l'autre, la posture du
résistant qui soutient cette minorité, quitte à défendre le farfelu,
le douteux ou le mensonger, et en venir à se vanter d'être taxé de
complotiste, car cela prouverait que l'on a dit la vérité. Je me garde
naturellement de généraliser en cataloguant *a priori* comme fausse
ou trompeuse toute information qui viendrait de l'un ou l'autre
camp, ce qu'a pu faire le journaliste qui a exclu de se pencher sur
l'hypothèse du SRA de Sabatier en n'en sachant rien, si ce n'est que
ce scientifique avait été interviewé par *France Soir*, tout comme des
« résistants » rejettent de façon pavlovienne le contenu d'un article
de *fact-checking*. Mais ces visions binaires m'inspirent le sombre
constat d'une faillite de l'information scientifique, que la pandémie
a porté à un paroxysme par le triomphe du présupposé sur des sujets
controversés. Avec de l'obscurantisme de chaque côté.

L'objet de ce livre n'en demeure pas moins l'obscurantisme qui est
au pouvoir car il parvient à empêcher le débat, en retirant la légitimité à s'exprimer dans un espace public commun à ce qui s'oppose à

la pensée dominante, le condamnant à la marginalisation, et incitant à la radicalisation. En tant que journaliste, j'ai surtout constaté une difficulté, voire une impossibilité, à aborder certains sujets scientifiques et médicaux dès lors qu'ils sortent d'une vision consensuelle qui représenterait la rationalité, le sérieux, l'acceptable. Je l'ai vécu à maintes reprises, et c'est d'ailleurs ce qui m'a incité, si ce n'est obligé, à écrire ou à coécrire des livres. Je me suis lancé dans celui sur l'origine du virus de SARS-CoV-2 après m'être vu refusé par *Marianne* et *L'Express* de traiter de l'hypothèse d'une création de laboratoire à l'automne 2020, alors qu'elle était déjà très sérieusement envisageable, mais considérée comme complotiste, ce qui était anormal et problématique, car exclure du débat cette hypothèse parfaitement légitime a en fait incité au complotisme. Je l'avais signalé à ma chef de rubrique à *L'Express*, dans ce mail où je lui proposais par ailleurs une interview de Grégory Ninot sur l'évaluation scientifique des médecines douces. Tout comme elle la refusa en m'expliquant que le journal se méfiait de ces médecines douces en raison d'un «rationalisme affirmé» impliquant aussi une opposition résolue à un «"populisme" scientifique qui peut mener tout droit au complotisme», il ne lui semblait pas judicieux de publier «un sujet remettant en question, même de manière subtile, la thèse actuelle de l'origine du covid» alors que venait de sortir le documentaire *Hold up* «qui allait faire des ravages». Je lui répondis que l'optique du journal qu'elle me présentait ferait plutôt croître le complotisme comme d'autres approches irrationnelles, en leur abandonnant de tels sujets sur lesquels serait ainsi laissé libre cours aux fantasmes, comme dans *Hold up* qui soutenait, par exemple, que SARS-CoV-2 avait été fabriqué et breveté par l'Institut Pasteur. J'ajoutai que regarder les choses objectivement, en débattre sereinement, devrait avoir l'effet contraire, mais elle mit fin à notre échange sans me répondre.

Une vision bornée de la science

Cette exigence affichée de rationalité est bel et bien propice à l'obscurantisme quand elle conduit par principe à occulter ou à disqualifier ce qui ne paraît pas raisonnable ou scientifiquement convenu. Qu'il s'agisse de traitements non étiquetés EBM qui n'ont pas eu la possibilité d'être éprouvés, d'hypothèses ou de théories controversées qui contrarient des dogmes ou des certitudes, mais aussi de données que l'on ne veut pas voir.

En voici un exemple révélateur de ce filtre médiatique qui peut opérer sous couvert de rationalité. Il concerne le traitement accordé par *Marianne* au livre que j'ai écrit avec le docteur Jean-Pierre Jourdan sur les expériences de mort imminente. Cela commence par la très bonne surprise que me fit Natacha Polony en se montrant particulièrement intéressée par cet ouvrage, lors d'une discussion que nous avons eue quelques mois avant sa sortie. La directrice de la rédaction de *Marianne* avait beaucoup apprécié mon livre sur l'origine de SARS-CoV-2, dont son journal venait de publier les bonnes feuilles dans un dossier mis à la une, six mois après que l'un de ses chefs de rubrique, depuis parti à *L'Express*, eut refusé que je traite de la possibilité que le virus résulte d'une expérience de laboratoire. Pigiste régulier du magazine, j'avais un an plus tôt parlé à ce même chef de rubrique de mon livre sur les EMI, lui inspirant un regard de désolation vers le ciel que je puisse m'intéresser à un tel sujet, qui n'aurait évidemment pas sa place dans un journal vecteur de raison comme *Marianne*. Mais sa patronne d'alors ne fut pas sur la même longueur d'onde quand je lui appris que ma collaboration avec Jean-Pierre mettrait en avant son approche aussi scientifique qu'humaine de ce sujet mal traité. En premier lieu, parce qu'on le reliait systématiquement à la proximité de la mort alors que parmi les centaines d'EMIstes dont Jean-Pierre avait recueilli le témoignage, une très large part avait vécu son expérience sans risquer le moindre péril. Ce qui remettait en question les idées reçues sur le sujet[174].

«C'est passionnant!», s'exclama Natacha qui me proposa aussitôt de publier les bonnes feuilles dans *Marianne*, comme pour le livre sur SARS-CoV-2. Quelques mois plus tard, je lui envoie un SMS pour savoir si sa proposition tient toujours, car la sortie de ce nouveau livre approche. Elle me répond que oui et demande de l'envoyer à l'un de ses adjoints. La maison d'édition s'exécute et le 8 octobre 2021, je découvre, tout content, en accroche de une de *Marianne*: «Expérience de mort imminente. Ils sont revenus et ils racontent»[175].

J'ouvre le magazine, lis le dossier, et le finis, atterré. Il a été réalisé par une journaliste scientifique qui n'a rien retenu du volet scientifique du livre. À la vue des bonnes feuilles sélectionnées, je vois qu'elle s'est limitée au premier chapitre consacré à la rencontre d'une vingtaine d'EMIstes rassemblés par l'association Iands France, sans en garder le plus étonnant scientifiquement : si dix de ces EMIstes ont bien frôlé la mort, les autres n'ont couru aucun risque vital, et six étaient en parfaite santé lors de leur expérience, comme une femme à son réveil ou un jeune homme s'étant allongé pour se reposer en revenant du travail. Étonnant, mais pas dans l'angle d'un dossier selon lequel l'EMI serait «l'ultime mystère de notre boîte crânienne».

L'introduction parle de la mort comme d'un «sujet d'étude et d'angoisse» complexe, dont les récits d'EMI seraient la seule source à laquelle on pourrait se référer. «Des témoignages

---

174. Voir chapitre 3.
175. BRUNET M., «L'expérience de mort imminente, l'ultime mystère de notre boîte crânienne», *Marianne*, octobre 2021.

saisissants » que rapporte le livre dont sont publiés des extraits «en avant-première », avec cette réunion organisée par l'association de Jean-Pierre qui a permis de faire se confronter les expériences de ces « "ressuscités" ». Il est rappelé qu'elles débutent souvent par une « sensation de décorporation » à propos de la laquelle « les personnes racontent s'être vues de haut, pour la plupart lorsque l'on tentait de les réanimer ». Or si le cas typique de l'EMIste est certes celui d'un arrêt cardiaque assorti d'une réanimation, il y en a en beaucoup d'autres, et près de la moitié de ceux présents à cette réunion n'avaient pas été réanimés. Mais en sélectionnant dans les bonnes feuilles du profil type réanimé, la journaliste a évité de livrer cette donnée très problématique pour l'explication neurologique des EMI qui va être soutenue.

Marianne a finalement choisi de faire avancer la connaissance des EMI de son lectorat avec une interview du professeur Stéphane Charpier, un neuroscientifique qui a étudié l'activité cérébrale électrique de rongeurs aux frontières de la mort quand le cerveau se retrouve, comme chez un homme en arrêt cardiaque, en manque d'oxygène. Il a découvert, dans l'électroencéphalogramme des animaux réanimés, une séquence d'ondes qui ne sont pas celles de l'éveil, mais apparaissent similaires à celles de sujets qui ont des hallucinations. Le chercheur y voit la signature de l'énigmatique expérience et considère donc que « seuls ceux qui sont réanimés » vivraient une EMI, ignorant peut-être que nombre d'EMIstes ne l'ont pas été, pas plus qu'ils n'étaient drogués avec un hallucinogène. La journaliste devait le savoir puisqu'elle a lu le livre qui, outre les multiples témoignages de personnes ayant vécu ce genre d'EMI, présente longuement la publication scientifique rapportant ce point fondamental, cosignée par Jean-Pierre et le Coma Science Group. Mais elle ne dit rien de cette réalité non réanimée à Stéphane

Charpier dans son interview, où il peut ainsi ajouter que ceux qui témoignent d'une EMI «passent forcément par la réanimation», fort de son expérience réalisée sur des rongeurs.

Après avoir lu ce dossier, j'ai demandé à la journaliste pourquoi elle avait écarté les données exposées dans le livre contredisant ce que soutient son chercheur, alors que cela aurait donné matière à discussion. Elle m'a répondu que le sujet étant controversé, il aurait été délicat de mettre en avant certaines explications n'ayant pas fait l'objet de publications scientifiques, laissant aux oubliettes celle présentée en détail dans le livre qui démontre que la proximité avec la mort ne change rien à l'expérience vécue, pourtant réalisée par une équipe de neuroscientifiques située à la pointe mondiale de la recherche sur les EMI. La journaliste a préféré proposer «un autre point de vue», sans tenir aucun compte de celui de l'ouvrage qui justifiait son dossier, mais s'avérait contradictoire avec une approche «rationnelle» réclamant l'obscurantisme face à ce qui serait «l'ultime mystère de la boîte crânienne».

Je n'ai malheureusement pas eu l'occasion de parler à Natacha Polony du traitement journalistique de ce livre mis à la une de son journal, mais dont le principal du contenu, original et scientifique, n'a pas été rapporté aux lecteurs de *Marianne*, qui ont eu droit à une information contraire, conforme à une vision bornée de la science. Celle d'un journalisme qui se méfie de la controverse scientifique et a tendance à ignorer ce qui contrarie le discours dominant quand il ne le traite pas comme de la *fake news*, au risque de proférer une information fausse, mais qui semble évidente, raisonnable.

Le sociologue des sciences, Pascal Ragouel, l'a vu dans l'abandon de la controverse de la mémoire de l'eau, qui demeure aujourd'hui dans la mémoire collective journalistique comme une aberration irrationnelle dans laquelle se serait perdu Jacques Benveniste. Après la sortie de son livre consacré à ce sujet, l'universitaire a été invité dans un podcast de France Culture où cette version s'imposait. « J'ai expliqué que la controverse s'était seulement terminée en eau de boudin, faute de combattants, avec un Benveniste qui a fini épuisé après trois attaques cardiaques, mais en ayant gagné tous ses procès face à ceux qui le traitaient de fraudeur, confie Pascal Ragouel. Mon interviewer refusait de l'entendre et il est revenu trois fois dessus cherchant à ce que je parle de Benveniste comme d'un charlot, ce que je ne pense pas. L'émission n'a pas été diffusée. »

Dans mon échange avec le journaliste scientifique du grand quotidien, je lui ai aussi demandé son avis sur l'affaire Benveniste. « Seuls des fous furieux sont fascinés par sa mémoire de l'eau dont les fondements sont absurdes », m'assura-t-il en indiquant avoir assisté « au dernier grand colloque sur le sujet organisé avec Luc Montagnier. Cédric Villani y avait tenu un discours très clair pour dire que la mémoire de l'eau, c'était vraiment n'importe quoi ». Absolument pas ce que déclara le mathématicien dans ce discours où il se dit « à la fois ouvert et sceptique » face à cette « affaire passionnante de la science du XXᵉ siècle », et présenta comme un « devoir de la communauté scientifique » de réaliser avec des équipes indépendantes la vérification des expériences de biologie digitale, alors menées par Luc Montagnier dans le prolongement des travaux de Benveniste. Cédric Villani était ainsi loin de les mépriser en prononçant ces mots en 2016, et il m'a récemment confirmé sa position sur ce sujet qu'il juge non pas indigne d'intérêt, mais « massacré », comme je l'ai rapporté précédemment.

Le journaliste scientifique n'avait manifestement pas voulu entendre son discours, et il en a retenu tout autre chose que ce qu'a dit Villani. Une illustration de la force du préjugé et du refus de prendre acte de ce qui ne le confirme pas. Un mécanisme cognitif peut être similaire à celui qui a conduit sa consœur de *Marianne* à ignorer l'essentiel du livre de Jean-Pierre Jourdan, qui ne concordait pas à sa source jugée rationnellement fiable pour donner un sens forcément neurologique aux récits des EMIstes : l'interprétation d'électroencéphalogrammes d'animaux de laboratoire.

Péril sectaire

J'aurais sans doute dû, moi aussi, ne pas prêter attention à des réalités indésirables, du moins pour faire carrière dans le journalisme. Après plus de vingt ans de pratique de ce métier et un certain nombre de sujets de ce genre abordés, j'en ressors indésiré dans des rédactions où l'on ne me sollicite plus et je ne parviens pas davantage à placer des papiers. Ce qui m'a conduit à lancer ma propre lettre d'information, Raison sensible[176], pour ne pas dépendre du bon vouloir et des a priori de quiconque.

Il faut dire que j'ai eu une propension assez tenace à m'aventurer hors de l'info communément admise, depuis mon premier article qui traitait du procès posthume du biologiste Mirko Beljanski. Auteur en 1972 d'une découverte majeure refusée par son patron prix Nobel[177], il avait fini par se faire interpeller, à 73 ans, par un impressionnant commando de police tel l'ennemi public numéro un, en 1996, après avoir déposé un dossier d'autorisation de mise sur le marché pour l'un des produits qu'il avait mis au point en vue de lutter contre le cancer. Une procédure de fait interrompue par

176. https://raisonsensible.substack.com/
177. Voir chapitre 3.

les forces de l'ordre alors qu'elle aurait pu permettre une évaluation officielle de ce traitement qui n'a jamais été faite. De quoi stimuler le complotisme, comme je l'avais remarqué, chez des partisans de ce scientifique qui fut qualifié de gourou, ce qui m'amena à découvrir la spécificité française dans la lutte contre les sectes, où l'hexagone se pose en leader mondial, faisant plutôt exception par sa rigidité. Avec une tendance à pouvoir raconter n'importe quoi en disqualifiant d'office la parole du présumé sectaire, et à remettre en cause la liberté de penser sous le prétexte d'un grave péril, très exagéré, mais tout aussi accrédité dans la presse sans que l'on ne s'y interroge guère sur la réalité de ce qui est dénoncé.

En enquêtant sur ces sujets, j'étais pour ma part mal parti pour acquérir du crédit comme journaliste convenable, mais commençais à entrevoir un obscurantisme au pouvoir.

Vingt ans plus tard, cette lutte française, qui serait celle du pays des lumières et de la raison contre l'obscurantisme des charlatans et des gourous, continue de plus belle. Est pointée une menace sévissant tout particulièrement dans le domaine de la santé avec des médecines non conventionnelles ou parallèles de plus en plus perçues comme suspectes de potentielles dérives sectaires. Le covid a fait prendre une nouvelle dimension à cette lutte après que la Miviludes eut alerté sur une explosion des signalements, en maintenant une opacité sur leur contenu qui ne permet pas de savoir de quoi il s'agit ni de connaître le nombre de cas réellement problématiques. Mais le grave et croissant péril est médiatiquement considéré comme acquis et corroboré par des avis d'experts du type collectif No Fake Med, Citizen4Science ou Conspiracy Watch, sans *fact-checker* ni journaliste pour vérifier ou enquêter sur l'ampleur de la menace représentée par des signalements qui peuvent aussi bien relever d'un exercice illégal de la médecine ayant entraîné la mort que de la dénonciation malveillante d'un voisin ou d'un ex-conjoint accusé d'être complotiste ou antivax. Et au-delà de la Miviludes, tout cela s'inscrit dans un combat contre l'obscurantisme médical incarné par le non conventionnel, qu'il préconise le jus de carotte pour soigner le cancer ou du Prozac pour traiter le covid. En grossissant un peu le trait, je résumerais la situation en retenant que dans un consensus médiatique, tout traitement qui ne serait pas validé par l'EBM et ses essais randomisés serait de la charlatanerie, ses prescripteurs de dangereux gourous, et ceux qui les promeuvent ou y croient publiquement des désinformateurs. Tous à réprimer et à exclure du débat public, tels des intervenants de *France-Soir*.

«La culture du débat contradictoire se perd en faveur d'une culture d'ordre plus "théologique", qui consiste à sacraliser certains points de vue et à en démoniser d'autres. À manier le concept d'hérésie sans le dire, et à excommunier certains émetteurs d'opinions», note la journaliste suisse Myret Zaki dans la conclusion d'un livre collectif qu'elle a coordonné en rassemblant une vingtaine de ses confrères romands[178]. Il est intitulé *Sans diversité de vues, pas de journalisme*, et cherche à montrer «comment les médias souffrent de problèmes idéologiques encore plus qu'économiques». Bien que Myret Zaki se réfère dans son texte à des sujets politiques, économiques et géopolitiques, ce qu'elle dit correspond à ce que j'ai pu décrire, avec de la croyance, du blasphème et des accusations de complotisme qui peuvent ratisser large pour mettre dans le même panier tous les accusés ainsi catalogués pour tout ce qu'ils pourraient raconter.

---

178. ZAKI M. (coord.), *Sans diversité de vues, pas de journalisme*, Favre, 2024.

Dans les cas que je présente, l'obscurantisme au pouvoir s'est chaque fois exercé au nom de la science, d'un culte du rationnel qui s'imposerait aussi bien par une médecine validée par les preuves fournies par Big Pharma que dans des recherches sur la conscience se devant de ne pas sortir d'un strict cadre neuronal. Cet obscurantisme est celui d'un *establishment,* exercé par des personnes occupant des postes de pouvoir ou des influenceurs militant généralement eux-mêmes contre l'obscurantisme. Mais il a aussi plus largement le pouvoir sur des esprits, comme une idéologie ou même une religion que l'on se devrait de suivre puisqu'elle représenterait la raison qu'oblige le supposé consensus scientifique, avec des fidèles qui la pratiquent, notamment dans la presse, en jugeant nécessaire d'imposer comme expression du rationnel ce qui est plutôt du conventionnel. Dans une logique d'exclusion qui s'avère sectaire, et confine parfois au fanatisme.

Face à cet obscurantisme qui invisibilise, exclut, discrédite ce qui le contredit en manifestant surtout une fermeture d'esprit, ce livre se veut donc un plaidoyer pour son ouverture. Lancé comme une bouteille à la mer.

Remerciements

Je remercie Olivia Recasens qui fut la première à croire en ce livre et m'a incité à l'écrire.

Merci à Jean-Charles Gérard qui a finalement permis qu'il soit édité.

Merci à Miroslav Radman qui m'a encouragé tout en m'apportant son éclairage sur différents sujets traités dans cet ouvrage.

Merci à mes relecteurs d'un ou plusieurs chapitres: Renaud Evrard, Romain Gherardi, Bernard Bégaud et Vincent Cocquebert. Leurs avis m'ont été précieux.

Merci à toutes les personnes qui ont accepté d'échanger avec moi et de répondre à mes questions.

Merci enfin à Isabelle qui m'a apporté son soutien, son amour, et sa lecture intransigeante!

9 782315 021505